WOHIN

EIN RATGEBER ZUR BERUFSWAHL DER ABITURIENTEN

HERAUSGEGEBEN VOM
DEUTSCHEN STUDENTENWERK E.V.
BEARBEITET VON
DR. HANS SIKORSKI

BERLIN UND LEIPZIG
WALTER DE GRUYTER & CO.
VORMALS G. J. GÖSCHEN'SCHE VERLAGSHANDLUNG · J. GUTTENTAG VERLAGSBUCHHANDLUNG · GEORG REIMER · KARL J. TRÜBNER · VEIT & COMP.
1930

ZWEITE, ERWEITERTE AUSGABE
9. BIS 20. TAUSEND

STUDENTENWERKSCHRIFTEN HEFT 2

Vorwort zur zweiten Ausgabe

Die erste Ausgabe dieser Schrift war trotz einer Auflage von 9000 Exemplaren schon nach wenigen Monaten vergriffen, so daß eine Neuausgabe erforderlich wurde. Sie liegt nunmehr in erweiterter und verbesserter Form vor. Der äußere Umfang hat eine Vermehrung von 124 Seiten auf 180 Seiten erfahren. Inhaltlich haben die früheren Beiträge eine völlige Neugestaltung oder Überarbeitung und Erweiterung erfahren; außerdem sind auch die in der ersten Ausgabe noch nicht berücksichtigten Berufe, wenn auch teilweise nicht ganz so eingehend, zur Darstellung gelangt. Das Buch gibt nunmehr einen Gesamtüberblick über alle wesentlichen akademischen und nichtakademischen Berufe für Abiturienten und Abiturientinnen.

Die starke Anerkennung und rasche Verbreitung, die die erste Ausgabe gefunden hat, darf als Beweis dafür angesehen werden, daß eine Schrift eine Notwendigkeit ist, die den jungen Menschen mit den vielfältigen Berufsmöglichkeiten des heutigen Lebens vertraut macht. Der Abiturient wird manchen Berufszweig kennenlernen, von dem er bisher keine oder nur eine oberflächliche Vorstellung besaß.

Aus welchen Gedankengängen heraus die Schrift entstanden ist und fortgeführt wird, ist im Geleitwort der ersten Ausgabe im einzelnen dargelegt worden, das deshalb wiederum vorangestellt sei.

Allen Mitarbeitern an dieser Schrift auch an dieser Stelle wiederum herzlichen Dank zu sagen, ist eine angenehme Pflicht. Besonderer Dank gilt Frau Dr. Käthe Gaebel, Oberregierungsrat in der Reichsanstalt für Arbeitsvermittlung und Arbeitslosenversicherung und Herrn Dr. M. Breitinger, Leiter des Akademischen Berufsamtes Tübingen, die durch mannigfache Ratschläge mich bei der Bearbeitung auf das wertvollste unterstützt haben.

Hans Sikorski

Geleitwort zur ersten Ausgabe

Der Abschluß der Schulbildung durch die Reifeprüfung bedeutet einen entscheidenden Wendepunkt im Leben des Abiturienten, denn die Frage der Berufswahl ist eine der größten und verantwortungsvollsten Entscheidungen für jeden jungen Menschen, auch für denjenigen, der über ausreichende Geldmittel verfügt und sich ohne finanzielle Sorgen jedem Beruf, und so auch dem Hochschulstudium, zuwenden kann. „Was der Mensch leisten soll, muß sich als ein zweites Selbst von ihm ablösen, und wie könnte das möglich sein, wäre sein erstes Selbst nicht ganz davon durchdrungen." Dieses Goethewort mahnt jeden zu gewissenhaftester Selbstprüfung. Wer zu studieren beabsichtigt, prüfe besonders, ob er den Anforderungen gerecht zu werden vermag, die die deutsche Hochschule nach ihrem Sinn und Wesen und der akademische Beruf an ihn stellen muß. Jeder, der aus unberechtigten Gründen, aus Verlegenheit, falschem Ehrgeiz, Tradition, Wunsch nach äußerer gesellschaftlicher Höherstellung oder finanziellen Vorteilen sich dem Studium zuwendet, wird für Mißerfolg und innere Unzufriedenheit, zum mindesten für Zeitverlust, nur sich selbst verantwortlich machen können.

Wenn die wirtschaftliche Grundlage für das Studium erst künstlich geschaffen werden muß, trifft die Verantwortung auch den, der dazu beiträgt, das mitgeborene Schicksal eines jungen Menschen nach dieser Richtung zu ändern. Das Deutsche Studentenwerk mit allen seinen Einrichtungen und die studentischen Wirtschaftskörper sind in jedem Falle immer wieder in diese verantwortungsbelastete Lage versetzt, indem sie versuchen, den Besten der Jugend aus allen Schichten des Volkes den Weg zum Hochschulstudium zu ermöglichen und auf diese Weise dem noch ungelösten Problem des Aufstiegs wenigstens von einer Seite nahezukommen.

Diese Tatsache war für uns die innere Veranlassung, die vorliegende Schrift herauszugeben; zugleich entsprachen wir dadurch zahlreichen uns zugegangenen Anregungen. Wir sind weit davon entfernt zu glauben, daß alle diese Fragen nur die damit unmittelbar befaßten Stellen und Persönlichkeiten, darunter vor allem die

Mitarbeiter der Studentenhilfe örtlich und zentral, angehen, sondern wir sind der Auffassung, daß auch auf diesem Gebiet die verantwortliche Selbstentscheidung des jungen Menschen, also der Weg der Selbsthilfe, der beste und richtigste ist. Aber wo findet er die Unterlagen, die ihm eine solche Berufsentscheidung erleichtern, wo findet er in einer einfachen und schlichten Form Hinweise und Ratschläge für diese wichtige Lebensentscheidung?

Wir haben in der vorliegenden Schrift den Versuch unternommen, für die Abiturienten, ihre Eltern und Lehrer und für alle diejenigen, die aus Neigung oder Beruf beratend oder helfend bei der Berufsentscheidung mitwirken, die unendlich schwierigen Probleme der Berufslage und der Berufswahl in den Grundzügen so einfach und klar wie möglich zusammenzustellen. Wir sind uns des Unvollkommenen dieses Versuches bewußt, aber es wäre verfehlt, durch die Schwierigkeit und Vielseitigkeit des Stoffes sich davon abhalten zu lassen, einen solchen Versuch zu wagen.

Die Aufsätze wollen nicht festlegen, sondern nur Anregung zur Selbstbesinnung geben. Sie wollen dem einzelnen die Verantwortung nicht nehmen, sondern sie steigern. Unter diesen Gesichtspunkten wurde der Gesamtplan entworfen, auf den sich auch alle Mitarbeiter an dieser Schrift eingestellt haben. Ihnen allen auch an dieser Stelle nochmals herzlichen Dank.

Daß ein solcher Ratgeber zur Berufswahl einem Bedürfnis entspringt, hat uns die freundliche Aufnahme bewiesen, die schon seine Ankündigung gefunden hat.

Wir haben unser Bestes getan, um dieses in uns gesetzte große Vertrauen zu rechtfertigen. Mögen auch die Leser die Überzeugung gewinnen, daß der Versuch im Rahmen des Möglichen gelungen ist. Mögen vor allem die jungen Abiturienten, die vor der Berufsentscheidung stehen, Klarheit und Weisung erfahren, mögen sie sich der Tatsache bewußt werden, daß das Hochschulstudium nicht d e r Lebensweg, sondern einer neben vielen anderen ist. Jeder Beruf, der dem inneren Wesen des Menschen entspricht, macht ihn reich und glücklich und führt ihn dem Ziele der in sich selbst ruhenden Persönlichkeit näher. Jeder Beruf aber, der aus äußeren und zufälligen Motiven erwählt wird, ohne der Natur des Menschen zu entsprechen, ist der Anfang einer Lebenskatastrophe.

Reinhold Schairer. Hans Sikorski.

Inhalt

Seite

Geleitwort IV

Aus Goethes Wilhelm Meisters Wanderjahre VIII

Grundsätzliches zur Berufswahl
Von Ministerialrat Dr. Ludwig Nießen 1

Zur Berufswahl der Abiturientin
Von Dr. Agnes v. Zahn-Harnack 5

Die Berufsaussichten des Akademikers
Von Dr. Hans Sikorski 10

Berufsmöglichkeiten für Abiturienten ohne Studium
Kaufmännische Berufe — Handwerkliche und verwandte praktische Berufe — Mittlere technische Berufe — Der Verwaltungsbeamte — Der soziale Beruf — Der Privatbeamte in wirtschaftlichen Organisationen — Die Offizierslaufbahnen im Reichsheer, Reichsmarine und Schutzpolizei — Der Verkehrsflieger)
Von Regierungsrat Dr. Walter Stets 21

Berufsmöglichkeiten für Abiturientinnen ohne Studium
(Handwerk und Gewerbe, Kunstgewerbe — Der kaufmännische Beruf — Soziale und pflegerische Berufe — Erziehungs- und Lehrberufe — Berufe in Haushalt, Landwirtschaft und Gartenbau — Tanz, rhythmische Gymnastik und künstlerisch frei gestaltende Berufe — Wissenschaftliche Hilfsarbeit)
Von Emma Loewe 38

Ausbildung und Beruf des Volksschullehrers
Von Ministerialrat Dr. Eugen Löffler 51

Studium und Berufskreis des Theologen
Von Dr. Max Breitinger 63

Studium und Berufskreis des Philologen
Von Dr. Max Breitinger 67

Studium und Berufskreis der Philologin
Von Studiendirektorin Dr. Agnes Molthan 74

Der Arzt (Voraussetzungen, Studium und Berufskreis)
Von Prof. Dr. med. Otto Oertel 80

Studium und Berufskreis der Ärztin
Von Dr. Laura Turnau 90

Studium und Beruf des Zahnarztes .
Von Prof. Dr. Wolfgang Praeger 95

Studium und Beruf des Tierarztes
Von Prof. Dr. Walter Gmelin 97

Die Voraussetzungen des juristischen Studiums und der Berufskreis des Juristen
Von Prof. Dr. Heinrich Stoll 101

Studium und Berufskreis des Wirtschaftswissenschafters
Von Direktor Dr. Carl-Max Lüttgens 114

Studium und Berufskreis des Landwirtes und Forstwirtes
Von Diplomlandwirt Dr. Fritz Bredemann 125

Studium und Berufskreis des Architekten
Von Dr. Richard Döcker 131

Der Maschineningenieur (Voraussetzungen — Studium — Berufskreis)
Von Prof. Dr.-Ing. Hermann Bonin 137

Der Elektroingenieur (Voraussetzungen — Studium — Berufskreis)
Von Prof. Dr.-Ing. Ernst Hueter 147

Verschiedene Berufsmöglichkeiten mit naturwissenschaftlich-technischer Vorbildung
(Der Apotheker — Der Chemiker — Der Nahrungsmittelchemiker — Der technische Physiker — Der Vermessungsingenieur — Der Bergingenieur — Der Markscheider — Der Hütteningenieur)
Von Dr. Anton Baak 155

Akademische Frauenberufe
(Die Nationalökonomin — Die Juristin — Die Apothekerin — Die Chemikerin — Die Ingenieurin und Architektin — Die akademisch gebildete Landwirtin — Diplomkaufmann — Die Theologin — Die Journalistin)
Von Oberregierungsrat Dr. Käthe Gaebel 162

Akademische Auskunftsstellen und Berufsämter 173

Die Fragen der Kosten des Studiums, der Unterstützungsmöglichkeiten für Studierende, der Zulassungsbestimmungen, des Studienbeginns usw. werden in dieser Schrift nicht mit behandelt. Hierüber unterrichtet im einzelnen der gleichzeitig erscheinende, vom Deutschen Studentenwerk e. V. herausgegebene „Deutsche Hochschulführer" für das Studienjahr 1930 (Preis RM 0.90).

Aus Goethes Wilhelm Meisters Wanderjahre

Wilhelm ... wiederholte seinen schon früher geäußerten Wunsch, daß Montan ihm so viel mitteilen möge, als er zum ersten Unterricht des Knaben nötig hätte. „Gib das auf", versetzte Montan. „Es ist nichts schrecklicher als ein Lehrer, der nicht mehr weiß, als die Schüler ebenfalls wissen sollen. Wer andere lehren will, kann wohl oft das Beste verschweigen, was er weiß, aber er darf nicht halbwissend sein." „Wo sind denn aber so vollkommene Lehrer zu finden?" — „Die triffst du sehr leicht", versetzte Montan. „Wo denn?" sagte Wilhelm mit einigem Unglauben. „Da, wo die Sache zu Hause ist, die du lernen willst", versetzte Montan. „Den besten Unterricht zieht man aus vollständiger Umgebung. Lernst du nicht fremde Sprachen in den Ländern am besten, wo sie zu Hause sind, wo nur diese und keine andere weiter dein Ohr berührt!" — „Und so wärst du", fragte Wilhelm, „zwischen den Gebirgen zur Kenntnis der Gebirge gelangt?" — „Das versteht sich." — „Ohne mit Menschen umzugehen?" fragte Wilhelm. „Wenigstens nur mit Menschen", versetzte jener, „die bergartig waren. Da, wo Pygmäen, angereizt durch Metalladern, den Fels durchwühlen, das Innere der Erde zugänglich machen und auf alle Weise die schwersten Aufgaben zu lösen suchen, da ist der Ort, wo der wißbegierig Denkende seinen Platz nehmen soll. Er sieht handeln, tun, läßt geschehen und erfreut sich des Geglückten und Mißglückten. Was nützt, ist nur ein Teil des Bedeutenden. Um einen Gegenstand ganz zu besitzen, zu beherrschen, muß man ihn um seiner selbst willen studieren. Indem ich aber vom Höchsten und Letzten spreche, wozu man sich erst spät durch vieles und reiches Gewahrwerden emporhebt, seh ich die Knaben vor uns; bei denen klingt es ganz anders. Jede Art von Tätigkeit möchte das Kind ergreifen, weil alles leicht aussieht, was vortrefflich ausgeübt wird. Aller Anfang ist schwer. Das mag in einem gewissen Sinne wahr sein; allgemeiner aber kann man sagen: aller Anfang ist leicht, und die letzten Stufen werden am schwersten und seltensten erstiegen."

Wilhelm, der indessen nachgedacht hatte, sagte zu Montan: „Solltest du wirklich zu der Überzeugung gegriffen haben, daß die sämtlichen Tätigkeiten wie in der Ausübung, so auch im Unterricht zu sondern seien?" — „Ich weiß mir nichts anderes noch besseres", erwiderte jener. „Was der Mensch leisten soll, muß sich als ein zweites Selbst von ihm ablösen; und wie könnte das möglich sein, wäre sein erstes Selbst nicht ganz davon durchdrungen?" — „Man hat aber doch eine vielseitige Bildung für sehr vorteilhaft und notwendig gehalten." — „Sie kann es auch sein zu ihrer Zeit", versetzte jener; „Vielseitigkeit bereitet eigentlich nur das Element vor, worin der Einseitige wirken kann, dem eben jetzt genug Raum gegeben ist. Ja, es ist jetzo die Zeit der Einseitigkeiten; wohl dem, der es begreift, für sich und andere in diesem Sinne wirkt! Bei gewissen Dingen versteht sich's durchaus und sogleich. Übe dich zum tüchtigen Violinisten und sei versichert, der Kapellmeister wird dir deinen Platz im Orchester mit Gunst anweisen. Mache ein Organ aus dir und erwarte, was für eine Stelle dir die Menschheit im allgemeinen Leben wohlmeinend zugestehen werde. Laß uns abbrechen! Wer es nicht glauben will, der gehe seinen Weg; auch der gelingt zuweilen; ich aber sage: von unten hinauf zu dienen ist überall nötig. Sich auf ein Handwerk zu beschränken ist das beste. Für den geringsten Kopf wird es immer ein Handwerk, für den besseren eine Kunst sein, und der beste, wenn er eins tut, tut er alles, oder, um weniger paradox zu sein, in dem einen, was er recht tut, sieht er das Gleichnis von allem, was recht getan wird."

Viertes Kapitel, Absatz III.

Grundsätzliches zur Berufswahl

Von Dr. Ludwig Nießen,
Ministerialrat im Reichsministerium des Innern

Der Abiturient sieht eine verwirrende Fülle von Berufswegen vor sich; und jeder einzelne dieser Berufswege ist wiederum für sich verwirrend kompliziert. Bis zur Reife ist er geführt worden, auf gerader Straße gegangen, die nur ein Ziel hatte. Nun ist zum ersten Male sein eigener Wille zur Wahl zwischen den vielen weiterführenden Straßen aufgerufen, und aller Stolz über die erlangte Reife kann nicht die Schwere der ersten großen Entscheidung mindern, die er von sich fordern muß.

Die Schule hat ihm die Reife für das Leben zuerkannt. In der Berufswahl hat er sie zu beweisen. Nichts sollte natürlicher sein, als daß er sich die Verantwortung für seine Wahl von niemandem abnehmen läßt. Denn der Beruf ist sein gutes oder böses Schicksal für sein ganzes Leben. Ja mehr nur als dies: Im Beruf findet — oder verfehlt — er den Mittelpunkt seiner werktätigen Teilnahme an der Gesellschaft. Vom recht erfüllten Beruf her wächst er in die Zusammenhänge aller Lebensgebiete, findet er die ordnende Einheit der geistigen, politischen, wirtschaftlichen Bewegungen der Gegenwart, den Punkt, von dem er die Welt bewegen kann. Nur der innerlich ergriffene Beruf hebt über die oft gewerbehafte Enge der heutigen Berufswirklichkeit, über die individuelle Zweckhaftigkeit des beruflichen Tuns hinaus in die sinnvolle Ordnung überpersönlicher Werte, letzter Bindungen, die jedes Tun zum Gleichnis machen von allem, was recht getan wird.

Daß wir uns ganz verstehen: Der Beruf hat diese Idealität nicht durch sich selbst, sondern durch die Gesinnung, aus der heraus er ergriffen und erfüllt wird. Nur Gefäß ist der Beruf; der Mensch hat ihn zu „erfüllen". Der Beruf ist eine soziologische Institution, ist eingegliedert in den Gesellschaftsaufbau und durch dessen Bedürfnisse, nicht durch das individuelle Wunschbild und den Willen des Berufsträgers bestimmt. Aber gerade deshalb kommt es darauf an, daß der Berufsträger sein berufliches Tun nicht nur äußerlich in die allgemeine Gesellschaftsordnung eingefügt sieht, sondern diese Eingefügtheit in seinen Willen aufnimmt und Formen und Inhalte der Berufsarbeit mit innerer Anteilnahme erfüllt. Und gerade darum ist es so entscheidend, daß der Beruf nicht von außen her, sondern von innen her, als zweites Selbst, gewählt wird. Nur dann gleichen sich die Spannungen aus, die zwischen Vorstellung und Wirklichkeit des Berufs, zwischen Arbeitswelt und geistiger Welt, zwischen persönlicher Freiheit und gesellschaftlicher Bindung bestehen. Der innerlich Unbeteiligte ist Knecht seiner Arbeit, in der Arbeitswelt heimat- und wurzellos, abgetrennt von den Zugängen zu den Bezirken des geistigen Lebens.

Es war einmal eine Zeit, die glaubte, daß der „Höhergebildete" sich selbst genug sei, neben seinem Beruf von seiner „allgemeinen Bildung" geistig leben könne und dadurch den Bewegungen der Gegenwart lebendig verbunden sei. Dieser quietistische Glaube ist zerstört. „Es gibt keinen Königsweg zur echten Bildung," es gibt keine allgemeine Bildung als isolierten geistigen Besitz, allgemeine Bildung ist, mag sie akademische heißen und noch so hoch getrieben sein, kein abgeschlossener geistiger Zustand, der für sich ein Leben tragen könnte. Bildung ist lebensverbundene Regsamkeit der geistigen Kräfte über das persönliche Interesse und den Tag hinaus, ist unablässig wirkender Trieb zu einheitlicher, sinnvoller Lebensgestaltung. Sie beweist und bewährt sich im Beruf, bindet Arbeitswelt und geistige Welt zur Einheit zusammen. Wer Berufswelt und persönliche geistige Welt getrennt halten will, gerät in würdelosen Zwiespalt. Goethe, der nicht verdächtig sein kann, Bildung nicht geschätzt zu haben, mahnt: „Narrenspossen sind Eure allgemeine Bildung und alle Anstalten dazu. Daß ein Mensch etwas ganz entschieden verstehe, vorzüglich leiste, wie nicht leicht ein anderer in der nächsten Umgebung, darauf kommt es an. Du bist gerade in einem Alter, wo man sich mit Verstande etwas vorsetzt, mit Einsicht das Vorliegende beurteilt, es von der rechten Seite angreift, seine Fähigkeiten und Fertigkeiten auf den rechten Zweck hinlenkt."

Ist hierüber Einverständnis, so ist alles weitere nur Folgerung. Der Abiturient ist in der Berufssuche immer wieder auf sich selbst zurückgewiesen und zur inneren Selbsterforschung gehalten. Aber er ist bei dieser inneren Befragung und in seiner Entscheidung von mancher Gefahr bedroht. Es war schon davon die Rede, daß er vor der Schwere der Entscheidung zurückschrecken und sich durch die Meinung anderer oder durch äußere Umstände bestimmen lassen könnte; damit rettet er sich aus der Verlegenheit des Augenblicks um den Preis der Verlegenheit eines ganzen Lebens. Nicht viel anders ist es, wenn der Abiturient die Entscheidung vertagen möchte und „zunächst einmal studiert", um nachher weiterzusehen. Diese Flucht ins Studium ist nicht nur feig, sondern unerhört dumm und gefährlich. Diese Mitläufer auf dem akademischen Weg, die meinen, die Universität sei die normale Fortsetzung der höheren Schule und „es könne ja nie schaden", verderben den Geist der Hochschule und sich selber. An dem Ballast der Pseudoakademiker, die innerlich unergriffen des akademischen Geistes keinen Hauch verspüren und von ihm ungesegnet bleiben, haben die Hochschule, die Berufe und die Gesellschaft schwer zu tragen.

Ein Aufschub der Wahl, der nicht Feigheit, sondern Mut und Verantwortungsgefühl zeigt, sei angeraten, vor allem denen, die sich in Elternhaus, Schule und Umwelt in einem immer gleichen Lebenskreise geistiger und wirtschaftlicher Behütung bewegt haben: der Abiturient erprobe sich in Werkarbeit. Werkarbeitszeit läßt Abstand vom Schulerlebnis gewinnen, hilft die eigene Anlage erkennen, unterbricht die einseitige Zwangsläufigkeit des Berufsstrebens und räumt viele landläufige Irrtümer und Vorurteile aus.

Denn viele werden durch romantische Vorstellungen auf den akademischen Weg gebracht. Es mischen sich da manchmal die merkwürdigsten Anschauungen zu einem Traumbild wundervoller Schöne. Der Gymnasiast der oberen Klassen hat die Lieder von der Alma mater und dem studentischen Musenleben gesungen, und sie klingen ihm so laut im Ohr, daß sie alle andere Überlegung übertönen. „Akademische Bildung" als gesellschaftliche Standesforderung verstärkt den Entschluß, bei manchen „veredelt" durch das Motiv, daß im Volk der Denker und Dichter mit der akademischen Bildung eine Verpflichtung gegenüber dem deutschen Geist eingelöst werde. Und mancher meint wohl noch, kein echter Deutscher zu sein, wenn er nicht wie Faust durch alle Irrtümer und Urgründe der Welt hindurchgehe. Es wäre reizvoll, einmal näher darüber nachzudenken, wie sehr das Bild des Faust unsere Meinungen von dem Menschen, wie er sein soll, bestimmt hat, und wieviel Mißverstehen hierbei unterlaufen ist. Für unsere Betrachtung sei nur an Anfang und Ende erinnert; an den Faust, der alle 4 Fakultäten —

heute wären es mehr — durchwandert ist, so klug als wie zuvor sich findet und überdrüssig sein Leben fortwerfen will; und an den Faust, der sein höchstes Lebensgefühl in der schöpferischen Tat empfindet.

Es ist gottlob nicht jedermanns Sache, seinen tatenfrohen Sinn in den feurigsten Jahren durch wissenschaftliche Schulung zu dämpfen und zu glauben, daß höchste schöpferische Leistung nur auf dem Boden hochschulmäßiger Bildung wachsen könne; und es stünde in manchem um Deutschland besser, wenn das Vertrauen der Jugend in ihre Kraft zum Tun nicht so oft durch das Verlangen akademischer Vorbildung für praktische Berufe enttäuscht würde. Deutschland braucht auch den frischen ungebrochenen Pionier, der nicht mit Skepsis und Zweifel und wissenschaftlicher Gründlichkeit sich zerdenkt, ehe er handelt, sondern der mutig wagt und zupackt und seinen Platz nicht mit Berechtigungen, sondern mit Leistungen erkämpft.

Und es ist nicht jedermanns Sache, in den fragefreudigsten Jahren nicht zu wissen, wohin er in diesem neuen Deutschland der geistigen und der schaffenden Lage nach gehört. Aus den alten Studentenliedern klingt ein Ton, der nicht zusammenstimmen will mit dem verteufelten Ernst unserer Tage und mit der Lebenswelt der meisten Studenten. Und auch die Hochschule ist so ganz anders geworden, als sie ehedem war. Nicht jeder findet sich damit ab, daß sein Professor durch den Lautsprecher zu ihm spricht, weil der Hörsaal nicht alle aufnehmen kann; für die meisten Studenten ist heute unabänderliche Wahrheit geworden, was Nietzsche 1872 etwas übertrieben meinte: Daß der Student „nur durch das Ohr" mit der Universität zusammenhänge.

Mit diesen Folgerungen, die die heutige Lage besonders nahelegt, sei hier genug geschehen; sie sollen nur Beispiel sein für die Notwendigkeit, alle äußerliche Betrachtung abzutun und die Entscheidung der Berufswahl an die ernsteste Gewissenhaftigkeit anzuknüpfen. Ob sich der Abiturient für einen „praktischen" oder für einen „studierten" Beruf entscheidet: beide Wege sind gleich, wenn sie recht, nach der inneren Natur des Wanderers gewählt sind. Entscheidend ist nur dies: daß der Abiturient in den bildsamsten Jahren seines Lebens, in der Welt des Handelns oder in der Welt der Wissenschaft, sich reif macht für seine Aufgabe, eine ganze Persönlichkeit in den Dienst des Volksganzen einzusetzen.

Zur Berufswahl der Abiturientin

Von Dr. Agnes v. Zahn-Harnack

In wenigen Wochen werden sich wieder die Pforten unserer höheren Schulen für Tausende von Mädchen öffnen, die nun ihre Berufsausbildung beginnen wollen. Aber vor diesem folgenreichen Schritt liegen ernste Erwägungen und Entscheidungen. Welches Fach soll die junge Abiturientin wählen? Welchen Beruf wird sie nach dem Abschluß ihrer Studien ergreifen? In Deutschlands reichen Jahren vor dem Kriege konnte man wohl einer Abiturientin Vorraten, sich zunächst einmal auf der Hochschule umzusehen, Vorlesungen über dieses und jenes Gebiet zu hören und sich etwa im Laufe eines Jahres zur endgültigen Klarheit durchzuringen. Heute kann kaum jemand in Deutschland seinen Kindern noch so viel Freiheit gewähren. Wir wollen in dieser Beschränkung durchaus nicht nur einen Nachteil sehen, denn wir wissen aus zahlreichen Erfahrungen, wieviel Zeit oft mit Suchen und Probieren vertan wurde, und daß der sicherste Weg, zur Klarheit zu kommen, immer noch der ist, daß man an einer Stelle mit aller Energie anpackt. Um so bedeutungsvoller aber sind bei dieser Gesamtlage die Wochen und Monate nach der Reifeprüfung. Denn in ihnen gilt es zu wählen; wer eine überwiegend praktische Begabung, Handgeschicklichkeit und technische Fähigkeiten besitzt, der soll nicht studieren, sondern in einen der zahlreichen Berufe gehen, zu denen man sich nicht auf der Hochschule, sondern auf anderen Unterrichtsanstalten vorbereitet; er wird dort Besseres leisten und mehr Befriedigung finden[1]). Eine innere Bereicherung wird auch nur selten erworben, indem man ein paar Semester Kolleg hört; die Gastrolle auf der Universität hat nur einen sehr geringen Bildungswert, belastet aber die Hochschule in erheblichem Maße. Wer zu studieren beabsichtigt, muß besonders gewissenhaft die drei Faktoren: Wirtschaftliche Lage, Neigung und Eignung in eine vernünftige Relation zueinander bringen.

[1]) Vgl. S. 38ff.

Der wirtschaftliche Gesichtspunkt ist derjenige, der der jungen Abiturientin am nachdrücklichsten und von allen Seiten vorgestellt zu werden pflegt. Zeitungen und Zeitschriften, Flugblätter und Versammlungen beschäftigen sich mit der Überfüllung der akademischen Berufe, und wer all diese Äußerungen gewissenhaft und gläubig sammelt, der müßte zu einem sehr pessimistischen Ergebnis kommen. Demgegenüber wird es nötig sein, die einzelnen Warnrufe genauer zu prüfen und zwischen berufenen und unberufenen Warnern zu unterscheiden. Zunächst: wer warnen will, muß mehr überblicken als seinen eigenen persönlichen Erfahrungskreis. Er muß sich in seinem Urteil von Zufälligkeiten und Einseitigkeiten freihalten und darf nicht etwa eine lokale mit einer allgemeinen Lage verwechseln. Auch die Warnungen der Berufsorganisationen müssen kritisch bewertet werden. Ferner muß bedacht werden, daß in vielen Berufen die Lage für Männer und Frauen eine verschiedene ist, und daß unter Umständen der Beruf für das eine Geschlecht überfüllt ist, während er dem anderen noch gewisse Möglichkeiten bietet. Endlich, und das ist das Wichtigste: Selbst wenn ein gewissenhafter Statistiker und Kenner des Arbeitsmarktes die heutige Lage übersieht — wie kann er wissen, was in 4—8 Jahren sein wird, wenn die Studenten, die heute die Hochschulen beziehen, in die Berufsausübung eintreten werden? Hier sind die meisten Prophezeiungen müßig, und der vorsichtige Berater wird wenig wirklich Stichhaltiges sagen können. Aus all diesen Gründen ergibt sich, daß die wirtschaftlichen Gesichtspunkte bei der Studienwahl nicht ausschlaggebend sein dürfen. Gewiß soll man sich von der Dauer und den Kosten des gewählten Studiums ein Bild machen und soll bedenken, daß bei völliger Mittellosigkeit die Durchführung eines geordneten zweckvollen Studiums kaum möglich ist; aber es wäre ein schwerer Fehler, wenn man die Entscheidung nur an der Frage des materiellen Berufsertrages orientieren wollte. Wenn ein junger Mensch so handelt, dann verkauft er damit schon ein Stück seiner Seele.

Bleibt: Neigung und Eignung. Beide gehen merkwürdigerweise durchaus nicht immer Hand in Hand. Es gibt auch im Beruf eine unglückliche Liebe; am klarsten wird uns das, wenn wir das heiße, tragische Ringen von halben und Viertelskünstlern um ihre Kunst sehen. Und es gibt auch Neigungen, die sich spät entwickeln, und die etwa im 19. und 20. Lebensjahre noch ganz verdeckt sind. Häufig ist der Erkenntnisdrang eines jungen Menschen so stark, daß er alle anderen geistigen Triebe überwächst; und erst, wenn er bis zu einem gewissen Grade gestillt ist, wächst neben ihm die pädagogische Begabung, der Trieb zu bilden und zu erziehen, auf. Nur wo Neigung und Eignung sich begegnen, wird eine gute Berufsleistung zu erwarten sein. Nun gibt es gewiß heute mancherlei Wege und Testmethoden, um die Eignung eines Berufsanwärters festzustellen. Aber gerade den höheren Berufen gegenüber mit ihren komplizierten und verfeinerten Bedingungen versagen sie vielfach. Hier bleibt nichts übrig, als daß sich der angehende Student eine möglichst lebendige Vorstellung von seinem künftigen Beruf macht. Am besten gelingt das, wenn ein in dem Beruf Stehender ihn ihm vorlebt, und wenn das menschlich bedeutende Beispiel eines Arztes, Lehrers, Naturforschers in dem jungen Menschen die Sehnsucht erweckt, es diesem gleichzutun. Wo solche lebendige Belehrung nicht möglich ist, da muß man zum Buch greifen. Das letzte halbe Jahr auf der Oberprima sollte planmäßig zur Lektüre von Biographien oder wertvollen Berufsdarstellungen benutzt werden[1]). Aus ihnen schöpft der Leser die tiefe und entscheidende Wahrheit: Aus deinem Beruf sollst du deine lebenaufbauenden Kräfte ziehen.

Indem wir ein solches Wort niederschreiben, kommt uns die unendliche Bevorzugung zum Bewußtsein, die der genießt, dem die Wege zu einem höheren Beruf geebnet und geöffnet worden sind. In der breiten Schicht der mittleren und unteren Berufe wird es manchmal nicht zu vermeiden sein, daß Beruf und Leben als zwei getrennte Welten nebeneinander hergehen, die nur durch den Zwang des Geldverdienens verknüpft sind. Den Gliedern unseres Volkes, denen die höchsten Bildungsmöglichkeiten erschlossen sind, liegt es als Aufgabe ob, Beruf und Leben zu einer Einheit zusammenzuschließen. Für die Frau gilt das in fast noch höherem Grade wie für den Mann. Ihr Bedürfnis, das Leben als eine Einheit zu leben, ist besonders stark; sie ist seelisch beeinträchtigt, wenn sie ihren Beruf und ihr Leben nicht unter eine gemeinsame Idee stellen kann. Und diese Idee wird für sie letztlich immer heißen: Dienst am Leben. Diesen Dienst am Leben, diese Überordnung

[1]) Z. B. Frau Dr. Marie Heim-Vögtlein: Das Leben der ersten Schweizer Ärztin (Verlag Rascher & Co., Zürich); Franziska Tiburtius: Erinnerungen einer Achtzigjährigen (Schwetschke); Frieda Duensing: Ein Buch der Erinnerungen (Herbig); Julie Schlosser: Aus dem Leben meiner Mutter, Bd. I (Furche).

des Menschlichen über das Nur-Sachliche und Nur-Fachliche des Organischen über die Organisation, wird sie als Medizinerin, als Lehrerin, als Juristin, als Nationalökonomin, als Theologin leisten können; sie wird in jedem Fach den Punkt finden, wo sie mit spezifisch frauenhaften Kräften einsetzen und ihrer Berufsleistung den Stempel ihrer weiblichen Persönlichkeit geben kann. Darum gibt es für sie bei der Berufswahl eigentlich nur einen allgemein gültigen Rat: Die Frau soll sich keinen menschenfernen Beruf wählen. Ohne die Beziehung von Mensch zu Mensch muß sie verkümmern. Selbst wenn der Beruf ihr in den ersten Jahren, in denen sie noch jung ist und stärker nach außen lebt, zu genügen scheint, so wird doch nach einem gewissen Zeitablauf erfahrungsgemäß das Gefühl der Leere, ja einer gewissen Sinnlosigkeit, sich quälend bemerkbar machen.

Aber gerade, wenn sie die Vertiefung ihres Berufs nach der menschlichen Seite anstrebt, wird sich die Frau klarmachen müssen, daß ihr wissenschaftliches Rüstzeug untadelig sein muß. Ja mehr als das: daß die Hochschule nicht einfach und platterdings eine Berufsschule ist, auf der man „Doktor" oder „Rechtsanwalt" lernt, sondern daß das entscheidende Erlebnis der Studienjahre die Berührung mit wissenschaftlicher Forschungsarbeit und wissenschaftlicher Methode ist. Nur wer willig und fähig ist, sich zunächst einmal ganz ohne Rücksicht auf Erfolg und Gewinn um die reine Erkenntnis zu bemühen, nur der gehört auf die Hochschule. Denn diese Jahre ernsten geistigen Ringens schaffen den Wurzelboden für das Wachstum der gesamten Persönlichkeit. Es ist Deutschlands Ruhm, daß unsere Akademiker, Männer wie Frauen, in ihrer späteren Berufsausübung nicht einfach zu Praktikern herabsinken, sondern daß sie die Beziehung zu ihrer Wissenschaft und das Bemühen um eine tiefere Begründung ihrer Praxis weiterhin aufrechterhalten. Diese Armee, die gewissermaßen à la suite der reinen Wissenschaft steht, ist für das Kulturniveau eines Landes von der größten Bedeutung.

Zum Schluß aber dürfen wir an einer Frage nicht vorübergehen, die für die studierende Frau von größter Bedeutung ist. Wie soll sie ihr Leben gestalten, wenn sie die Möglichkeit der Eheschließung mit in Berechnung zieht? Ist dann vielleicht, wenn sie im Laufe des Studiums oder nach Eintritt in den Beruf heiratet, volkswirtschaftlich betrachtet, das ganze Kapital verloren, das sie in ihre Ausbildung gesteckt hat? Ja, ist sie nicht dann am Ende gar für ihren Beruf als Hausfrau und Mutter verbildet? Hierauf läßt sich zunächst erwidern, daß bei der jetzigen Lage Deutschlands sehr viele junge Ehen nur geschlossen werden können, wenn die Frau mindestens noch einige Jahre erwerbstätig bleibt. Ob dieser Zustand erwünscht und erfreulich ist, das kann in diesem Zusammenhang nicht erörtert werden; aber daß es so ist, ist eine Tatsache, an der niemand vorbei kann. Wenn wir für viele unserer Volksgenossen die Möglichkeit der Frühehe schaffen wollen, so wird uns die wirtschaftliche Selbständigkeit der jungen Frauengeneration dabei helfen. Aber weiter: wer von der „Verbildung" der jungen Akademikerin spricht, der macht sich nicht klar, daß Haushalt wie Kindererziehung mit denselben geistigen und charakterlichen Fähigkeiten und Eigenschaften betrieben werden, die zu jeder anderen beruflichen Arbeit auch gehören. Entscheidend ist: Intelligenz, Pflichtgefühl und die Fähigkeit, über Zeit und Kraft zweckmäßig zu disponieren. Wo eine Frau diese Eigenschaften erwirbt und übt, ob am Schreibtisch oder am Küchentisch, ist nicht entscheidend. Es gibt auch in diesem Zusammenhang zu denken, daß ein großer Teil der Bestrebungen auf Rationalisierung der Hauswirtschaft und Vertiefung der häuslichen Erziehung gerade von akademisch gebildeten Hausfrauen, aber auch von unverheirateten im Beruf stehenden Frauen getragen werden. Sicher gehört zur Bewältigung von Haushalt und Kinderpflege ein gewisses Maß von technischem Können. Um sich dieses anzueignen, hat aber die Studentin im allgemeinen mehr Zeit und Gelegenheit als etwa die Bureauangestellte oder die Postbeamtin. Endlich aber wollen wir nicht vergessen, daß jede geistige und seelische Verfeinerung, die die Mutter erworben hat, der nächsten Generation zugute kommt — hier gibt es keine verlorenen Kapitalien! Wer das Bild so sieht, wie es die vorstehenden Zeilen zeichnen, der wird sich gewiß nur nach sehr ernster Selbstprüfung zum Studium entschließen. Dann aber wird er des ganzen Reichtums inne werden, den unsere Hochschulen bieten, und für die Hingabe an die Wissenschaft wird er mit vertiefter Erkenntnis und — was mehr ist — mit geistiger Freiheit belohnt werden.

Die Berufsaussichten des Akademikers

Von Dr. Hans Sikorski

Neigung und Eignung stehen im Mittelpunkte der Berufswahl. Beides ist bei geistigen Berufen nur schwer von Außenstehenden zu beurteilen und zu prüfen. Psychologische Testmethoden versagen fast völlig. Deshalb muß der einzelne selbst die Entscheidung fällen und ist so seines Glückes oder Unglückes Schmied. Wenn er klug ist, hört er auf Ratschläge, ohne sich an sie zu binden; alle Berufsbilder, auch die der außerakademischen Berufe, werden an seinem prüfenden Auge vorbeiziehen. Jeder nichtakademische Beruf wird sich ihm ebenbürtig neben die akademischen stellen; denn die akademischen Berufe sind noch weniger als die anderen Versorgungsanstalten, die auf alle Fälle ihren Mann ernähren.

Diese und ähnliche Mahnungen ziehen sich wie ein roter Faden durch alle Beiträge dieser Schrift.

Wenn nun trotzdem der Versuch unternommen wird, die akademischen Berufsaussichten kurz zu umreißen, so geschieht es nicht, um diese Grundsätze zu erschüttern, sondern um auch an Hand objektiven Tatsachenmaterials zu erhärten, daß bedauerlicherweise die in den Einzeldarstellungen immer wieder vertretene Feststellung richtig ist, daß in fast allen akademischen Berufen das vorhandene Angebot den Bedarf weit übersteigt und nur der wirklich „Berufene", der besondere Leistungen aufzuweisen hat, Aussicht auf befriedigende Berufsarbeit und ausreichendes Einkommen haben wird und daß für Ungeeignete oder nur durchschnittlich Begabte ein Studium, gleichgültig welcher Disziplin, keinen Aufstieg, sondern häufig einen Abstieg, wenn nicht gar eine Katastrophe bedeuten wird.

Die Beurteilung der Aussichten in den verschiedenen akademischen Berufen für die diesjährige Abiturientengeneration darf sich nicht in erster Linie richten nach der augenblicklichen Arbeitsmarktlage (d. h. Angebot und Nachfrage in den einzelnen Berufszweigen), sondern nach der voraussichtlichen Situation in 6—8 Jahren, wenn der Studentenjahrgang 1930 im wesentlichen sein Studium und die anschließende Ausbildung abgeschlossen hat. Es kann deshalb von einer eingehenden Darlegung der gegenwärtigen Lage abgesehen werden und die Feststellung genügen, daß, abgesehen von evangelischen und katholischen Theologen, Zahnärzten und Philologen einzelner Fächer in allen übrigen akademischen Berufen rein zahlenmäßig der Bedarf voll befriedigt werden kann, in einzelnen Berufen sogar schon jetzt ein starkes Überangebot zu verzeichnen ist.

Demgegenüber wird die Situation ziemlich sicher in den beamteten Berufen und denjenigen Berufszweigen, deren Bedarf trotz neuer Erfindungen und Fortschritte der Technik niemals wesentlich gesteigert werden kann (z. B. Ärzte[1]), Rechtsanwälte, Apotheker, Land- und Forstwirte u. a. m.), in 6—8 Jahren wesentlich ungünstiger sein, wie die nachfolgenden Aufstellungen beweisen.

Es kommt noch hinzu, daß in diesen Berufszweigen auch der durch Bevölkerungsvermehrung organisch wachsende Mehrbedarf nicht so groß ist wie in der Vorkriegszeit. Hier wirkt sich der Bevölkerungsrückgang während der Kriegszeit und die ständig sinkende Bevölkerungszunahme infolge des starken Geburtenrückganges seit 1920 verhängnisvoll aus[2]).

Wesentlich schwieriger dagegen ist es, auch nur annähernd verbindliche Angaben über die Aussichten in den freien Berufen naturwissenschaftlich technischer Richtung, z. B. Diplomingenieure des Maschinenbaues und der Elektrotechnik, Architekten, Bauingenieure, Chemiker u. ä. zu machen, da die Nachfrage nach derartigen Berufsanwärtern durch epochemachende Erfindungen, Besserung der Wirtschafts- und Finanzlage, eine starke Steigerung erfahren kann, während Wirtschaftskrisen — seien sie durch außen- oder innenpolitische Momente hervorgerufen — zur Be-

[1]) Durch Ausbau hygienischer Maßnahmen und Erweiterung des Krankenkassenwesens wird z. B. das Einkommen der Ärzte geringer und damit der Bedarf an Ärzten eher rückläufig als steigend.

[2]) Der Geburtenüberschuß in den letzten Jahren vor dem Kriege betrug durchschnittlich rund 800000, dagegen in den letzten Jahren nur etwa 500000. Die Zahl der Neugeborenen betrug vor dem Kriege durchschnittlich 2 Millionen, 1920 rund 1650000, um von da ab ständig zu sinken bis auf rund 1200000 im Jahre 1927; also ein Geburtenrückgang um fast eine halbe Million innerhalb 8 Jahren.

schäftigungslosigkeit eines kleineren oder größeren Teiles dieser Berufsgruppen führen kann. Die Arbeitsmöglichkeiten in diesen Berufen sind deshalb nicht zuletzt bedingt durch die schöpferischen Spitzenleistungen der Elite. Darum sollten sich hochbegabte Naturen niemals von ihrem Ziel abbringen lassen durch angeblich ungünstige Berufsaussichten.

Darüber hinaus besteht für tatkräftige und fähige Angehörige dieser Berufsgruppen bevorzugt die Möglichkeit, sich im Auslande geeignete Betätigungsmöglichkeiten zu erschließen; denn eine Überproduktion an geistigen Arbeitern in der Welt besteht nicht. Vollkommene Erlernung fremder Sprachen sollte deshalb während der Studienzeit nicht vernachlässigt werden.

Für die zahlenmäßige Gestaltung des Arbeitsmarktes in 6—8 Jahren ist entscheidend der zu den einzelnen Berufen ständig hinzukommende Nachwuchs von den Hochschulen, über den wir dank der Deutschen Hochschulstatistik einen ungefähren Aufschluß erhalten, wenn diese Zahlenangaben durch Wertung die erforderliche Korrektur erfahren, da bisher die Statistik noch keinerlei Angaben über die jährlich die Hochschulen mit einem Examen Verlassenden enthält. Ist der jährlich von den Hochschulen in die Berufe sich ergießende Nachwuchs wesentlich größer, als die durch Tod, Pensionierung oder anderer Umstände ausscheidende Zahl von Berufstätigen, so bildet sich eine Staumasse und eine undurchdringliche Sperrmauer hindert die Überzähligen an den Eintritt in den Beruf. Denn es gibt für die meisten akademischen Berufe[1]) ein festes Kontingent, das auch durch geniale und schöpferische Menschen nicht gesprengt werden kann. Eine wie starke Vermehrung der verfügbare Nachwuchs für die meisten akademischen Berufe in den letzten Jahren erfahren hat, zeigt ein Blick in die nachfolgenden Übersichten, und unter Berücksichtigung der angeführten allgemeinen Ausführungen über die voraussichtliche Entwicklung des Bedarfs kann jeder selbst errechnen, ob von günstigen oder ungünstigen Aussichten in nächster Zukunft gesprochen werden kann. Er muß gleichzeitig in Betracht ziehen, daß, wie schon erwähnt, bereits jetzt in den meisten Berufen ein Überangebot vorhanden ist.

---

1) Siehe S. 11, Absatz 2.

In der nachstehenden Aufstellung sind soweit als möglich zum Vergleich die Zahlen des Wintersemesters 1913/14 angeführt, nicht, weil sie einen Normalbedarf darstellen, sondern diese Gegenüberstellung die starke Steigerung an akademischen Berufsanwärtern beleuchtet und so wertvolle Anhaltspunkte im einzelnen bietet.

Entwicklung der Zahl der Studierenden[1]).

Gesamtzahlen (einschließlich Ausländer, z. B. im S.-S. 26 etwa 7000, S.-S. 29: 6750).

	W.-S. 1913/14	S.-S. 1924	S.-S. 1925	S.-S. 1926	S.-S. 1927	S.-S. 1928	S.-S. 1929
Universitäten .	60000	68100	60000	65200	72231	83322	93090
Techn. Hochsch.	12800	21800	21200	22300	20167	20045	21347
Gesamtzahl:	72800	89900	81200	87500	92398	103367	114437

Universitäten (einzelne Studienfächer).

	W.-S. 1913/14	S.-S. 1924	S.-S. 1925	S.-S. 1926	S.-S. 1927	S.-S. 1928	S.-S. 1929
Ev. Theologie .	3875	2000	1876	2100	2795	3467	4518
Kath. Theologie	1900	1750	1680	1750	1802	1885	2047
Rechts- u. Stw.	9800	19350	18000	18200	20530	22982	22990
Wirtschaftsw. .	2300	10300	7450	7900	7201	6489	6097
Medizin	15500	9300	7900	8540	9570	11935	15067
Zahnheilkunde .	760	1300	1050	1590	2192	3274	4541
Phil. hist.[2]) . .	12700	9600	10300	11800	15236	17058	22119
Math. nat.[3]) . .	6800	4300	4600	6570	5913	6849	9939
Chemie	900	3780	2950	2540	2760	2679	2882
Pharmazie . . .	1056	1500	1513	1210	760	742	896
Landwirtschaft .	1420	3200	2581	2093	1451	1384	1237

[1]) Sämtliche Zahlenangaben bis S.-S. 27 sind entnommen den Veröffentlichungen des Statistischen Reichsamtes, ab S.-S. 28 der Deutschen Hochschulstatistik (Verlag Struppe & Winckler).

[2]) Unter Phil. hist. sind zusammengefaßt: Neue Sprachen, Germanistik, Philosophie und Pädagogik, Geschichte, alte Sprachen, Kunst, Kunstgeschichte und Archäologie, Musikwissenschaft, evangelische Religionslehre, turnerisch-wissenschaftliche Richtung des höheren Lehramtes, Zeitungskunde, katholische Religionslehre, musikalisch-wissenschaftliche Richtung des höheren Lehramtes, Geographie, zeichnerisch-wissenschaftliche Richtung des höheren Lehramtes.

[3]) Unter Math. nat. sind zusammengefaßt: Mathematik und Versicherungsmathematik, Biologie, Physik und technische Physik (Chemie, Biologie und Geographie), allgemeine Wissenschaften.

Technische Hochschulen (einzelne Studienfächer).

	W.-S. 1913/14	S.-S. 1924	S.-S. 1925	S.-S. 1926	S.-S. 1927	S.-S. 1928	S.-S. 1929
Architektur	2270	1330	1360	1600	1749	1781	2133
Bauingenieur . . .	2860	2160	2000	2300	2413	2278	2691
Maschineningenieur	3700	8500	7400	7950	7314	5851	5323
Elektrotechnik . .	930	3200	4000	4180	4513	3802	3559
Chemie- u. Hüttenk.	1760	4250	3970	3450	2555	2051	1998
Allg. Wissensch.[1] .	1200	2350	2220	2800	2907	3357	3343

Sonstige Hochschulen.

	S.-S. 1924	S.-S. 1925	S.-S. 1926	S.-S. 1927	S.-S. 1928	S.-S. 1929
Handelshochschule . .	5350	4200	4200	4058	3851	3460
Tierärztl. Hochschule .	340	340	390	484	582	734
Landw. Hochschule . .	2540	2100	1800	1702	1529	1480
Forstl. Hochschule . .	300	290	330	345	333	221
Bergakademie	1400	1100	880	788	714	427
Phil. theol. Hochschule	730	1100	870	1088	1244	1615
Gesamtzahl:	10660	9130	8470	8465	8253	7937

Die Zahlenübersichten lehren, daß seit dem S.-S. 1925 an den Universitäten ein starkes Anwachsen von Jahr zu Jahr zu verzeichnen ist, während die Studierendenzahlen an den Technischen Hochschulen, nachdem sie in der Nachkriegszeit eine Verdoppelung erfahren haben, seit dem S.-S. 1926 nicht mehr zunehmen. Die nach Studienfächern gegliederten Übersichten zeigen aber, daß dieser starke Zustrom zu den Hochschulen sich nicht gleichmäßig auf alle Disziplinen verteilt, sondern daß Studiengebiete vorhanden sind, die zahlenmäßig

[1]) Unter allgemeine Wissenschaften sind zusammengefaßt: Volkswirtschaftslehre, Betriebswirtschaftslehre, kaufmännisches Studium, Pädagogik für Volksschullehrerstudium, Handelslehramtsstudium, Pädagogik für Berufsschullehrerstudium, Philosophie und Pädagogik, turnerisch-wissenschaftliche Richtung des höheren Lehramtes (Leibesübungen), zeichnerisch-wissenschaftliche Richtung des höheren Lehramtes, musikalisch-wissenschaftliche Richtung des höheren Lehramtes, Mathematik und Versicherungsmathematik, Biologie, Physik und technische Physik, Geographie, Naturwissenschaften (Chemie, Biologie, Geographie), allgemeine Wissenschaften.

nicht zunehmen und teilweise sogar zurückgehen. Ein Vergleich wiederum des S.-S. 1927 mit dem S.-S. 1929, besonders an den Universitäten, ergibt die überraschende Feststellung, daß Studiengebiete, die als noch nicht überfüllt galten (z. B. evangelische und katholische Theologie, Mathematik und Naturwissenschaften, Medizin und Zahnheilkunde), unverhältnismäßig schnell zu überfluten drohen. Hoffentlich ist dies nicht ein Zeichen dafür, daß alle Mahnungen, die Berufswahl nicht in erster Linie vom augenblicklichen Konjunkturgesichtspunkte abhängig zu machen, vergeblich waren. Bei der nach Studienfächern gegliederten Übersicht der Technischen Hochschulen ist bemerkenswert, daß die Zahl der Studierenden des Maschinenbaues und der Elektrotechnik in den letzten Jahren ständig zurückging, während die Zahlen der Studierenden der Architektur und des Bauingenieurwesens langsam ansteigen und den Vorkriegsstand fast erreicht haben, wiederum wohl ein Beweis dafür, daß die augenblickliche Arbeitsmarktlage die Berufswahl beeinflußt; denn bei einer Besserung des Baumarktes, der in den vergangenen Jahren sehr gedrückt war, ist mit einem Mehrbedarf in diesem Berufszweig zu rechnen. Ferner ist bemerkenswert, daß die Gesamtzahl der Studierenden an den Technischen Hochschulen nur deswegen nicht zurückgeht, weil die Zahl in der Abteilung der allgemeinen Wissenschaften wächst, was sich dadurch erklärt, daß an verschiedenen Technischen Hochschulen auch Volksschullehrer ausgebildet werden.

Über den Zudrang der einzelnen Abiturientenjahrgänge zu den Universitäten und Hochschulen und den einzelnen Studienfächern gibt die Aufstellung auf der nächsten Seite Aufschluß.

Die Zahl der ersten Semester ist also ständig im Wachsen begriffen, wenn auch der Prozentsatz der Abiturienten, die zur Hochschule gehen, abnimmt, ein Zeichen dafür, daß ein immer größerer Teil der Schüler das Abiturientenexamen ablegt, um mit einer abgeschlossenen Allgemeinbildung die Schule zu verlassen und sich danach einem nichtakademischen Berufe zuzuwenden. Die Übersicht lehrt außerdem, daß das Anwachsen der Gesamtzahl der Studierenden nicht allein auf den verstärkten Zudrang der Abiturienten beruht, sondern auch auf anderen Ursachen, die wir später noch erörtern werden; denn die Erhöhung der Gesamtzahl von einem Jahr zum anderen ist wesentlich höher als die Vermehrung der ersten Semester im gleichen Zeitraum.

Zahlen der erstmalig immatrikulierten Studierenden[1]) (also erste Semester) an den Universitäten und Technischen Hochschulen. Insgesamt wurden an den Universitäten und Technischen Hochschulen erste Semester immatrikuliert:

	S.-S. 1925	S.-S. 1926	W.-S. 1926/27	S.-S. 1927	W.-S. 1927/28	S.-S. 1928	W.-S. 1928/29	S.-S. 1929
Universitäten . .	11298	14070	4943	15582	3975	19843	4705	20421
Techn. Hochsch. .	1368	1668	3136	1451	3700	1660	3661	1774
Gesamtzahl:	12666	15738	8079	17033	7675	21503	8366	22195

Universitäten nach Studienfächern:

	S.-S. 1925	S.-S. 1926	S.-S. 1927	S.-S. 1928	S.-S. 1929
Ev. Theologie	343	462	691	975	1155
Kath. Theologie . . .	377	420	412	563	485
Rechts- u. Staatswiss. .	3081	3983	4575	5003	4196
Wirtschaftswiss. . . .	1152	1072	890	985	953
Medizin	1349	1798	2037	2997	3537
Zahnheilkunde	175	430	578	976	1260
Phil. hist.[2])	2444	3145	3632	4780	5444
Math. nat.[3])	1053	1562	1562	2390	2329
Chemie	366	251	300	383	495
Landwirtschaft	262	191	152	131	85

Technische Hochschulen nach Studienfächern:

	W.-S. 1925/26	W.-S. 1926/27	W.-S. 1927/28	W.-S. 1928/29
Architektur	192	300	313	500
Bauingenieure	281	467	481	722
Maschineningenieure	1134	1140	811	933
Elektrotechnik	524	649	520	623
Chemie- und Hüttenkunde . .	155	151	77	163
Allgemeine Wissenschaften[4]) . .	238	298	261	336

Um von diesen Zahlen auf die künftigen Berufsanwärter Schlüsse zu ziehen, ist es notwendig, eine Reihe von Tatsachen zu berücksichtigen, die auch für einen Vergleich mit den Vorkriegszahlen beachtenswert sind.

Ein wesentlicher Grund der starken Steigerung der Zahl der Universitätsstudierenden ist das Frauenstudium. Während es im

---

[1]) [2]) [3]) [4]) s. Anm. S. 13 u. 14.

W.-S. 1913/14 nur 3600 weibliche Studierende gab, hat sich diese Zahl auf 14900 im S.-S. 1929 erhöht. Wie die nachfolgende Aufstellung zeigt, erklärt sich z. B. die Steigerung in den philosophisch-historischen, in den mathematisch-naturwissenschaftlichen Studienfächern zu einem großen Teil durch das verstärkte Frauenstudium.

Entwicklung der Zahl der weiblichen Studierenden[1]).

Gesamtzahlen:

	W.-S. 1913/14	S.-S. 1924	S.-S. 1925	S. S. 1926	S.-S. 1927	S.-S. 1928	S.-S. 1929
Universitäten . . .	3649	7460	6808	7851	9582	12052	14923
Techn. Hochsch. .	75	350	374	368	428	466	628
Gesamtzahl:	3724	7810	7182	8219	10010	12518	15551

Universitäten (einzelne Studienfächer):

	W.-S. 1913/14	S.-S. 1924	S.-S. 1925	S.-S. 1926	S.-S. 1927	S.-S. 1928	S.-S. 1929
Ev. Theologie	11	60	50	70	82	140	207
Kath. Theologie	—	2	1	—	1	2	1
Rechts- u. Staatswiss. . .	51	620	550	480	610	780	1037
Wirtschaftswiss.	120	1020	730	730	720	730	760
Medizin	870	1370	1230	1300	1530	2000	2521
Zahnheilkunde	23	240	200	220	290	440	670
Phil. hist.[2])	1670	2570	2680	3370	4200	5620	6811
Math. nat.[3])	630	740	780	1100	1600	1810	2238
Chemie	31	250	250	250	250	300	379
Pharmazie	7	220	310	300	200	200	247
Landwirtschaft	4	50	22	30	15	8	7

Technische Hochschulen (einzelne Studienfächer):

	W.-S. 1913/14	S.-S. 1924	S.-S. 1925	S.-S. 1926	S.-S. 1927	S.-S. 1928	S.-S. 1929
Architektur	20	28	31	42	42	55	69
Bauingenieure	1	5	5	4	2	5	3
Maschineningenieure . .	1	11	6	9	6	5	3
Elektrotechnik	1	2	6	6	9	9	7
Chemie u. Hüttenkunde .	16	121	139	102	75	77	82
Allg. Wissenschaften[4]) . .	26	168	184	201	294	286	410

[1]) [2]) [3]) s. Anm. S. 13.
[4]) Siehe Anm. S. 14.

Handelshochschulen:

	S.-S. 1924	S.-S. 1925	S.-S. 1926	S.-S. 1927	S.-S. 1928	S.-S. 1929
Handelshochschule . .	495	390	278	266	315	357

Diese Steigerung ist, wenn auch nicht in diesem Umfange, dadurch zu erklären, daß auf Grund amtlicher Bestimmungen ein bestimmter Prozentsatz der Lehrkräfte an den höheren Mädchenschulen akademisch vorgebildet sein muß, ebenso ist der Bedarf an Philologen und Philologinnen, abgesehen von dem steigenden Bedarf durch die Bevölkerungsvermehrung, größer geworden; denn die Zahl der Schüler an höheren Lehranstalten hat sich in den letzten 30 Jahren verdoppelt und ist auch trotz Gebietsabtretung durch das Friedensdiktat und trotz des Bevölkerungsrückganges in den Kriegsjahren und der Nachkriegszeit ständig gewachsen. So hat sich nach einer Untersuchung[1]) die Zahl der Schüler an den öffentlichen höheren Knabenschulen in Preußen auf den Umfang des heutigen Staatsgebietes umgerechnet von 134063 im Jahre 1897 auf 300207 im Jahre 1927 erhöht. In dem gleichen Zeitraum hat sich die Zahl der Oberprimaner ungefähr verdreifacht, und zwar von 6286 im Jahre 1897 auf 17021 im Jahre 1927. Trotzdem kann bei dem jetzt auf den Hochschulen befindlichen Nachwuchs von einem voraussichtlichen Mangel an Philologen und Philologinnen in 4—6 Jahren nicht mehr gesprochen werden.

Eine weitere Ursache des Anschwellens der Universitätsstudentenzahlen ist die Studiumsverlängerung. Bekanntlich ist bei vielen Studiengebieten die vorgeschriebene Studiendauer erhöht worden (z. B. Philologie von 6 auf 8 Semester, Zahnheilkunde mit Dr. med. dent. auf 8 Semester, Medizin von 10 auf 11 Semester, Theologie und Rechtswissenschaften in verschiedenen Ländern von 6 auf 8 Semester). Ebenso bedingt die Erschwerung der Examina einen längeren Aufenthalt zahlreicher Studierender an der Hochschule.

Schließlich ist es sehr wichtig, zu beachten, daß für den akademischen Arbeitsmarkt ein recht erheblicher Prozentsatz der gegenwärtig Studierenden nicht in Frage kommt, da nachweislich 25 bis 35 % der Studierenden infolge falscher Berufswahl, aus

[1]) Masche, Degosang und Behrend: Die Schülerzahlen an den öffentlichen höheren Knabenschulen in Preußen, Heft 2 der Schriftenreihe des Deutschen Philologenverbandes 1928.

Not, Überarbeitung und anderen Gründen die Hochschule verlassen, ohne ein Abschlußexamen abgelegt zu haben.

Aber auch unter Berücksichtigung der durch die eben angeführten Tatsachen notwendigen Korrekturen an den absoluten Zahlen, muß der übermäßig starke Nachwuchs in vielen Studiengebieten mit ernster Sorge erfüllen. Es kommt noch hinzu, daß voraussichtlich die Abiturientenzahlen bis 1933 weiter steigen werden und auch der Zudrang von der Einheitsschule zu den Sexten noch immer zunimmt[1]). Wenn nicht bald bei allen Teilen der deutschen Bevölkerung die Einsicht Platz greift, daß diese Entwicklung schädlich ist, wird der Anteil der sog. geistigen Berufe an der gesamten Erwerbsbevölkerung bald in einem krassen Mißverhältnis stehen zu dem wirklichen Bedarf, während es in praktischen und handwerksmäßigen Berufen an tüchtigem Nachwuchs mangeln wird.

Aus diesen Zahlenübersichten und unter Berücksichtigung der angeführten Tatsachen ist es möglich, ungefähr zu umreißen, ein wie großes Angebot an akademischen Berufsanwärtern in den nächsten Jahren voraussichtlich vorhanden sein wird. Diese Berechnungen müssen den Einsichtigen zu der Feststellung führen, daß die Aussichten für den mittelmäßig oder unter Durchschnitt Begabten und denjenigen, der für einen nichtakademischen Beruf vielleicht hervorragende Eignung besitzt, aber aus Verlegenheit, falschem Ehrgeiz, Tradition oder anderen unberechtigten Motiven sich dem Studium zuwendet, keineswegs als günstig zu bezeichnen sind. Wer glaubt, trotz einer mäßigen Begabung und durchschnittlicher Leistungen einen gutbezahlten und zufriedenstellenden Posten zu erhalten, dem werden Enttäuschungen nicht erspart bleiben. Das Überangebot an akademischen Berufsanwärtern hat natürlich einen verschärften Konkurrenzkampf zur Folge, und nicht nur in den freien Berufen, sondern auch sicherlich in den

---

[1]) Nach einer Untersuchung von Pröbsting im Deutschen Philologenblatt vom 14. August 1929 hat sich der Prozentsatz der zehnjährigen Schüler, die sich in Preußen in der Sexta höherer Lehranstalten befanden, folgendermaßen entwickelt:

1910	1919	1920	1921	1922	1923	1924	1925	1926	1927	1928
8,9	11,4	11,4	11,6	12,0	13,0	14,2	16,0	16,6	16,4	17,6

Diese Berechnung zeigt, daß der Anteil der Sextaner an dem ihnen entsprechenden Jahrgang sich seit 1910 annähernd verdoppelt hat.

beamteten, wird der Mittelmäßige dem wirklich für seinen Beruf Geeigneten und Tüchtigen unterliegen und sich damit abfinden müssen, daß er trotz der hohen für das Studium aufgewendeten Kosten und trotz seines vorgerückten Alters sich mit Tätigkeiten und Einkommen wird zufriedengeben müssen, die auch ohne Studium für ihn erreichbar wären. Vielfach wird man auch damit rechnen müssen, daß der akademische Berufsanwärter mit durchschnittlichen Leistungen besonders in freien Berufen im Konkurrenzkampf Nichtakademikern, die über eine längere praktische Ausbildung und Erfahrung verfügen, unterliegen wird.

Die Aufwendungen für das Hochschulstudium sind recht beträchtlich[1]. — Ein Studium in Deutschland, vom Ende der Schulpflicht bis zur Selbständigkeit des Berufes, kostet im Durchschnitt etwa 13000 bis 15000 M. — Es ist ein verhängnisvoller Irrtum vieler junger Menschen, das Studium dank vorhandener Hilfseinrichtungen für einen billigen Ausbildungsweg zu halten, denn erste und zweite Semester erhalten an keiner Hochschule Gebührenerlaß, auch alle übrigen Unterstützungen werden nur Studierenden zuteil, die den Beweis menschlicher und wissenschaftlicher Bewährung erbracht haben.

Darum ist es unverantwortlich, leichtfertig zu handeln. Genaueste Prüfung der Tatsachen und vor allem gewissenhafte Selbstprüfung vor Ergreifung des Studiums ist jedem jungen Menschen in seinem Interesse dringend zu empfehlen.

Sicherlich befindet sich auch jetzt bereits unter den Studierenden an den deutschen Hochschulen ein großer Prozentsatz Untüchtiger, so daß der zum Studium und dem akademischen Beruf hervorragend Qualifizierte sich durch die hohen Zahlen in bestimmten Studiengebieten von seinem Ziel nicht abbringen lassen soll, denn noch immer gilt der Grundsatz, daß der wirklich Tüchtige sich auch in einem überfüllten Beruf durchsetzen wird.

---

[1]) Über Kosten des Hochschulstudiums, Hilfseinrichtungen usw. gibt genaue Auskunft der vom Deutschen Studentenwerk herausgegebene Deutsche Hochschulführer für das Studienjahr 1930, Preis 90 Pf. Verlag Walter de Gruyter & Co., Berlin.

Berufsmöglichkeiten für Abiturienten ohne Studium

Von Dr. Walter Stets, Regierungsrat im Landesarbeitsamt Rheinland

Die Zahl der Abiturienten wächst unaufhaltsam; im Schuljahr 1928/29 ist sie im Vergleich zu den vorhergehenden Jahren wiederum erheblich gestiegen. Gegenüber dem Vorjahre beläuft sich die Vermehrung bei den männlichen höheren Lehranstalten allein in Preußen auf 2242; die Zahl der männlichen Abiturienten ist von 15527 im Schuljahr 1927/28 auf 17769 im Schuljahr 1928/29, also um 14,4%, gestiegen. Die höheren Lehranstalten werden in immer stärkerem Maße Vermittler einer vertieften Allgemeinbildung für alle Volks- und Berufsschichten; sie sind schon längst nicht mehr bloße Vorbereitungsanstalten für die Hochschulen. Das zeigt sich sehr deutlich, wenn man vergleichbare Zahlen des Zuganges zu den Hochschulen heranzieht. Auch diese Zahlen wachsen, jedoch nicht in gleichem Maße wie die Zahlen der Abiturienten. Nach den bisher vorliegenden Meldungen muß man annehmen, daß vielleicht 50% der Ostern 1929 entlassenen Abiturienten im Sommersemester 1929 nicht zur Hochschule gegangen sind, sondern sich anderen, also nichtakademischen Berufen zugewandt haben oder zuwenden wollen. Man muß sich auch darüber klar sein, daß von den Abiturienten, die ein Studium beginnen, ein außerordentlich hoher Prozentsatz das Studium nicht beendet und schließlich in Berufen landet, für die weder ein Studium noch das Abitur Vorbedingung ist. Dazu kommt noch die traurige Tatsache, daß wir sehr viele Akademiker in Berufen finden, für die ein Studium nicht Vorbedingung ist. Jeder Abiturient tut deshalb gut daran, bei seiner Berufswahl sein Augenmerk auch auf die außerakademischen Berufsmöglichkeiten zu richten.

Es liegt in dem ureigentlichen Sinn und Zweck des Abiturientenexamens begründet, daß die Mehrzahl der Berufsmöglichkeiten, die in diesem Aufsatz behandelt werden, also die nichtakademischen, nicht unbedingt das Abitur als bindende Vorschrift voraussetzen. Jedoch wird sich der Abiturient in der Praxis kraft seiner höheren Allgemeinbildung leichter durchsetzen können und wird auch bei der Einstellung häufig bevorzugt.

Zunächst kommen natürlich alle freien Berufe in Handel, Handwerk und Industrie in Betracht, die an sich keine höhere Schulbildung verlangen, die vielmehr auch dem Volksschüler offenstehen, die aber dem Abiturienten erleichterte Aufstiegsmöglichkeiten bieten. Alle hier zu nennenden Berufe, die in die angesehensten Stellungen bis zum Generaldirektor führen, setzen eines voraus, das manchem Abiturienten wohl unter seiner Würde scheinen könnte: eine praktische Lehre, die allerdings in vielen Fällen für den Abiturienten wesentlich verkürzt werden kann. Man unterschätze den Wert dieser praktischen Lehre nicht! So mancher Akademiker hat es in seiner späteren Laufbahn fühlen müssen, wie sehr ihm die Praxis fehlt, und hat oft sehen müssen, wie ihn Nichtakademiker auf Grund ihrer praktischen Erfahrung überflügelten.

Kaufmännische Berufe

Der kaufmännische Beruf wurde schon immer von Abiturienten ergriffen. Bedingung ist eine praktische Lehre im Verkauf oder Kontor, am besten in einem nicht allzu großen Betriebe, sondern in einer gut geleiteten, soliden Mittelfirma, in der Gelegenheit gegeben ist, während der Lehre in alle Einzelgebiete Einblick zu bekommen. Der zukünftige selbständige Handelsmann oder der Vertreter einer Firma braucht unbedingt gründliche Warenkenntnis in seiner Branche, die er sich nur in einer guten Verkaufslehre aneignen kann; das darf nicht unterschätzt werden, so schwer es auch manchem Abiturienten fallen mag, sich hinter den Ladentisch zu stellen. Er mag sich damit trösten, daß es auch akademische Berufe gibt, die sich am Verkaufstisch abspielen, ich erinnere nur an den Apotheker. Man lese das köstliche Buch von Fritz Müller-Partenkirchen, „Kramer und Friemann. Eine Lehrzeit" (Hanseatische Verlagsanstalt, Hamburg), in dem in herzerfrischender Weise erzählt wird, wie sich der junge Mann mit höherer Schulbildung mit der zuerst so rauh erscheinenden Praxis abfindet und an ihr wächst. In guten Firmen ist die Lehrzeit systematisch eingeteilt. Eine Berliner Kolonialwaren-Großhandlung hat z. B. für ihre Lehrlinge mit dreijähriger Lehrzeit (für Abiturienten meist kürzer) folgenden Ausbildungsgang vorgesehen: Lager sechs Monate, Großversand drei Monate, Stadtversand drei Monate, Kaffeerösterei sechs Monate, Kassenverwaltung sechs Monate, Zollverkehr drei Monate, Kontor und Buchhalterei neun Monate.

Die Vielseitigkeit der Handelsbetriebe kommt den verschiedensten Interessenrichtungen der jungen Berufsanwärter entgegen, So sei nur erinnert an die Möglichkeiten im Exporthandel, an den Handel in der Metallbranche, der sich bis auf die kompliziertesten Maschinen erstreckt und der den Begriff des technischen Kaufmannes geprägt hat, worin sich kaufmännische und technische Kenntnisse vereinen müssen. Ein sehr umfangreicher und mit der Ausbreitung des Unterhaltungsrundfunks noch immer weiter wachsender, ebenfalls stark ins Technische führender Spezialhandelszweig ist der des Radiohändlers, den wir als Einzelhändler, als Großhändler und als Radiofabrikkaufmann finden.

Junge Naturwissenschaftler werden einen großen Teil ihrer Neigungen z. B. im Drogistenberuf befriedigen können, der infolge seiner Vielseitigkeit ein ziemliches Maß von Intelligenz und Kenntnissen verlangt; nicht aus Zufall findet man unter den Drogisten eine große Zahl von akademisch gebildeten Apothekern. Die die Lehrzeit abschließende Gehilfenprüfung des Deutschen Drogisten-Verbandes verlangt die Beherrschung folgender Wissensgebiete: kaufmännische Kenntnisse, Botanik und Pharmakognosie, Chemie und Chemikalienkunde, Giftlehre, Farbwarenkunde, Photographie und Gesetzeskunde. Unmittelbar nach dieser Prüfung muß die sog. Giftprüfung abgelegt werden, von der die Zulassung als Stellvertreter im Gifthandel abhängig ist. Weiterbildung ist auf den staatlich anerkannten Drogisten-Akademien in Braunschweig und Mannheim möglich.

Eine für alle kaufmännischen Gebiete sehr wichtige Aufgabe hat der Reklamefachmann und Propagandist zu lösen. „Da werden wirkungsvolle Plakate an die Säulen geklebt, da wird an den Himmel geschrieben (Persil), da werden Werbebriefe verfaßt, da wird die Bearbeitung einzelner Provinzen nach genauem Plan durchgeführt und Vertreter, Reisende, Reklamedrucksachen und Zeitungsannoncen usw. in den ‚Kampf' eingesetzt. Da werden Reklamefilme zur Vorführung in den Kinos angefertigt. Da werden Lichtreklamen raffiniertester Art ersonnen und in Tätigkeit gesetzt. Da werden auf Straßenbahn, Eisenbahn u. a. Plakate angeschlagen. Tausend andere Wege könnte man noch andeuten. Die Gedanken dazu muß der Reklamefachmann, der Propagandist haben; ebenso muß er für ihre Durchführung sorgen."[1])

Dem Bankgewerbe strömten vor wenigen Jahren, als die Inflation die Banken in ungeahntem Maße aufblähte, Abiturienten in einer Zahl zu, die mancherorts 50% und mehr der abgehenden Oberprimaner erreichte. Der scharfe, durch die Stabilisierung des Geldes und durch die Rationalisierung des Bankbetriebes bedingte Rückschlag hat dieses Bild wesentlich geändert. Dennoch bietet der Bankberuf dem Abiturienten, der sich für Geldwesen interessiert, gewisse Aufnahmemöglichkeiten. Geforderte Schulbildung ist die Reife für Obersekunda, doch werden Abiturienten bevorzugt. Die Lehrzeit beträgt $2^1/_2$ bis 3 Jahre, sie kann für Abiturienten auf 2 Jahre gekürzt werden. Während der Lehrzeit wird eine Vergütung gezahlt, die z. B. in größeren Städten monatlich im 1. Lehrjahre 40 M., im 2. Lehrjahre 72 M., im 3. Lehrjahre 96 M. beträgt. Die Reichsbank stellt keine Lehrlinge ein, sondern entnimmt ihren Nachwuchs aus den Reihen der Privatbankbeamten oder der praktischen Kaufleute.

Ähnlich wie im Bankgewerbe liegen die Verhältnisse im Versicherungswesen, das sich von seinem durch die Inflation hervorgerufenen Zusammenbruch verhältnismäßig schnell wieder erholt hat.

Aus den kaufmännischen Berufen heraus entwickelt sich auch der Weg zum Treuhänder und Bücherrevisor. In der Regel nimmt der Treuhänder heute seinen Ausbildungsgang über die Handelshochschule (praktische Lehre, 6 Semester Studium, Ablegung des Diplomexamens), doch sind auch viele Kaufleute auf diesem Gebiete besonders als Bücherrevisoren tätig, die aus der reinen Praxis kommen. Wer heute in diesen Beruf auf dem Wege durch die Praxis hinein will, muß früher oder später ein betriebswissenschaftliches Seminar an einer Handelshochschule durchmachen.

Innerhalb der kaufmännischen Berufe spielt der Buchhandel eine besondere Rolle und bietet sowohl im Sortiment als auch im Verlag eine Reihe von Berufsmöglichkeiten, in denen der Abiturient seine Vorbildung voll ausnutzen kann. Die Spezialisierung des Buchhandels in der schönen Literatur wie auch in den einzelnen Fachrichtungen (Sprachen, Technik, Naturwissenschaften u. a. m.) gibt den verschiedensten Interessen Betätigungsfelder.

---

[1]) Aus der Aufklärungsschrift eines großen Angestellten-Bundes.

Auch künstlerische Veranlagung kann sich z. B. in der Herstellungsabteilung des Verlages (Einband, Druckanordnung usw.) in starkem Maße betätigen.

Erwähnt sei auch noch das Hotelfach, das als Leiter eines größeren Hotels, als Empfangschef usw. manchen Abiturienten aufgenommen hat. Auch hier führt der Weg durch die praktische Lehre in Keller und Küche, im Empfangsraum wie im Gastraum und in den Etagen. Fachschulen, auch besonders die „höhere Hotelfachschule“ in Heidelberg, bieten Möglichkeit zur Fortbildung.

Überhaupt bieten sich dem Abiturienten in kaufmännischer Tätigkeit besonders mannigfache Fortbildungsmöglichkeiten neben der Praxis durch Besuch der höheren Handelsschule, durch Belegen von Abendvorlesungen in der Handelshochschule, und schließlich kann ja jeder Abiturient, sobald er sich durch praktische Arbeit einen Notstock verdient und erspart hat, ein Vollstudium nachholen.

Handwerkliche und verwandte praktische Berufe

Es soll hier nicht etwa der Übertreibung des Berechtigungswesens das Wort geredet werden; ich lehne es nachdrücklich ab, wenn heute hier und dort von einzelnen Innungen die Obersekundareife zur Aufnahmebedingung gemacht wird. Aber der Abiturient, der besondere praktisch-künstlerische Neigungen hat, dem eine Betätigung im Kunstgewerbe vorschwebt, muß sich klar sein, daß sein Weg, wenn er zum Ziele führen soll, unbedingt über die praktische Lehre gehen muß. Es gibt noch immer viele „Kunstgewerbler“, die jahrelang irgendeinen, oft durchaus guten, kunstgewerblichen Unterricht genossen haben, die aber mit ihren Entwürfen der Praxis nicht gerecht werden, weil sie nicht wissen, wie diese oder jene Arbeit praktisch ausgeführt wird. Die guten Kunstgewerbeschulen fordern deshalb heute durchweg die Absolvierung einer praktischen Lehre vor der Aufnahme als Vollschüler.

Möglichkeiten gibt es hier in großer Zahl[1]). Über die Lehre als Tischler oder als Polsterer und Dekorateur geht der Weg zum Innenarchitekten. Der Holzbildhauer wie auch der Steinbildhauer kommen aus der handwerklichen Praxis. Im Buchdruckgewerbe werden an manche Schriftsetzer ganz außer-

[1]) Vgl. Hermann Widmer, „Das Buch der kunstgewerblichen und künstlerischen Berufe“, Berlin.

ordentlich hohe Anforderungen gestellt, man denke an fremdsprachliche oder an wissenschaftliche Werke. Aus dem Berufe des Lithographen wie des Steindruckers sind schon große Künstler hervorgegangen (Adolf von Menzel, Heinrich Zille waren z. B. Lithographenlehrlinge). Der Dekorationsmaler, der Theatermaler, der Glasmaler, der Porzellanmaler, der Graveur, der Buchbinder bieten dem malerisch und zeichnerisch befähigten Abiturienten auf handwerklichem Grunde hohe künstlerische Möglichkeiten. Die Goldschmiedekunst, die Kunstkeramik, der Modezeichner, der Photograph — alle bauen sie auf langer praktischer Erfahrung, die nur in handwerklicher Lehre und durch nie nachlassenden Fleiß gewonnen werden kann. Auch der stark aufkommende Beruf des Schaufensterdekorateurs ist hier zu nennen, der sowohl in der praktischen Lehre als auch auf Fachschulen erlernt werden kann.

Doch auch dem Abiturienten, der nicht durch künstlerischen Ehrgeiz auf diese Bahn gelockt wird, bietet das Handwerk den berühmten goldenen Boden, sofern die Möglichkeit besteht, später in dem Berufe selbständig zu werden. Der selbständige Handwerker steht heute in einem so harten Konkurrenzkampf, daß seine Vorbildung nicht groß genug sein kann; jeder selbständige Handwerker ist zur Hälfte auch Kaufmann; sein Arbeitsgebiet ist vielseitiger als mancher andere Beruf, zu dem das Abitur Voraussetzung ist. Wie mancher Akademiker möchte gern mit dem Inhaber einer großen Konditorei oder mit dem Inhaber eines modernen Schneiderateliers tauschen!

Stark umkämpft und in seinem Schicksal noch ungewiß ist der Beruf des Zahntechnikers oder Dentisten[1]), der heute noch in freier Konkurrenz mit dem Zahnarzt steht. Während der Zahnarzt ein Vollstudium an einem zahnärztlichen Universitätsinstitut ablegen muß, hat der Zahntechniker eine dreijährige praktische Lehre durchzumachen, an die sich in der Regel der Besuch einer Dentistenfachschule anschließt; er studiert also nicht, er erlernt ein Gewerbe. Will er zur Behandlung von Krankenkassenmitgliedern zugelassen werden, so hat er sich einer staatlichen Fachprüfung zu unterziehen, die neben einem Lebensalter von 25 Jahren eine dreijährige Lehrzeit und eine mindestens

[1]) Vgl. Julius Bach, „Der Zahntechniker, Dentist und Laboratoriumszahntechniker", Verlag Hermann Paetel, Berlin-Neu-Finkenkrug.

dreijährige Gehilfenzeit, auf die die Fachschulzeit angerechnet werden kann, voraussetzt.

Auch der Beruf des Gärtners[1]) mag manchen Abiturienten locken; Grundlage ist auch hier eine praktische Lehre.

Irrtümlich wird dieser Beruf schlechthin als ein „gesunder“ Beruf angesprochen und oft schwächlichen jungen Leuten vorgeschlagen. Gesund ist er zweifellos, jedoch erfordert er einen durchaus widerstandsfähigen Organismus, um den anstrengenden Arbeiten beim Graben, beim Transport größerer Pflanzen usw. und um dem besonders im Winter sehr starken Temperaturwechsel bei den Arbeiten teils im geheizten Gewächshaus, teils im Freien bei Regen und Wind gewachsen zu sein. Die für Abiturienten besonders in Betracht kommenden gärtnerischen Lehr- und Forschungsanstalten zu Dahlem und Geisenheim fordern vierjährige Praxis und Obersekundareife oder dreijährige Praxis und Abitur. Der Besuch dieser beiden Schulen dauert 4 bis 5 Halbjahre und schließt mit einer Prüfung als staatlich geprüfter Gartenbautechniker ab. Nach weiteren 3 Jahren praktischer Tätigkeit kann sich der Kandidat zur zweiten Prüfung als staatlich diplomierter Gartenbauinspektor melden. Die Absolventen gehen in städtischen oder Staatsdienst oder lassen sich als Gartenarchitekt selbständig nieder. Der Beruf des Gartenbaulehrers bietet weitere Möglichkeiten.

Mittlere technische Berufe[2])

Der heutige Techniker ist nicht so sehr der „Erfinder“, wie man sich das häufig vorstellt, sondern er ist mehr Organisator, mehr Verbesserer als Erfinder. Techniker ist derjenige, „der vorwiegend die geistige Arbeit des Bauens ausführt, der „Baumeister“. Seine Aufgabe ist es, das Bauwerk zu planen, zu entwerfen, es bis in die letzte Einzelheit zu gestalten, die Ausführung zu organisieren, zu überwachen, es in Betrieb zu setzen und in Betrieb zu erhalten, gleichgültig, ob es ein Haus, eine Straße, ein Kanal, eine Eisenbahn, ein Dampfschiff, eine Fabrikanlage, eine Gasanstalt, ein Elektrizi-

[1]) Vgl. Joh. Reinhold, „Das gärtnerische Ausbildungswesen in Preußen“, Verlag P. Parey, Berlin.

[2]) Vgl. Alfred Fröhlich, „Die mittleren technischen Berufe“, Verlag Reimar Hobbing, Berlin.

tätswerk, ein Bergwerk oder eine Maschine ist. An all diesen Bauwerken ist der Techniker beteiligt[1]).

Der Weg zu diesen Berufen führt durch eine zwei- bis zweieinhalbjährige Praktikantenzeit (oft wird auch die volle Lehrzeit freiwillig durchgemacht) in einem entsprechenden industriellen Betrieb oder im Baugewerbe, an die sich ein mehrjähriger Besuch der höheren Maschinenbauschule oder Baugewerkschule anschließt. Aufnahmebedingung für die Höhere Maschinenbauschule und förderlich für die Aufnahme in die Baugewerkschule ist die Obersekundareife. Hier könnte man sagen, daß das Abitur verlorene Zeit bedeutet, da die betreffenden Fachschulen neben der überwiegend dringlichen Fachbildung auch die Allgemeinbildung pflegen; ferner ist auf diesem Wege gegenüber der Technischen Hochschule an Ausbildungskosten und -zeit nicht viel einzusparen. Jedoch überwiegt in dieser Ausbildung die längere Praxis. In den freien technischen Berufen gibt es keine Berechtigungen: der ehemalige Volksschüler und Absolvent der (niederen) Maschinenbauschulen steht neben dem Kollegen aus der Höheren Technischen Lehranstalt und neben dem Diplom-Ingenieur von der Technischen Hochschule. Maßgebend für das Vorwärtskommen ist das praktische Können, und nicht selten ist der akademisch gebildete Diplom-Ingenieur von „nichtakademischen" Technikern überflügelt worden. — In dieser Berufsgruppe finden wir in der Hauptsache den Bautechniker, den Vermessungstechniker, den Maschinenbau- und den Elcktrotechniker.

Der Besuch einer Höheren Maschinenbauschule oder einer staatlich anerkannten Höheren technischen Lehranstalt, sowie der staatlichen oder staatlich anerkannten Baugewerkschulen gibt die Berechtigung zum Eintritt in den mittleren technischen Staatsdienst. (Man versichere sich jedoch bei diesem Berufsziel rechtzeitig vorher der staatlichen Anerkennung der betreffenden Schule!) Bei den mittleren Beamtenberufen ist zu scheiden zwischen dem gehobenen mittleren technischen Beamten und zwischen den gehobenen mittleren Verwaltungsbeamten. Der Weg zum technischen Dienst, z. B. zum telegraphen-technischen Dienst, zum technischen Dienst in der Reichsbahn, zum Vermessungsdienst, zur Obersekretärlaufbahn bei der Hochbauverwaltung, bei der Wasserbauverwaltung usw. ist vorstehend

[1]) Fröhlich a. a. O.

unter den mittleren technischen Berufen bereits angedeutet: in der Regel Obersekundareife, mehrjährige Praxis, Besuch einer staatlichen oder staatlich anerkannten höheren technischen Lehranstalt.

Der Verwaltungsbeamte

Der gehobene mittlere Verwaltungsdienst[1]) in Reich, Staat oder Kommune (Obersekretärlaufbahn) setzt in der Regel die Reife für Unterprima oder Oberprima voraus; doch werden in der Praxis in manchen Verwaltungen Abiturienten bevorzugt eingestellt. Die Laufbahn beginnt mit einer in der Regel dreijährigen Vorbereitungszeit (Supernumerarzeit), während der eine Vergütung nicht immer gewährt wird; oft kann jedoch ein widerruflicher Unterhaltszuschuß gezahlt werden. Diese Vorbereitungszeit schließt mit einer Prüfung (Obersekretärprüfung) ab. Ist diese mit Erfolg bestanden, so erfolgt in der Regel die Ernennung zum außerplanmäßigen Beamten, der im Reichsdienst in die Besoldungsgruppe 4c eingereiht wird, was etwa der alten Besoldungsgruppe VII (Anfangsgehalt rund 3400 M.) entspricht. Aufstiegmöglichkeiten sind gegeben bis zur alten Besoldungsgruppe IX, in Ausnahmefällen bis X und XI, also bis in Stellungen, die im Gehalt denen eines Regierungsrates entsprechen. Ministerien stellen keine Supernumerare ein, sie entnehmen ihre Beamten aus dem allgemeinen Verwaltungsdienst.

Die wichtigsten Gebiete des gehobenen mittleren Verwaltungsdienstes seien hier kurz genannt, die geforderte Mindestschulbildung und das vorgeschriebene Lebensalter sind dabei in Klammern angegeben, im Staatsdienst wird als Beispiel der preußische Staatsdienst gewählt:

Post- und Telegraphenverwaltung (U I, 17—25)[2]),
Reichsbahnverwaltung (O I, 17—25),
Reichfinanzverwaltung — Steuer und Zoll — (O I, bis 25),
Innere und Provinzialverwaltung
  Regierungsobersekretäre (U I, 17—),
  Obersekretäre der Provinzalschulkollegien (U I, 17—),
  Obersekretäre der Landeskulturämter (U I, 18—26),

[1]) Vgl. Dreger-Zimmermann, „Die Berufswahl im Reichs- und Staatsdienst“, Verlag von C. A. Koch, Dresden und Leipzig.

[2]) (U I) bedeutet Reife für Unterprima. — (17—25) bedeutet, daß der Bewerber bei seiner Einstellung das 17. Lebensjahr vollendet und das 25. Lebensjahr nicht überschritten haben darf.

Justizverwaltung (U I, 17—),
Polizeiverwaltung — Innendienst — (U I, 18—25),
Vermessungsobersekretär (U I, 16—25),
Landeskulturobersekretär (U I, 17—25),
Preußische Katasterverwaltung (U I, 16—23; die Ausbildung zerfällt in eine rund zweijährige Probedienstzeit und eine dreijährige Vorbereitungszeit),
Reichsbank (U I, bis 26, $3^1/_2$ Jahre praktische Tätigkeit in Privatbank oder Handelshaus ist Voraussetzung),
Preußische Staatsbank (O II, bis 30, Lehrzeit und $1^1/_2$ Jahre praktische Tätigkeit wie bei der Reichsbank).

Etwas abweichend ist die Laufbahn für den mittleren Bibliotheksdienst in Preußen geregelt. Als Schulbildung wird Obersekundareife gefordert, praktisch jedoch fast stets das Abitur vorausgesetzt. Die Ausbildungszeit dauert 4 Jahre, davon müssen 2 Jahre praktisch im vollen Bibliotheksdienst (davon 1 Jahr an einer unter fachmännischer Leitung stehenden Volksbibliothek) geleistet sein; die weiteren 2 Jahre sind nicht fest geregelt, in Betracht kommen namentlich bibliothekarische Fachkurse, Vorlesungen, buchhändlerische Ausbildung usw. Nach diesen 4 Jahren ist die Diplomprüfung für den mittleren Bibliotheksdienst abzulegen. Nach weiterer einjähriger praktischer Tätigkeit bei einer zur Ausbildung von Praktikanten ermächtigten wissenschaftlichen Bibliothek wird der Bewerber, sofern er das 21. Lebensjahr vollendet hat, zur Anstellung als Bibliotheksobersekretär an einer staatlichen Bibliothek zugelassen.

Bei den Kommunen war die Auswahl für den mittleren Dienst bislang sehr verschiedenartig; sie entwickelt sich jedoch auf Grund gleicher Erfahrungen immer einheitlicher. „Die Städte wenden fast ausschließlich die Einheitslaufbahn an. An Schulbildung wird Obersekundareife verlangt. Es genügt auch das Abschlußzeugnis einer Mittelschule oder Realschule; das ist besonders wichtig. Aber auch befähigte Volksschüler werden zugelassen, sobald sie während der Ausbildung die erforderliche Allgemeinbildung nachweisen. Die Ausbildungszeit beträgt für Volksschüler 6 Jahre, für Obersekundaner 4 Jahre, für Primaner 3 Jahre und für Abiturienten 2 Jahre. Die Verschiedenartigkeit der Schulbildung wird also durch diese verschiedene Bemessung der Ausbildungszeiten berücksichtigt"[1]).

[1]) Bürgermeister Dr. Goerdeler in: „Der Städtetag" vom 25. März 1929.

Die Aussichten in fast allen diesen Beamtenberufen sind zur Zeit noch gering, da die Zahlen für Neueinstellungen sehr beschränkt, zum Teil sogar noch gesperrt sind. Als Beispiel dafür mag hier das Ergebnis einer in einer der größten preußischen Provinzen gehaltenen Rundfrage wiedergegeben sein. Danach sind im Jahre 1929 an Zivilanwärtern für den gehobenen mittleren Beamtendienst eingestellt worden:

Behörde	Laufbahn	eingestellt
Oberlandesgericht A . . .	des schwierigen Bureaudienstes	keine
„ B . . .	do.	keine
Polizeipräsidium der Provinzhauptstadt	1. des oberen Polizeiverwaltungsbeamten	keine
	2. des oberen Kriminalpolizeibeamten	keine
Regierung A	des Regierungsbureau- und Kassenbeamten	
	a) des schwierigeren Dienstes für obere Beamte	keine
	b) des einfacheren Bureaudienstes	keine
„ B	do.	zu a) 1
„ C	do.	keine
„ D	do.	keine
„ E	do.	keine
Oberpostdirektion A . . .	des gehobenen mittleren Verwaltungsdienstes	keine
	a) des Postdienstes	
	b) des Telegraphendienstes	
	gehobener mittlerer telegraphentechnischer Dienst	keine
	gehobener mittlerer maschinentechnischer Dienst	
„ B . . .	do.	keine
„ C . . .	do.	keine
„ D . . .	do.	keine
Reichsbahndirektion A . .	1. gehobener mittlerer nichttechnischer Eisenbahndienst	21
	2. gehobener mittlerer technischer Eisenbahndienst	22
„ B . .	do. zu 1.	24
	do. zu 2.	18

Behörde	Laufbahn	ein-gestellt
Reichsbahndirektion C . .	2. gehobener mittlerer technischer Eisenbahndienst zu 1.	13
	do. zu 2.	19
„ D . .	do. zu 1.	8
	do. zu 2.	17
Landeskulturamt	Laufbahn des mittleren Beamtendienstes	
	1. Bureau- und Kassendienst	1
	2. Vermessungsobersekretärlaufbahn	20
Provinzial-Landes-Verwaltung	mittlerer Beamtendienst	
	1. bei der Hauptverwaltung	3
	2. bei der Landesversicherungsanstalt	6
	Landesbank	keine
	Provinzialfeuerversicherungsanstalt	keine
Landesfinanzamt A . . .	Steuerverwaltung	3
	Zollverwaltung	6
„ B . . .	Steuer- und Zollverwaltung	9

Ähnlich liegen die Verhältnisse bei allen Behörden in Preußen wie auch in den übrigen deutschen Ländern; die Einstellungsmöglichkeiten sind in diesen von unseren Abiturienten sehr zahlreich erstrebten Stellen heute noch außerordentlich gering. Wann sich die Verhältnisse bessern, ist schwer zu sagen; jedoch sollte man meinen, daß diese Zeit nicht mehr allzu fern ist, da die Behörden infolge der jahrelangen Sperre Gefahr laufen, zu überaltern.

Ein Gebiet, das in bezug auf die Ausbildung — wenigstens für den Mann — neuartig und noch im Werden ist, stellt

der soziale Beruf

dar, in dem Männer schon seit einiger Zeit tätig sind, ohne daß es für sie eine direkte systematische Ausbildung gab, während sie für die Frau schon seit Jahren mit gutem Erfolg durchgeführt wird[1]). Der Grund liegt darin, daß die Frau auf diesem Gebiet dem Mann in der Praxis vorangegangen ist, und daß sie in dieser

[1]) Vgl. Alice Salomon, „Die Ausbildung zum sozialen Beruf". Carl Heymanns Verlag, Berlin.

fürsorgerischen Arbeit immer zahlenmäßig stärker vertreten sein wird als der Mann; diese Arbeit entspricht eher dem Wesen der Frau, kann aber den Mann nicht entbehren. Die meisten Männer, die bisher ihre Berufsarbeit auf sozialem Gebiet gefunden haben, kamen fast immer aus dem mittleren Verwaltungsdienst; sie wurden meist von den Kommunen, denen dieses Arbeitsgebiet unterstand, mit sozialen Aufgaben betraut, nicht immer zum Besten der Sache. Außerdem sind noch Männer aus der freien Wohlfahrtspflege, aus der Jugendbewegung und aus der Gewerkschaftsbewegung in den sozialen Beruf hineingekommen. Durch das Reichsjugendwohlfahrtsgesetz, durch die Fürsorgegesetze, durch die Regelung der sozialen Versicherung u. a. m. ist jedoch ein fühlbarer Bedarf an geschulten männlichen Kräften entstanden. Es ist infolgedessen eine systematische Regelung der männlichen Ausbildung dieses Berufsgebietes in Angriff genommen, wobei das erprobte Beispiel der sozialen Frauenschulen zum Muster dient. Die Ausbildung erfolgt etwa unter folgenden Gesichtspunkten: Obersekundareife, irgendeine dem Gebiet entsprechende praktische Berufsausbildung, vollendetes 20. Lebensjahr, alsdann Aufnahme in die Wohlfahrtsschule, die einen zweijährigen Kursus umfaßt und mit einer Prüfung abschließt; nach einem weiteren praktischen Probejahr, jedoch nicht vor dem vollendeten 24. Lebensjahr, wird die staatliche Anerkennung als Wohlfahrtspfleger verliehen. Die Ausbildung spezialisiert sich auf Jugendwohlfahrtspflege, auf Wirtschafts- und Berufsfürsorge und auf allgemeine Wohlfahrtspflege.

Außer diesem Ausbildungsgang, der z. B. in Preußen durch Erlaß vom 4. April 1927 eingeführt ist, haben auch einige Universitäten besondere Lehrgänge eingerichtet, die das Abitur voraussetzen, mehrere Semester umfassen und oft mit einem anderen Studium verbunden werden. Der Beruf wie auch seine Ausbildung ist noch im Werden, doch bietet er dem, der den Weg hineinfindet, zur Zeit gute Möglichkeiten. Er setzt allerdings eine Persönlichkeit voraus, die ganz in dieser Arbeit, im Dienst am Menschen, aufgeht und die nicht nach finanziellen Erfolgen und nach äußeren Bequemlichkeiten strebt. Anstellungsmöglichkeiten bieten sich in den Wohlfahrts- und Jugendämtern, in den Arbeitsämtern, in den Krankenkassen usw., daneben auch in der freien Wohlfahrtspflege von Vereinen, Verbänden und ähnlichen nichtöffentlichen Organisationen.

Privatbeamte in wirtschaftlichen Organisationen

Berufsmöglichkeiten, die der des gehobenen mittleren Beamten entsprechen, findet man außerhalb des öffentlichen Dienstes auch in den halböffentlichen und in den privaten Organisationen der Wirtschaft. Handwerkskammern, Industrie- und Handelskammern, Landwirtschaftskammern, also die gesetzlichen Berufsvertretungen der einzelnen Berufsstände, ferner die Berufsgenossenschaften, die gesetzlichen Vertreter der Unfallverhütung und -versicherung, schließlich die großen Berufsverbände, Industriekonzerne, Genossenschaften aller Art beschäftigen heute einen recht umfangreichen Beamtenstab, dessen Mitglieder man als eine Art „Privatbeamte" bezeichnen könnte und die zum großen Teil eine Pensionsregelung haben, die Ähnlichkeit mit der der öffentlichen Beamten hat. Eine bestimmte Ausbildung gibt es für diese Berufe nicht.

Die Offizierslaufbahnen in Reichsheer, Reichsmarine und Schutzpolizei

Freiwillige, die der Offizierslaufbahn des Reichsheeres zustreben, dürfen das 21. Lebensjahr noch nicht überschritten haben und müssen mindestens 1,65 m groß sein. Brillenträger werden im allgemeinen nicht eingestellt. Als Nachweis der verlangten allgemeinen Bildung gilt das Abitur oder ein entsprechendes Zeugnis.

Die Ausbildung eines Offiziersanwärters geht in der Regel folgendermaßen vor sich: Zunächst $1^1/_2$ Jahre lang Dienst bei der Truppe. $^1/_4$ Jahr vor Abschluß dieser Zeit ist die Fahnenjunkerprüfung abzulegen, die rein militärische Dinge theoretisch und praktisch behandelt. Wer sie bestanden hat, wird zum Fahnenjunker ernannt und wird alsdann zum ersten Lehrgang der Waffenschule abkommandiert. Dieser erste Lehrgang bei der Waffenschule umfaßt $10^1/_2$ Monate und erstreckt sich in der Hauptsache auf fachwissenschaftlichen Unterricht, daneben auch in geringerem Umfange auf praktischen Dienst einschließlich Sport. Dieser Lehrgang schließt ab mit der Fähnrichprüfung. Wer die Prüfung besteht, wird zum Fähnrich befördert, kommt dann zunächst $1^1/_2$ Monate wieder zur Truppe, um dann nochmals $10^1/_2$ Monate auf die Waffenschule zu kommen. Zur bisherigen theoretischen und praktischen Ausbildung tritt hier als neues Fach Kriegsgeschichte hinzu. Während der erste Lehrgang alle Waffengattungen umfaßt, ist der zweite

Lehrgang nur für Angehörige bestimmter Truppenteile, also für Infanteristen oder für Kavalleristen oder für Artilleristen bestimmt. Die Ausbildung spezialisiert sich also. Hier werden Kenntnisse auf dem Gebiete der Taktik, der Geländekunde, der Pionierlehre, des Nachrichten- und Kraftfahrwesens, des allgemeinen Heerwesens, der militärischen Verwaltungsfragen, der Gesundheitslehre und der Fremdsprachen vermittelt; also eine außerordentlich vielseitige Ausbildung, die vom Schüler eine starke Konzentration verlangt und neben den hohen körperlichen und charakterlichen Anforderungen auch erhebliche wissenschaftliche Ansprüche stellt. Dieser vielseitigen, umfassenden Ausbildung ist nicht jeder gewachsen, daher ist auch die Zahl derer, die die Offizierslaufbahn während der Ausbildung aufgeben müssen, ziemlich beträchtlich, trotzdem vorher schon die Auslese sehr sorgfältig gewesen ist. Übrigens sei an dieser Stelle bemerkt, daß derjenige, der während der Ausbildung die Laufbahn aufgeben muß, weil er das Ziel nicht erreicht, von seiner Verpflichtung zur 12jährigen Dienstzeit entbunden werden kann.

Auch dieser zweite Lehrgang der Waffenschule schließt mit einer Prüfung ab. Wer sie besteht, wird zum Oberfähnrich befördert. Es folgen dann nochmals etwa 7 Monate Frontdienst, während der der junge Oberfähnrich dem Offizierkorps zur Wahl vorgeschlagen wird und gewählt werden muß. Erst dann erfolgt die Beförderung zum Offizier, je nachdem Stellen frei werden, im allgemeinen gerade 4 Jahre nach dem Eintritt des Abiturienten. Wer ohne Abitur in die Laufbahn hineinkommt, braucht bis zur Beförderung zum Fähnrich 5 bzw. 6 Jahre, je nach seiner Vorbildung. Der Offizier muß sich zu einer 25jährigen Dienstzeit verpflichten.

Auch der jetzt beförderte Offizier ist mit seiner Ausbildung noch nicht fertig. Das weitere Aufrücken erfolgt nicht automatisch, sondern ist von Leistungen und neuen Prüfungen abhängig. Der junge Leutnant wird auf Übungsreisen, bei taktischen Besprechungen, bei Besichtigungen, bei der theoretischen Ausbildung im Winter, bei Übungen und bei Manövern ständig vor neue Aufgaben gestellt und in bezug auf Charakter und Befähigung beurteilt. Bis zur Beförderung zum Hauptmann hat jeder Offizier in 13 Fächern die sog. Wehrkreisprüfung abzulegen.

Es geht daraus hervor, daß für die wenigen Stellen tatsächlich nur in jeder Hinsicht einwandfreie und ausgesprochen tüchtige Leute in Betracht kommen. Wer also glaubt, den Offiziersberuf deshalb ergreifen zu müssen, weil er ihm vornehm dünkt oder weil er in der Ausbildung verhältnismäßig billig ist, ist stark im Irrtum. Der Weg, der vor ihm liegt, stellt in jeder Beziehung die höchsten Anforderungen. Hinzu kommt, daß die Zahl der Bewerber so ungeheuer groß ist, daß die vorliegenden Meldungen den Bedarf um ein Vielfaches übersteigen.

Über die Besoldung sei nur kurz so viel gesagt, daß der junge Freiwillige vom ersten Tage an Wohnung, Kleidung und Verpflegung erhält und daneben auch eine, wenn auch sehr bescheidene geldliche Barauszahlung.

Der Beruf des Offiziers der Reichsmarine ist in seinen inneren Aufgaben zwar wesentlich anders, immerhin aber sehr verwandt. Die Einstellungsmöglichkeiten sind hier noch wesentlich geringer als bei dem Reichsheer. Der Dienst auf der See stellt an körperliche und geistige Leistungsfähigkeit, Ausdauer und an die Nervenkraft die höchsten Anforderungen. Hinzu kommt, daß der Seeoffizier tropenfähig sein muß. Die häufige Abwesenheit von der Heimat mag zwar dem jungen Anwärter in seinem Abenteuerdrang sehr verlockend erscheinen, jedoch muß er sich darüber klar sein, daß dieser Dienst, besonders in späteren Jahren, sehr schwer und entsagungsvoll ist und hohe Berufsbegeisterung fordert.

Die Offizierslaufbahn in der Reichsmarine erstreckt sich auf die des Seeoffiziers, auf die des Ingenieuroffiziers, des Sanitätsoffiziers und des Marinezahlmeisters. Bis zur Beförderung zum Offizier vergeht in allen Laufbahnen eine Zeit von rund $4^1/_2$ Jahren für den, der mit dem Abitur eintritt. Auch diese Ausbildungen sind geteilt in praktischen Dienst und in schulische Ausbildungen an den verschiedenen Stellen.

Die Besoldungsverhältnisse sind ähnlich wie bei der Reichswehr, jedoch wird in der ersten Zeit ein kleiner häuslicher Zuschuß von vielleicht 25 M. monatlich in Betracht kommen.

Schließlich noch ein kurzes Wort über die Laufbahn des Polizeioffiziers. In der Schutzpolizei kann grundsätzlich jeder geeignete Angehörige zum Offizier aufrücken, jedoch gibt es eine Einstellung mit Aussicht auf beschleunigte Beförderung zum Polizeioffizier, die das Abitur und ein Alter von 18—23 Jahren voraussetzt. Auch bei der Polizei geht der Anwärter eine Dienstverpflichtung auf 12 Jahre ein. Die Ausbildung beginnt bei einer Polizeischule und wechselt zwischen schulischer und praktischer Durchbildung, während der die Beförderung zum Oberwachtmeister erfolgt. Unter normalen Verhältnissen kann der Abiturient damit rechnen, etwa nach $3^1/_4$ Jahren zum Polizeioffizier befördert zu werden.

Die Besoldung setzt auch hier mit dem ersten Tage ein und besteht aus Wohnung, Kleidung und Verpflegung und einer kleinen Barentschädigung. Beim Eintritt in die Polizeischule wird eine kleine einmalige Beihilfe von etwa 50 M. zur Beschaffung der Lehrmittel usw. notwendig sein. Wie bei allen Offizierberufen ist auch für den Polizeioffizier der Andrang außerordentlich groß.

Als letzter Beruf sei noch der beliebte

Verkehrsflieger

kurz gestreift. Die Deutsche Verkehrsfliegerschule in Braunschweig bildet in drei- bis vierjährigen Lehrgängen Verkehrsflugzeugführer aus. Aufnahmebedingungen sind: Alter von 18—23 Jahren, Besitz des Deutschen Turn- und Sportabzeichens, Freischwimmer, Größe zwischen 1,70 m und 1,85 m. Abiturienten werden einer abgekürzten Aufnahmeprüfung unterzogen. Bevorzugt werden Bewerber, die mindestens ein Jahr praktisch technisch gearbeitet haben oder zur See gefahren sind, Brillenträger sind ausgeschlossen. Die Ausbildung erfolgt auf seemännischem Gebiete, fliegerischer und theoretischer Unterricht schließt sich, wechselnd für See- und Landflugzeuge, an. Als Kostenbeitrag sind vom Schüler monatlich 140 bis 165 M. zu zahlen. Die Aussichten sind zur Zeit wenig günstig, hängen jedoch von der weiteren Entwicklung des Flugverkehrs ab.

Die Fülle des vorliegenden Stoffes ermöglichte in diesem knappen Rahmen nur einen allgemeinen Überblick über die nichtakademischen Berufe, die von Abiturienten mit Aussicht auf Erfolg ergriffen werden können. Manche Lücke ist dabei geblieben, Einzelheiten konnten nicht gegeben werden. In den einzelnen Ländern weisen die staatlich geregelten Berufe Abweichungen auf, die hier nicht alle aufgeführt werden konnten. Der junge Abiturient tut gut daran, und zwar schon rechtzeitig vor dem Abitur, mit einem Berufsberater Rücksprache zu nehmen. Wer einen solchen Berufsberater nicht erreichen kann, wende sich an das Landesarbeitsamt[1]) seines Bezirkes, das ihm schriftlich oder münd-

[1]) Landesarbeitsämter befinden sich in Königsberg, Stettin, Breslau, Berlin, Hamburg, Erfurt, Hannover, Dortmund, Köln, Frankfurt a. M., Dresden, München, Stuttgart.

lich helfen wird. Persönliche Aussprachen und Erkundigungen führen hierbei am weitesten. Es gibt kaum eine Entscheidung im Leben, die für den jungen Mann von gleicher Wichtigkeit ist, wie die Wahl seines Lebensberufes, darum scheue er auch einen weiten Weg nicht, um sich vorher über alle Einzelheiten genau zu unterrichten.

*

Berufsmöglichkeiten für Abiturientinnen ohne Studium

Von Emma Loewe, Leiterin der weiblichen Berufsberatung im Arbeitsamt Frankfurt a. M.

Das Abiturientenexamen hat wie für die jungen Männer, so auch für die Mädchen nicht nur die Bedeutung eines Vorexamens für die Zulassung zur Universität. Vielmehr ist der dreijährige Aufbau auf die Untersekunda mit dem Abschluß des Abiturientenexamens besonders zu schätzen und zu würdigen in seiner Bedeutung für die Allgemeinbildung. Es ist jedoch falsch, diese Allgemeinbildung nur insofern als einen Wert zu betrachten, als sie in berufliche „Berechtigungen" ausgemünzt werden kann; denn der durch die Allgemeinbildung zu erstrebende Zweck ist vor allen Dingen und in erster Linie die Erweiterung des geistigen Horizontes, die Erschließung der Seele für den Reichtum und die Fülle der Erscheinungen des geistigen Lebens und nicht zuletzt die Fähigkeit, diese Erscheinungen durch geistige Arbeit zu erkennen und zu einem bestimmten Teil auch zu verarbeiten.

In einer Zeit wie der heutigen, mit ihrem so außerordentlich schweren Kampf ums Dasein, kann man aber an der „Berechtigungsfrage" auch nicht ganz vorbeigehen. Für die Anwärterinnen der akademischen Berufe treten die Berechtigungen, die durch das Abiturientenexamen erworben werden, klar zutage, nicht aber für diejenigen, die keine akademischen Berufe erstreben.

Die Gründe für den Verzicht auf eine akademische Laufbahn sind bei den Mädchen sehr vielfältig. Tatsache ist, daß etwa 30% der Abiturientinnen nicht zur Universität gelangen. Es hat den Anschein, als wenn sich dieser Prozentsatz in Zukunft noch erhöhen sollte. Man wird das, auch wenn man für die Mehrzahl von ihnen die Ablegung des Abiturientenexamens durchaus bejaht, keineswegs bedauern.

Von einer weitverbreiteten Vorstellung muß man sich allerdings freimachen. Man darf nicht glauben, daß die Abiturientin durch ihr Examen und ihre hohe Allgemeinbildung eine erheblich größere Auswahl unter den Berufen hätte. Das ist keineswegs der Fall. Wohl stehen ihr an sich eine größere Anzahl von Berufen offen als etwa der Mittelschülerin oder Lyzeistin; sie wird aber nicht selten gar manche Berufsmöglichkeiten ablehnen, weil sie durch den höheren Stand ihrer Allgemeinbildung sich ihnen entwachsen glaubt. Wird sie wirklich noch Schneiderin oder Putzmacherin werden wollen? Wird ihr der Dentistenberuf, der auch Volksschülerinnen offensteht, noch entsprechen? Wir bemerken in der Berufsberatung sogar häufig schon bei den Untersekundanerinnen, daß sie einen Beruf, für den sie durchaus geeignet wären, nur deshalb ablehnen, weil er auch Volksschülerinnen zugänglich ist!

Es ist ohne weiteres sicher, daß ein junger Mensch durch eine tiefgehende persönliche Vorwärtsentwicklung einem Berufskreise entwachsen kann, so daß man eine derartige Begründung für die Ablehnung eines Berufes wohl gelten lassen mag. Anders ist es dagegen, wenn es ausschließlich soziale Vorurteile sind, die die Abiturientinnen von bestimmten Berufsgruppen abschrecken. Darüber erübrigt sich jede Aussprache.

Eine andere Frage, die in diesem Zusammenhang bei der Berufsberatung häufig gestellt wird, ist folgende: „Hat die Abiturientin in den Berufen, die an sich nicht das Abitur zur Voraussetzung haben, bessere Aussichten als die Nichtabiturientin?“ Man kann diese Frage vorläufig noch nicht abschließend, sondern nur auf Grund von Einzelerfahrungen beantworten. Die Abiturientin hat nur dann in einem nichtakademischen Beruf bessere Anstellungsmöglichkeiten, wenn sie die Berufsträger mit minderer Allgemeinbildung schon während der Berufsausbildung und in der Berufsausübung auch durch fachliche Leistungen erheblich überragt. Die bloße bessere Allgemeinbildung wird in den meisten Berufen nicht allzu hoch bewertet. Das geschieht schon deshalb nicht, weil man der Meinung ist, daß Allgemeinbildung außer durch den Besuch einer höheren Schule auch auf dem Wege über eine gründliche und umfassende Berufsausbildung erworben werden kann. Auch der Berufsträger mit einfacher Schulbildung kann auf Grund seiner Berufsarbeit zu wertvollen allgemeingültigen Erkenntnissen kommen. Seine Allgemeinbildung sieht vielleicht etwas anders aus als die des ehemaligen Abiturienten; aber vorhanden ist sie trotzdem. Demnach scheint die Abiturientin von vornherein innerhalb der nichtakademischen Berufe noch keinen Vorrang gegenüber den übrigen Kräften zu genießen, sondern nur bei Abitur plus besonderer beruflicher Leistung.

Welche nichtakademischen Berufe kommen nun für die Abiturientin in Frage? Welches ist der Ausbildungsgang und wie sind die Aussichten[1]?

Handwerk und Gewerbe, Kunstgewerbe[2])

Im Handwerk schrumpft die Zahl der Berufe, die den Schülerinnen höherer Schulen, insbesondere der Abiturientin, Möglichkeiten zu schöner persönlicher Entfaltung bieten, stark zusammen. Zur Schneiderin und Modistin kann man ihr unter heutigen Umständen kaum noch raten. Insbesondere bietet die feine Maß- bzw. Atelierarbeit geringe Aussichten, da diese von der Konfektion, d. h. von der fabrikmäßig hergestellten Ware immer mehr verdrängt wird. Auch die Verbindung eines derartigen Handwerks mit dem Kunstgewerbe, worauf man große Hoffnungen gesetzt hat, scheint keine nennenswerte Besserung der Lage im Frauenhandwerk herbeiführen zu können. Insbesondere muß vor dem Beruf der Modezeichnerin, der in den letzten Jahren noch günstig war, heute geradezu gewarnt werden. Bessere Aussichten hat schon die gelernte Schneiderin, die sich nach ihrer Lehre mit abschließender Gesellenprüfung etwa in einer entsprechenden Fachklasse speziell für den Konfektionsbetrieb gründlich schult und insbesondere die maschinellen Hilfsmittel der Massenherstellung zu

---

[1]) Jahrbuch für Frauenarbeit, Bd. 3, 4 und 5, herausgegeben von Dr. Silbermann, Verlag Verb. d. weibl. Handels- u. Büroangestellten, Berlin-Wilmersdorf, Kaiser-Allee 28; Frauenberufe von Dr. Jende-Radomski, Dünnhaupts Verlag, Dessau; Zeitschrift „Die Frau", herausgegeben von Gertrud Bäumer und Helene Lange, Verlag Herbig, Berlin.

[2]) Alida Nood: Die Wäscheschneiderin — Die Putzmacherin — Die Stickerin, Verlag Paetel, Berlin; Schröder-Erler und Pander: Die photographischen Berufe, Schriften des berufskundlichen Ausschusses bei der Reichsarbeitsverwaltung, Verlag Reimar Hobbing, Berlin.

beherrschen gelernt hat. Hat sie dann nach mindestens dreijähriger praktischer Tätigkeit die Meisterprüfung abgelegt, so wird sie unter der Voraussetzung sonstiger Eignung auf Anstellung rechnen können.

Für Abiturientinnen, die sich auf ein Gebiet des Handwerks begeben, in dem sie mit dem Manne konkurrieren müssen, können die Aussichten unter Umständen ganz günstig sein. Dann müssen sie aber bereit sein und sich die Kraft zutrauen, als Pioniere zu wirken. In diesem Sinne möge z. B. die Optik als Beruf genannt werden, doch sind Lehrstellen für angehende Optikerinnen äußerst schwer zu finden. Üblich ist vierjährige Lehrzeit, die sich für die Abiturientin, sofern sie sich als geschickt erweist, etwas verkürzen dürfte. Als Aufbau ist der Besuch der bekannten Optikerschule Jena oder Belegen der Fortbildungskurse für Optik und Phototechnik in Berlin zu empfehlen.

Während vom Photographenberuf im allgemeinen abzuraten ist, könnten in einzelnen Fällen Feuilletonjournalistinnen mit photographischem Können Anstellung an größeren Zeitungen finden. Allerdings sind derartige Möglichkeiten auch bei guten Leistungen häufig sehr vom Zufall abhängig.

Das gleiche gilt für die Bautechnikerin, die den Weg über eine zweijährige Praxis in einem Bauhandwerk mit abschließendem fünfsemestrigen Besuch einer Baugewerkschule zu gehen hat. Die bisher ausgebildeten weiblichen Kräfte fanden bei guter Eignung Stellen als Bauzeichnerinnen; einzelne gingen auch zur Architektur über. Die Ausbildung auf einer Maschinenbauschule sowie die Tätigkeit als Maschinenbautechnikerin kommt dagegen für Frauen fast gar nicht in Frage.

Zu dem Dentistenberuf, der in der Großstadt kaum günstig, in Mittel- und Kleinstädten dagegen noch einigermaßen aussichtsvoll liegt, ist nur der Abiturientin zu raten, die sich nicht durch den mit dem Dentisten in scharfem Konkurrenzkampf stehenden akademisch gebildeten Zahnarzt innerlich bedrückt fühlt. Sie hätte dabei auch noch zu bedenken, daß die dreijährige Dentistenlehre mit nachfolgender, allerdings bezahlter dreijähriger Praxis und einjährigem Besuch eines weiterführenden „Dentistischen Lehr- und Fortbildungsinstitutes“ fast mehr Zeit beansprucht als die akademische Ausbildung zum Zahnarzt; die Berufsaussichten des Zahnarztes liegen dabei nicht ungünstiger als die des Dentisten.

Für junge ausgebildete Handwerkerinnen mit organisatorisch-sozialer Begabung kann im Anschluß an mehrjährige praktische Betätigung im Handwerk in Preußen und einigen anderen Staaten auch Ausbildung zur Gewerbeaufsichtsbeamtin erfolgen. Diese besteht in dreijähriger bezahlter Anwärterinnenzeit mit abschließender Prüfung. Die Aussichten sind, soweit es sich nicht um Massenandrang handelt, zur Zeit noch günstig.

Während schon das gehobene Handwerk und Gewerbe kaum noch als tragfähig für den Zustrom an jungem weiblichen Nachwuchs zu bezeichnen ist, muß vor dem sog. „Kunstgewerbe"[1]) fast in Bausch und Bogen dringend gewarnt werden. Die überfüllten Kunstschulen schicken alljährlich eine Masse von Kräften auf den Arbeitsmarkt, die zum größten Teil auch bei guter Begabung dem Elend preisgegeben sind. Einzig und allein der Dekorateurberuf scheint zur Zeit noch einigermaßen aussichtsvoll zu sein. Der Weg dazu führt am besten über praktische Dekorationslehre in einem großen Warenhaus und späteren Besuch einer guten Kunstgewerbeschule.

Der kaufmännische Beruf[2])

Für den kaufmännischen Beruf kann festgestellt werden, daß die Aufstiegsmöglichkeiten für Frauen überhaupt recht bescheiden sind. Es müssen schon hervorragende geistige Eigenschaften vorhanden sein, d. h. solche, die für den kaufmännischen Beruf ganz besonders qualifizieren, um ein Vorwärtskommen, wie etwa die Übernahme einer Prokura oder dergleichen, zu ermöglichen. Dabei darf aber nicht vergessen werden, daß im kaufmännischen Beruf die höhere Schulbildung der Frau zunächst eher hindernd als fördernd wirkt. Der „Studierte Kaufmann", wozu auch gern die Abiturientin gezählt wird, ist in kleinen und mittleren Geschäften nicht so sehr begehrt; aber einzelne führende Großbetriebe fangen doch schon an, Abitur zu verlangen, allerdings zunächst noch nicht von den Frauen. Sehr überschätzt wird von den Abiturientinnen häufig der Beruf einer Auslandskorrespondentin, der aber ohne Übertreibung sehr oft als einseitig bezeichnet werden muß, da es sich innerhalb des gleichen Betriebes immer um die gleichen oder ähnlichen Vorgänge handelt, über die korrespondiert wird.

---

[1]) Zeitschrift: Farbe und Form, Verlag Albert Reimann, Berlin.

[2]) Zeitschrift: Die Handels- und Büroangestellte, Selbstverlag Berlin-Wilmersdorf.

Was den Beruf der Verkäuferin anbelangt, so werden seit einigen Jahren von der Firma Tietz[1]) in Köln Versuche gemacht, die gerade für Abiturientinnen von Interesse sein dürften. Man bildet in kurzfristigen Kursen sog. „Instrukteurinnen" aus, d. h. Kräfte zur späteren Heranbildung von Verkäuferinnen, zunächst für die Filialen der Firma Tietz. Die Instrukteurinnen, die nach der Einarbeitung gute Gehälter beziehen, sind zum Teil Volkswirtinnen und Lehrerinnen, zum Teil auch Lyzeistinnen mit praktischer Ausbildung als Verkäuferin[2]). Da offenbar für die Instrukteurin ein höheres geistiges Niveau gewünscht wird, scheint auch die Abiturientin hier recht am Platze zu sein, doch ist ihr zu raten, zunächst eine regelrechte Lehre als Verkäuferin durchzumachen, um eine solide fachliche Grundlage zu gewinnen. Allerdings handelt es sich um einen erst in der Entwicklung begriffenen Beruf, der aber bei der großen Bedeutung des Einzelhandels eine Zukunft zu haben scheint.

Soziale und pflegerische Berufe[3])

Was die sozialen und pflegerischen Berufe betrifft, so kann z. B. bei der Säuglings- und Krankenpflegerin das Abitur von Wert sein. Das wird besonders dann in die Erscheinung treten, wenn es sich um Stellen an Universitätskliniken handelt, die zugleich Forschungsinstitute sind. Krankenpflege und sog. „wissenschaftliche Hilfsarbeit" gehen dann Hand in Hand. Daß die zwei- bis zweieinhalbjährige Ausbildung zumeist völlig kostenlos ist, kann neben charitativer Neigung manche unbemittelte Abiturientin in diese Berufe hineinführen, in denen allerdings die Aufstiegmöglichkeiten sehr gering sind. Man braucht sich nur einmal daran zu erinnern, daß in einer großen Klinik auf 5—600 Schwestern nur zirka 8—10 Oberschwestern und bloß eine Oberin kommen.

---

[1]) Hauszeitschrift der Firma Tietz.

[2]) Walther, Emma: Die Handels- und Büroangestellte, Schriften des berufskundlichen Ausschusses der Reichsarbeitsverwaltung, Verlag Reimar Hobbing, Berlin.

[3]) Dr. Käthe Gaebel: Die Frau in der Krankenpflege — Die Frau in krankenpflegerischen Nebenberufen, Schriften des berufskundlichen Ausschusses der Reichsarbeitsverwaltung, Bensheimer, Mannheim; Heft 19 des Evangelischen Wohlfahrtsdienstes, Wichert Verlag, Berlin-Dahlem; Dr. Weber: Die Wohlfahrtspflegerin, Sammlung Am „Scheidewege", Verlag Paetel, Berlin.

In Verbindung mit der Krankenpflege sei auch noch an die Leiterinnen von Diätküchen gedacht, die bis jetzt in Hamburg-Eppendorf, im Lettehaus Berlin, im Viktoria Augusta-Krankenhaus Berlin, im Julius-Spital Würzburg sowie in einigen anderen Krankenhäusen ausgebildet werden. Der Beruf setzt neben hauswirtschaftlichem Können auch Organisationsfähigkeiten voraus und, wie alle Anstaltsberufe, hingebende Arbeitsbereitschaft, die meistens nicht nach dem 8-Stundentag bemessen wird.

Auf den Beruf der Krankenschwester kann zweckmäßig auch der einer Röntgen- oder einer Laboratoriumsassistentin aufgebaut werden, von denen noch die Rede sein wird.

Der Tätigkeit einer „Schwester" steht die Arbeit der Wohlfahrtspflegerin nahe, die neben pflegerischen Neigungen auch noch einen stark pädagogischen Einschlag haben muß. Für diese Berufe ist es typisch, daß eine Vor-Ausbildung gefordert wird, da die eigentliche Berufsausbildung erst mit dem 20. Lebensjahre beginnen kann. Zu solcher Vor-Ausbildung wird auch das Abitur mit einem Jahr praktischer Tätigkeit gerechnet. Je nach dem späteren Sonderziel kann dieses eine praktische Jahr zugebracht werden als Krankenpflegerin, als Säuglingspflegerin oder bei irgendwelchen kommunalen Fürsorgeämtern sowie in geeigneten Vereinen der privaten Fürsorge. Darauf folgt zweijährige Ausbildung an einer anerkannten Wohlfahrtsschule mit nochmaligem einjährigen, nicht bezahlten Praktikum und gleichzeitiger Spezialisierung für eines der drei Sondergebiete: Gesundheitsfürsorge, Jugendwohlfahrtspflege oder Berufs- und Wirtschaftsfürsorge. Die Ablegung des Examens für zwei dieser Gebiete ist bei entsprechender Nachschulung möglich. Die berufliche Spezialisierung wird meist schon durch das vorangegangene praktische Jahr bestimmt. Gute Aussichten bieten die Gesundheits- und die Jugendwohlfahrtspflege und als neue Betätigungsmöglichkeiten auf diesem Gebiete: die Krankenhaus- und Polizeifürsorge. Allerdings werden die Anwärterinnen mit Abitur nicht ohne weiteres bevorzugt; nur dann, wenn tüchtige Berufsleistungen hinzutreten, wird die höhere Vorbildung sich später doch im Berufsfortkommen auswirken. Wohlfahrtsschulen befinden sich in den meisten größeren Städten.

Evangelische Abiturientinnen mit ausgesprochen religiöser Weltanschauung können in sog. christlich-sozialen Seminaren zu „Pfarrgehilfinnen" ausgebildet werden sowie zur Anstaltserzieherin und Anstaltsleiterin. Die für eine derartige Ausbildung geforderte vorherige Tätigkeit in irgendwelchem Beruf kann durch das Abitur teilweise ersetzt werden.

Auch die Betätigung als Fürsorgeerzieherin mit ihrem stark psychologisch-pädagogischen Einschlag wird mancher Abiturientin gut liegen. Die Ausbildungsdauer in verschiedenen Anstalten der „Inneren Mission“ ist nicht einheitlich geregelt. Nach vorheriger längerer praktischer Anstaltstätigkeit dauert die eigentliche Berufsvorbereitung $^1/_2$ bis 2 Jahre. Als grundlegende Ausbildung vor Eintritt in eine konfessionelle Spezialschulung sei jedoch den religiös eingestellten Abiturientinnen aller Richtungen empfohlen, zunächst das Examen als Wohlfahrtspflegerin abzulegen. In einzelnen Fällen können auch Abiturientinnen in Posten der städtischen und staatlichen Verwaltung einrücken. Doch herrscht gegenwärtig eine nahezu vollständige Sperre für den Eintritt in diese Berufe, so daß sich ihre Behandlung an dieser Stelle erübrigt.

Erziehungsberufe und Lehrberufe[1])

Die Ausbildung zur Kindergärtnerin, Hortnerin sowie zur Jugendleiterin, die auf den Ideen Fröbels, Pestalozzis und der modernen Arbeitsschulpädagogik fußt, ist für die Abiturientin bei besonders starker persönlicher Neigung zu empfehlen. Auch hat sie die Vergünstigung, das Kindergärtnerinnen- und Hortnerinnenexamen in der verkürzten Zeit von $1^1/_2$ Jahren ablegen zu können. Sie kann, da die Kindergärtnerinnen- und Hortnerinnenberufe als solche wirtschaftlich nur bescheidene Aussichten bieten, geeignete Zusatzausbildungen anschließen, etwa Säuglingspflege, orthopädische Gymnastik, Sozialgymnastik oder auch den Beruf einer Werklehrerin. Ihre Berufsaussichten bessern sich dann ganz erheblich. Auch der Beruf der Wohlfahrtspflegerin kann darauf aufgebaut werden.

Am nächsten liegt allerdings die Ausbildung zur Jugendleiterin für größere Anstaltsbetriebe aller Art: Volkskindergärten, Horte, Heime, Blindenanstalten, Anstalten für Schwachbegabte u. a. Der Ausbau eines derartigen Betriebes zu einer Musteranstalt mag der fraulich und mütterlich gerichteten Abiturientin starke Befriedigung gewähren. Die Weiterbildung zur Jugendleiterin dauert nicht allzulange. Sie umfaßt für die Abiturientin nur ein $1^1/_2$-

[1]) Zeitschrift Kindergarten, herausgegeben vom Deutschen Fröbelverband, Verlag Quelle & Meyer; Die Kindergärtnerin, von Marg. Boeder, Sammlung „Am Scheidewege“, Verlag Paetel, Berlin.

jähriges Praktikum und den vorläufig einjährigen Jugendleiterinnenkursus.

Noch ziemlich günstig liegen für die Abiturientin die Aussichten als Lehrerin der landwirtschaftlichen Haushaltungskunde, ein Beruf, bei dem zur Zeit das Stellenangebot die Nachfrage noch etwas übersteigt. Er wird an ländlichen Berufsschulen ausgeübt sowie an Haushaltungsschulen auf dem Lande. Er beansprucht eine $5^1/_2$jährige Ausbildung. In Preußen spielt sich die seminaristische Ausbildung in den Schulen des sog. „Reifensteiner Verbandes“ ab (Geschäftsstelle Berlin). In Süddeutschland in entsprechenden anderen Lehranstalten.

Von Lehrberufen sei hier noch die Gewerbelehrerin genannt, die ihr Tätigkeitsfeld an Berufsschulen für gelernte und ungelernte Jugendliche oder auch an Fachseminaren findet. Obwohl man in den Kreisen der Wirtschaft das Abitur als Vorbildung für die Gewerbelehrerin nicht besonders schätzt, sondern den größeren Nachdruck auf eine mehr praktisch gewerblich orientierte Vorbildung legt, so ist es doch vom Standpunkte der Hebung des gesamten Berufes durchaus zu begrüßen, wenn auch Abiturientinnen das Examen als Gewerbelehrerin ablegen. Die Ausbildung erfordert für sie in Preußen 4 Jahre, nämlich 2 Jahre praktische Tätigkeit in entsprechenden wirtschaftlichen Betrieben und 2jährigen Seminarbesuch. Verlängerung des Studiums steht aber in Aussicht. In den außerpreußischen Ländern ist die Ausbildung zum Teil etwas abweichend geregelt, z. B. in Thüringen, Sachsen, Baden und Württemberg. Die kleineren Länder verwenden am liebsten solche Kräfte, die in Preußen ausgebildet worden sind. Als Ausbildungsstätten seien die Seminare in Berlin, Potsdam, Kassel, Frankfurt a. M., Karlsruhe, Leipzig, Stuttgart und Jena genannt. Die Anstellungs- und Gehaltsbedingungen sind günstig.

Ein anderer für die Abiturientin naheliegender Beruf ist der der Turn- und Sportlehrerin. Sie findet ihre Ausbildung in sechssemestrigem Studium am besten an der Hochschule für Leibesübungen in Charlottenburg[1]). Allerdings sind die Anforderungen, die an sportliche Tätigkeit und Tüchtigkeit gestellt werden, außerordentlich hoch und die Anstellungsaussichten bei Vereinen, an Stadtämtern usw. vorläufig noch recht unsicher. Auch ist der

---

[1]) Halbakademisches Studium, die Lehrgänge an den Universitäten wurden als akademische Ausbildung nicht erwähnt.

Weiterbestand der Hochschule für spätere Zeiten nicht unbedingt gewährleistet. Die einjährige Turnlehrerinnenausbildung, die an verschiedenen preußischen Seminaren stattfindet, hat nur noch Bedeutung in Verbindung mit der orthopädischen oder rhythmischen Gymnastik oder mit der sog. technischen Lehrerin für Kochen und Hauswirtschaft. Gegenwärtig aber kommt der letztgenannte Beruf praktisch nicht mehr in Frage, da in Preußen eine Neuordnung erwartet wird und die anderen Länder dann wohl bald nachfolgen werden. Der Wirkungskreis der nichtakademischen Turnlehrerin wird in nächster Zeit wahrscheinlich noch erheblich eingeschränkt werden, da an höheren Schulen nach und nach nur noch die vollakademisch gebildete Turnlehrerin Verwendung finden wird.

Auf die Volks- und Mittelschullehrerin brauchen wir hier nicht einzugehen, da für sie eine besondere Abhandlung vorgesehen ist.

Berufe in Haushalt, Landwirtschaft und Gartenbau[1])

Zu den rein praktischen Berufen in Haus- und Landwirtschaft, also etwa zur Haushaltpflegerin in Stadt und Land oder zur Geflügelzüchterin fühlen sich ausgeprägt praktisch veranlagte Abiturientinnen nicht selten hingezogen. Materiell sind alle diese Berufe heute noch nicht besonders lohnend. Aber Menschen, die zu praktischer Betätigung ihrer Kräfte neigen und das Leben auf dem Lande sowie die Tätigkeit in freier Luft jedem anderen Wirkungskreis vorziehen, werden sich in solcher Arbeit glücklich fühlen. Die Ausbildung zur „Haushaltpflegerin", d. h. zur Leiterin von wirtschaftlichen Großbetrieben, die in fast allen deutschen Ländern geregelt ist, dauert 5 Jahre, wovon aber nur 2 Jahre schulmäßig an ländlichen oder städtischen Haushaltungsschulen und Seminaren verbracht werden, während die übrige Zeit in einem kostenlosen Praktikum abgeleistet wird. — Geflügelzucht wird in zweijähriger Lehrlingszeit mit abschließender Prüfung erlernt. Auch die Meisterprüfung kann für dieses Fach abgelegt werden. Für selbständige Niederlassung erfahrener Kräfte bestehen in diesem Beruf noch einige Aussichten. — Dagegen hat sich der Gärtnerinnenberuf als nicht besonders geeignet für Frauen erwiesen. Nicht selten versagen sie in diesem Beruf gesundheitlich, außerdem sind die höheren Stellen als Gartenbautechniker und Gartenbau-

[1]) Luise Niemer: Die Gärtnerin, Verlag Paetel, Berlin.

inspektor der Gärtnerin schwer zugänglich. Die jahrelange Ausbildung durch Lehrzeit, viersemestrigen Besuch einer höheren Gartenbauschule und längere praktische Tätigkeit dürfte sich kaum lohnen.

Tanz, rhythmische Gymnastik und künstlerisch frei gestaltende Berufe

Diese Berufe stehen selbstverständlich auch den Abiturientinnen offen, wenn sie entsprechende Persönlichkeiten sind und die erforderliche künstlerische Spezialbegabung aufweisen. Beide Voraussetzungen sind jedoch nicht an die Schulbildung gebunden. Wenn man aber den Standpunkt vertritt, daß Bildung identisch ist mit der Aufgeschlossenheit der Seele für alle Eindrücke der Außenwelt und der inneren Bereitschaft, die formenden Kräfte des Daseins an sich selbst zu erfahren, so wird man auch von der künstlerisch begabten Abiturientin größere Leistungen erhoffen dürfen als von der sonst gleichbefähigten Nichtabiturientin.

Hinsichtlich der Gymnastik muß allerdings ein Rückgang der Aussichten festgestellt werden, noch stärker für Opernsängerin und Schauspielerin.

Wissenschaftliche Hilfsarbeit [1]

Eine ganz andere innere Einstellung als die eben genannten Berufe, und zwar eine durchaus objektive, sachliche, verlangen folgende: die technische Assistentin, die Chemotechnikerin, die Metallographin und die Bibliothekssekretärin. Man hat diese Berufe zusammengefaßt unter der Bezeichnung: wissenschaftliche Hilfsarbeit. Trotzdem als grundlegende Schulbildung nur Lyzeumsreife verlangt wird, ist das Abitur doch gerade für sie von großer Bedeutung; denn die erweiterten wissenschaftlichen Kenntnisse können der Berufsausübung unmittelbar nutzbar gemacht werden.

Der Ausbildungsgang der technischen Assistentin an wissenschaftlichen Instituten und bei Privatärzten ist in Preußen und den anderen größeren Ländern staatlich geregelt. In Preußen wird eine $2^1/_2$jährige, in den übrigen Ländern durchweg nur 2jährige

[1]) Clare Trost: Frauenarbeit in Zeitung und Buchhandel, Verlag Paetel, Berlin; Kundt, Die technische Assistentin, Verlag Ferdinand Enke, Stuttgart; Der Volksbibliothekar, Hans Hoffmann, Verlag Quelle & Meyer, Leipzig.

Ausbildung verlangt mit abschließendem Staatsexamen, das in einer Reihe größerer Städte abgelegt werden kann: Berlin, Leipzig, Hamburg, Jena, Göttingen, Marburg seien hier genannt. Die Röntgentechnik ist in den Ausbildungsgang der technischen Assistentin einbezogen, kann aber auch in Sonderausbildung erlernt werden, z. B. in Frankfurt a. M. Eine Verlängerung der Schulung für die technische Assistentin steht zum mindesten für Preußen in bestimmter Aussicht. Schon jetzt verlangen einige Anstalten für Röntgen- und Laboratoriumsausbildung je $1^1/_2$ Jahre; dazu ein halbjähriges Praktikum.

Die Berufsausbildung der Chemotechnikerin (für die Industrie) ist noch nicht staatlich geregelt. Sie ist entweder in einer zwei Jahre dauernden Schulausbildung in Wiesbaden, Aachen, München-Gladbach, Sorau u. a. oder auch in einem geeigneten Industriebetrieb zu absolvieren. In neuester Zeit sind noch Schulen in Berlin, Herne und Hamborn dazugekommen.

Die Metallographin (Metalluntersucherin) wird bis jetzt nur in dreijährigen Lehrgängen im Lettehaus in Berlin ausgebildet. Sie findet im Bergbau und in Hüttenwerken Anstellung. In der Regel gelangt sie leichter zu selbständigeren Posten als die technische Assistentin. Im allgemeinen haben die technischen Assistentinnen sowohl in materieller als auch ideeller Hinsicht schwer um ihre Existenz zu kämpfen; denn die Tätigkeit dieser Kräfte ist keine disponierende, sondern nur eine rein praktisch ausführende, der verhältnismäßig enge Grenzen gezogen sind.

Mit diesen Berufen auf gleicher Linie steht etwa der Beruf der mittleren Bibliothekarin mit drei- bis vierjähriger Ausbildung, die vorwiegend auf technische Fertigkeiten, nicht aber auf wissenschaftliche Arbeit eingestellt ist. Der praktische Teil der Berufsvorbereitung erfolgt in Preußen und anderen Ländern, die diese Ausbildung eingerichtet haben, in besonders dazu berechtigten Bibliotheken. Von den Ausbildungsjahren wird je ein Jahr in einer Volksbibliothek, ein weiteres in einer wissenschaftlichen Bibliothek verbracht. Von zwei weiteren theoretischen Jahren wird der Abiturientin meist eins erlassen. Zweckmäßig ist es, das noch übrigbleibende Jahr zum Besuch einer bibliothekarischen Fachschule in Berlin zu verwenden.

In diesem Zusammenhang sei auch noch der Beruf der Buchhändlerin erwähnt. Er erfordert eine dreijährige Lehrzeit, die der Abiturientin etwas gekürzt werden kann. Nach dieser praktischen Lehre ist einjähriger Besuch der Buchhändlerfachschule in Leipzig empfehlenswert. Die Aussichten sind allerdings wenig günstig. Insbesondere sind Aufstiegsmöglichkeiten sehr selten. Aber gerade in diesen Berufen dürfte die Abiturientin gegenüber ihren Mitbewerberinnen mit geringerer Schulbildung im Vorteil sein.

Die möglichen Vorteile, deren die Abiturientin teilhaftig werden kann, wurden in unserer Betrachtung wiederholt erwähnt. Trotzdem dürfte es vielleicht doch am Platze sein, auch auf die entgegengesetzte Tatsache hinzuweisen; daß längst nicht jede Abiturientin sich ohne weiteres auf die mittleren Berufe mit ihren durchaus praktisch-technischen Anforderungen oder ihrem sozialen Gepräge innerlich wird einstellen können. Es sei deshalb jeder mit der Reifeprüfung abgehenden Schülerin dringend empfohlen, sich mit verdoppelter Sorgfalt reiflich zu prüfen, für welchen Beruf sie wirklich Neigung und persönliche Eignung besitzt.

Ausbildung und Beruf des Volksschullehrers[1]

Von Dr. Eugen Löffler, Ministerialrat im Reichsministerium des Innern

I. Die Ausbildung

1. Der Art. 143 der Reichsverfassung verlangt, daß die Lehrerbildung nach den Grundsätzen, die für die höhere Bildung allgemein gelten, für das Reich einheitlich zu regeln ist. Nachdem der Versuch einer reichsgesetzlichen Ausführung dieser Verfassungsbestimmung vor einigen Jahren aus finanziellen Erwägungen zurückgestellt worden war, haben die meisten deutschen Länder im Zusammenhang mit den von ihnen durchgeführten Schulreformen eine Neugestaltung der Ausbildung der Volksschullehrer in Anlehnung an den Art. 143 der Reichsverfassung von sich aus in die Wege geleitet. Die neuen landesrechtlichen Regelungen haben alle das Gemeinsame, daß sie im Gegensatz zu der früheren Ausbildung in den Lehrerseminaren die Allgemeinbildung von der Berufsbildung trennen. Ihre Allgemeinbildung erhalten die künftigen Volksschullehrer grundsätzlich auf den neunklassigen höheren Schulen (Gymnasium, Realgymnasium, Oberrealschule, Deutsche Oberschule) oder in den entsprechenden Aufbauschulen. Voraussetzung für den Eintritt in die Berufsbildung ist grundsätzlich die Hochschulreife, d. h. das Reifezeugnis einer der genannten höheren Schulen. Im übrigen aber weichen die landesrechtlichen Regelungen teilweise erheblich voneinander ab, da die Länder in der Gestaltung der Lehrerbildung durch die Bestimmungen des Art. 143 der Reichsverfassung nicht gebunden sind, solange ein Reichsgesetz zu ihrer Ausführung nicht ergangen ist.

2. Im wesentlichen lassen sich die zur Zeit geltenden landesrechtlichen Bestimmungen in drei Gruppen einordnen. Bei der ersten Gruppe werden die Lehrer an einer Universität oder Technischen Hochschule in enger organischer Verbindung mit dem Hochschulunterricht ausgebildet; die künftigen Lehrer sind ordentliche Studierende der betreffenden Hochschule. Bei der

[1]) Alles Folgende gilt auch für die Volksschullehrerin.

zweiten Gruppe sind für die Ausbildung der Lehrer besondere Anstalten (pädagogische Akademien, pädagogische Institute, Lehrerbildungsanstalten) errichtet worden, die nicht in organischem Zusammenhang mit einer Hochschule stehen und deshalb auch nicht grundsätzlich am Sitz einer Hochschule sind, in denen aber der Unterricht mehr oder weniger in hochschulmäßiger Form erteilt wird. Die Freizügigkeit der Studierenden dieser Anstalten ist zum Teil beschränkt. Die dritte Gruppe bilden die Länder, die noch keine neuen Bestimmungen erlassen haben.

3. Wir betrachten zunächst die Länder, in denen die Lehrer an einer Hochschule (Universität oder Technischen Hochschule) ausgebildet werden und in denen deshalb eine Trennung nach Geschlecht oder Bekenntnis nicht stattfindet.

a) Für Sachsen bestimmt das Gesetz vom 4. April 1923[1]), daß die Volksschullehrer und -lehrerinnen ihre wissenschaftliche Berufsausbildung an der Universität Leipzig oder an der Technischen Hochschule Dresden, ihre praktisch-pädagogische Ausbildung an pädagogischen Instituten erhalten sollen, die mit diesen Hochschulen verbunden sind. Die Hochschule übernimmt die allgemeine Berufsausbildung, das pädagogische Institut führt in die besonderen praktischen Berufsaufgaben ein. Im Mittelpunkt des Instituts steht die Institutsschule, die als Übungsschule dient. Die allgemeine berufswissenschaftliche Ausbildung umfaßt: die Tatsachengrundlagen der Erziehung, die Normwissenschaften der Pädagogik (Logik, Ethik, Ästhetik, Geschichte der Pädagogik, kulturphilosophische und allgemeine Erziehungslehre, allgemeine Bildungs- und Unterrichtslehre). Hinzu tritt noch ein Wahlfach, für das solche Stoffgebiete in Betracht kommen, die für den Unterricht der Volksschule Bedeutung haben, darunter auch künstlerisch-technische Gebiete. Die besondere berufliche Ausbildung umfaßt allgemeine und besondere Unterrichtslehre, allgemeine Schulkunde, pädagogische Beobachtungen, Versuche und Übungen in der Institutsschule. Dazu kommt noch die Erteilung von eigenem zusammenhängenden Unterricht an den Schulen der Stadt. Die Prüfungsordnung für das Lehramt an der Volksschule ist am 17. Juni 1925 erschienen. Sie bezeichnet als Zulassungsbedin-

---

[1]) Näheres bei Seyfert-Richter, Gesetzliche Grundlagen und Studienordnung der akadem. Lehrerbildung im Freistaat Sachsen. Leipzig: Dürr, 1925.

gungen das Reifezeugnis einer neunklassigen höheren Lehranstalt oder einer Aufbauschule oder eines der (abgebauten) sächsischen Seminare, ein mindestens sechssemestriges ordnungsmäßiges Studium an einer Hochschule und Vorlage von Dozentenzeugnissen über den Erwerb gewisser Fertigkeiten und Befähigungen. Das Bestehen dieser Prüfung befähigt zur Anstellung im Volksschuldienst. Im einzelnen sind die Einrichtungen in Dresden[1]) und in Leipzig etwas verschieden; so ist z. B. das Pädagogische Institut in Dresden der Hochschule eingegliedert, während es in Leipzig neben der Universität steht. Doch fallen die Unterschiede grundsätzlich nicht ins Gewicht. In Dresden können die Lehrerstudenten den Doktorgrad (Doktor der Kulturwissenschaften) erwerben.

b) In Thüringen beruht die Neuordnung auf dem Gesetz vom 8. Juli 1922 und den Ausführungsbestimmungen vom 22. Juli 1926. Die Prüfungsordnungen stammen vom 1. März 1925 und vom 22. Juli 1926 (ergänzt durch die Bekanntmachung des Ministeriums für Volksbildung vom 2. August 1927)[2]). Für die Zulassung zur Prüfung gelten im wesentlichen dieselben Voraussetzungen wie in Sachsen. Als Studienfächer sind vorgeschrieben: Erziehungswissenschaft, Philosophie und Psychologie; ferner wird ausreichende Beschäftigung mit einem zum Pflichtunterricht der Volksschule gehörigen wissenschaftlichen Fache sowie Aneignung derjenigen Fertigkeiten verlangt, die für den Unterricht in der Volksschule notwendig sind. Außerdem kann der Prüfling auf seinen Antrag in einer Fachwissenschaft, d. h. in einem in der Prüfungsordnung für das höhere Lehramt verlangten Fache, geprüft werden. Während des dreijährigen akademischen Studiums wird der Studierende an dem mit der Universität Jena verbundenen Pädagogischen Institut in die praktische Pädagogik eingeführt und in den künstlerisch-technischen Fächern ausgebildet. In den Universitätsferien hat er als Schulhelfer unter Leitung eines Lehrers im Schulbetrieb einer Volksschule tätig zu sein. Nach Abschluß des Studiums und Ablegung der Prüfung für das Lehramt an

---

[1]) Das Pädagogische Institut in Dresden besorgt auch die Ausbildung für das Lehramt an Berufsschulen, die vier Jahre umfaßt und mit einer besonderen Prüfung nach der Ordnung vom 22. August 1925 abschließt.

[2]) Vgl. C. Schnobel, Die Thüringer Schulgesetze, Heft IV, Teil 1 und Heft V, Teil I. Weimar: Panse, 1926 und 1929 sowie die Mitteilungen der erziehungswissenschaftlichen Anstalt der Thüringischen Landesuniversität Jena. Heft 1ff. Weimar: H. Böhlaus Nachf.

Volksschulen ist eine weitere praktisch-pädagogische Ausbildung in einem Vorbereitungsjahr erforderlich, nach dessen Ableistung die Anstellungsprüfung abzulegen ist.

c) In Hamburg ist die Neuregelung durch Gesetz vom 20. Dezember 1926 und durch eine Prüfungsordnung für das Lehramt an der Volksschule vom 17. November 1927 festgelegt. Auch hier wird die Berufsausbildung durch ein mindestens dreijähriges Hochschulstudium erworben, in das die zum Eintritt in den Beruf erforderliche praktisch-pädagogische Schulung eingegliedert ist. Die erste Prüfung am Schluß der Studienzeit erstreckt sich wie in Sachsen auf Erziehungswissenschaft und deren Hilfswissenschaften sowie ein wahlfreies Arbeitsgebiet wissenschaftlicher oder künstlerisch-technischer Art; außerdem ist die notwendige praktisch-pädagogische Befähigung und Schulung (Teilnahme an Unterrichtsübungen, Betätigung als Schulhelfer in Schulheimen oder auf sonstigen Gebieten der Jugendpflege u. dgl.) nachzuweisen. Das Bestehen der Prüfung befähigt zur Anstellung im Volksschuldienst als Hilfslehrer. Die für diese Ausbildung notwendigen Einrichtungen sind an der Universität Hamburg geschaffen worden. Die Fähigkeit zur festen Anstellung im Volksschuldienst wird durch eine zweite Lehrerprüfung erworben, bei der auch der Nachweis über die Ausbildung in einem (bzw. in einem zweiten) künstlerisch-technischen Fache (Leibesübungen, Zeichnen, Musik, Werkarbeit, Nadelarbeit, Hauswirtschaftskunde) zu führen ist. Zu dieser Prüfung werden die Bewerber in der Regel erst zugelassen, wenn sie nach der ersten Lehrerprüfung mindestens 3 Jahre im hamburgischen Schuldienst ausreichend (d. h. wöchentlich mindestens 12 Stunden) tätig gewesen sind.

d) Für Braunschweig bestimmt eine Verordnung des Staatsministeriums vom 1. April 1927 (Braunschweigische Gesetz- und Verordnungssammlung S. 75), daß die hochschulmäßige Ausbildung der an den öffentlichen Volksschulen des Landes hauptamtlich anzustellenden Lehrkräfte durch ein mindestens dreijähriges Studium an der Technischen Hochschule zu Braunschweig erworben wird; doch kann auch das Studium an Hochschulen anderer Länder als gleichwertig anerkannt werden, wenn mit diesen Ländern gegenseitige Anerkennung der Vorschriften über die Lehrerausbildung vereinbart ist. Die Prüfungsordnung zum Erwerb der Lehrbefähigung vom 12. Juli 1929 (Min.Bl. Stück 3) nennt als Prüfungsfächer: allgemeine Erziehungswissenschaft, Philosophie, einschließlich Psychologie, Nationalökonomie oder Soziologie, Staatsbürgerkunde und ein Wahlfach, wofür Deutsche Sprach- und Literaturwissenschaft, Geschichte, Geographie, Biologie, Physik, Chemie, Mathematik, Religion in Betracht kommen. Die praktische Prüfung besteht in Lehrproben und anschließender Aussprache. Nach mindestens zweijähriger Tätigkeit an braunschweigischen Volksschulen findet eine zweite Prüfung in der Schulklasse des Bewerbers statt.

e) Die Länder Anhalt und Lippe haben keine besonderen Einrichtungen für die Ausbildung der Volksschullehrer geschaffen. Sie verlangen von dem künftigen Lehrer dreijähriges Studium an einer Hochschule mit anschließendem Probejahr. Die Lehrer dieser Länder studieren in der Regel an den Hochschulen der vorhin genannten Länder, besonders in Jena.

f) In Hessen[1]) besteht seit Ostern 1925 eine etwas andere Art von akademischer Ausbildung der Volksschullehrer; sie stellt in gewissem Sinne das Verbindungsglied zwischen der ersten und zweiten Gruppe von Ländern dar. In Darmstadt und in Mainz wurde je ein pädagogisches Institut eingerichtet; beide Institute, auch das in Mainz, gehören zur Technischen Hochschule in Darmstadt; ihre Besucher müssen ordentliche Studierende (oder Gasthörer) dieser Hochschule sein. Die Einrichtung eines dritten Institutes in Gießen ist zwar geplant, aber noch nicht erfolgt. Die Dauer des Studiums betrug ursprünglich 2 Jahre, ist aber neuerdings dadurch auf $2^1/_2$ Jahre erhöht worden, daß die Prüfung ins fünfte Semester verlegt wurde. Es umfaßt eine theoretische Ausbildung in Pädagogik und ihren Hilfswissenschaften, eine praktische Ausbildung in Unterrichtslehre und Methodik, die Ausbildung in technischen Fächern und ein Schulpraktikum, das in 2 Zwischenkursen von je 8 Wochen Dauer während der Hochschulferien stattfindet. Ein wissenschaftliches Wahlfach wird in der Prüfung, mit der das Studium abschließt, nicht verlangt; die Bewerber müssen aber an Vorlesungen und Übungen über ein solches teilgenommen haben. Im übrigen erstreckt sich die wissenschaftliche Prüfung auf Philosophie, Psychologie, theoretische und praktische Pädagogik sowie theologische Propädeutik des Bekenntnisses des Bewerbers. Die Prüfung zur Erlangung der Anstellungs-

---

[1]) Vgl. E. Feldmann u. H. Hoffmann, Denkschrift zur Neugestaltung der Lehrerbildung in Hessen. Karlsruhe: Braun, 1925. Berücksichtigt nur die Ausbildung in Mainz; die in Darmstadt weicht nicht unerheblich davon ab.

fähigkeit wird frühestens nach einer zweijährigen Probedienstzeit abgelegt. Sie umfaßt Methodik der Volksschullehrfächer, Schulgesetzgebung und Schulverwaltung, Schulhygiene. (Die Prüfungsordnungen sind noch nicht erschienen.)

4. Zur zweiten Gruppe gehören die Länder, in denen für die Ausbildung der Lehrer besondere pädagogische Akademien (Institute, Lehrerbildungsanstalten) errichtet worden sind, die nicht in Verbindung mit Hochschulen stehen.

a) Hier ist vor allem Preußen zu nennen. Die künftigen Volksschullehrer erhalten, nachdem sie eine höhere Schule besucht und die Reifeprüfung abgelegt haben, ihre Fachausbildung in einem zweijährigen hochschulmäßigen Bildungsgang auf selbständigen pädagogischen Akademien, die den besonderen Bedürfnissen der Volksschule durch die Eigenart ihres Lehrganges und Bildungszieles und auch durch ihre bekenntnismäßige Gliederung Rechnung tragen. Wer in eine solche Akademie aufgenommen werden will (die Aufnahme erfolgt einmal jährlich im Frühjahr), muß eine Prüfung in Musik (die Bewerberinnen auch in Nadelarbeit) ablegen. Bis jetzt bestehen 8 Akademien, nämlich 6 für evangelische Lehrer und Lehrerinnen in Breslau, Dortmund, Elbing, Erfurt, Hannover und Kiel, 1 für katholische Lehrer in Bonn und 1 für Lehrer und Lehrerinnen gleichviel welchen Bekenntnisses in Frankfurt a. M. Im Jahre 1930 sollen 7 weitere Akademien errichtet werden, und zwar in Altona, Cottbus, Frankfurt a. O., Halle a. S., Kassel und Stettin zur Ausbildung evangelischer, in Beuthen zur Ausbildung katholischer Lehrer und Lehrerinnen.

Die wissenschaftliche und künstlerisch-technische Ausbildung der Studierenden vollzieht sich in Vorlesungen und Übungen über Philosophie, Psychologie, Pädagogik und ihre Hilfswissenschaften sowie über diejenigen wissenschaftlichen und künstlerisch-technischen Gebiete, die im Volksschulunterricht von Bedeutung sind. Die praktisch-methodische Ausbildung besteht in Unterrichtsbesuchen und eigener Unterrichtserteilung an Volksschulen der Akademiestadt, an Sonderschulen und auswärtigen Bildungsanstalten sowie in anschließenden Besprechungen, Konferenzen und Studienfahrten.

Die Studienordnung für die Akademie, die für die ersten 3 Semester je 26 bis 30, für das letzte 24 Pflichtstunden festsetzt, beschränkt sich demnach auf die Erziehungswissenschaft und die für die Bedürfnisse des Schulamtes erforderlichen Hilfswissenschaften. Ein wissenschaftliches Wahlfach wird nicht verlangt; doch wird Gelegenheit zur Weiterbildung auf fachwissenschaftlichen Gebieten gegeben. Die Ausbildung schließt mit der ersten Prüfung für das Lehramt an Volksschulen ab; diese erstreckt sich auf Erziehungswissenschaft und ihre Hilfswissenschaften sowie auf fachliche Unterrichtslehre (Prüfungsordnung vom 10. April 1928). Die Befähigung zur endgültigen Anstellung im Volksschuldienst wird durch Ablegung einer zweiten Prüfung erworben, bei der vorausgesetzt wird, daß der Bewerber mindestens 2 Jahre lang im preußischen Volksschuldienst vollbeschäftigt war; sie findet in der Schule statt, in der der Lehrer beschäftigt ist, und besteht aus einer Besichtigung seines Unterrichts mit anschließender Besprechung (Prüfungsordnung vom 20. Juli 1928)[1]).

b) Die Regelung in Baden beruht auf dem Gesetz vom 30. März 1926. Zur Berufsausbildung kann zugelassen werden, wer das Reifezeugnis einer höheren Schule erworben hat. In Ermangelung geeigneter Abiturienten kann auch zugelassen werden, wer bei guter Befähigung nach Erlangung der Primareife einer höheren Lehranstalt einen einjährigen, in der Regel an den Lehrerbildungsanstalten eingerichteten Vorkurs besucht und die Schlußprüfung bestanden hat; diese Bestimmung wird jedoch praktisch nicht mehr angewendet. Die Berufsausbildung vollzieht sich in einem zweijährigen erziehungswissenschaftlichen und schulpraktischen Lehrgang an besonderen Lehrerbildungsanstalten. Die Lehrerbildungsanstalt in Karlsruhe hat simultanen Charakter, die Anstalt in Heidelberg ist evangelisch, die in Freiburg katholisch; eine Trennung nach Geschlechtern ist nicht vorgesehen. Nach dem zweijährigen Lehrgang findet eine Prüfung statt. Darauf folgt ein einjähriger Vorbereitungsdienst an verschiedenen badischen Volks- und allgemeinen Fortbildungsschulen, der durch Verordnung vom 11. März 1929 (Amtsbl. des bad. Kultusmin. Nr. 10) geordnet ist. Die erfolgreiche Ableistung dieses Vorbereitungsdienstes ist Voraus-

---

[1]) Näheres in folgenden bei Weidmann, Berlin, erschienenen Schriften: Die Neuordnung der Volksschullehrerbildung in Preußen (1925); Mitteilungen der pädagogischen Akademien in Preußen, I. Heft (1926), II. Heft (1927), III. Heft (1928) und IV. Heft (1929). Siehe auch C. H. Becker, Die pädagogische Akademie im Aufbau unseres nationalen Bildungswesens. Leipzig: Quelle & Meyer, 1926 und K. Weidel, Die neue Lehrerbildung in Preußen. Erfurt: Verlag Strenger, 1928.

setzung für die Zulassung zur zweiten Prüfung. Deren Bestehen befähigt zur Anstellung auf einer planmäßigen Stelle. (Die Prüfungsordnungen sind noch nicht erschienen.)

c) In Mecklenburg-Schwerin werden die Volksschullehrer in zweijährigem Lehrgang (4 ordentliche Semester und 2 der praktischen Ausbildung dienende Zwischensemester) an dem Pädagogischen Institut in Rostock ausgebildet. Das Institut hat grundsätzlich die Stellung einer preußischen pädagogischen Akademie; doch unterrichten an ihm auch einige Dozenten der Universität und sein Direktor ist Honorarprofessor an der Universität. Ein wissenschaftliches Wahlfach wird in der Prüfung, mit der die Ausbildung abschließt, nicht verlangt. Die Anstellungsprüfung kann frühestens 2 Jahre später abgelegt werden (vgl. Gesetz vom 27. Juni 1925 in der Fassung des Gesetzes vom 26. Januar 1927)[1]).

d) In Oldenburg ist die Ausbildung der Volksschullehrer noch nicht endgültig geregelt. Vorläufig besteht für evangelische Lehrer (Abiturienten) ein zweijähriger pädagogischer Lehrgang in der Stadt Oldenburg, für katholische Lehrer ein solcher in Vechta. Die Lehrgänge haben Ähnlichkeit mit dem Lehrgang der badischen Lehrerbildungsanstalten. Daneben können oldenburgische Lehramtsbewerber auch auf den preußischen pädagogischen Akademien Kiel und Bonn ausgebildet werden.

5. Die dritte Gruppe.

a) Bayern und Württemberg haben bis jetzt ihre Lehrerbildung noch nicht neu geordnet. Die Lehrer werden nach wie vor in einem sechsjährigen, auf das vollendete siebente Volksschuljahr aufgebauten Lehrgang in Lehrerseminaren ausgebildet. In Bayern wurde zwar im Januar 1928 dem Landtag eine Denkschrift vorgelegt, die einen der preußischen Regelung ähnlichen Plan für die Neuordnung entwirft. Endgültige Beschlüsse sind jedoch noch nicht gefaßt worden. — In Württemberg wurde im Jahre 1929 ebenfalls eine Denkschrift zur Neuordnung der Lehrerbildung ausgegeben. Sie sieht eine einjährige Berufsbildung auf einer „pädagogischen Akademie" und Fortbildungskurse an den Akademien zwischen dem 25. und 30. Lebensjahr vor. Die Berechtigung zum Eintritt in die Akademie soll durch den Besuch einer Aufbauschule mit sechsjährigem Lehrgang und

---

[1]) Näheres siehe in der Denkschrift: „Die gegenwärtige mecklenburgische Lehrerbildung im Pädagogischen Institut zu Rostock". Wismar 1928.

einer pflichtmäßigen Fremdsprache (Akademiereife) oder durch Besuch einer höheren Schule bis zur Reifeprüfung und Ablegung einer Ergänzungsprüfung in Musik, Zeichnen und Werkunterricht erworben werden. Auch über diese Denkschrift ist noch kein Beschluß gefaßt. Vorläufig werden zur Behebung des Lehrermangels einjährige Ausbildungskurse für Abiturienten an den Lehrerseminaren abgehalten. In Württemberg können übrigens Volksschullehrer, die die erste Volksschuldienstprüfung mit gutem Erfolg bestanden und eine zweijährige Schulpraxis haben, ohne Reifezeugnis zu einem dreijährigen Hochschulstudium und im Anschluß daran zu einer Prüfung (neue Ordnung vom 1. Mai 1927) zugelassen werden, durch welche die wissenschaftliche Befähigung für die höheren Stellen im Volksschuldienst (Aufsichtsdienst und Lehramt an den Lehrerseminaren) erwiesen wird. Die Prüfung erstreckt sich auf Philosophie, Pädagogik, Staatsbürgerkunde (mit Wirtschaftskunde) und ein Wahlfach (wissenschaftliches Fach im Sinne der Prüfungsordnung für das höhere Lehramt oder Musik).

b) Die kleineren Länder Bremen, Lübeck, Mecklenburg-Strelitz und Schaumburg-Lippe haben zwar ihre Lehrerseminare aufgehoben, aber keine neuen Einrichtungen für eine Lehrerbildung geschaffen. Sie beabsichtigen, ihren Lehrernachwuchs an den Hochschulen oder Akademien der anderen Länder heranzubilden.

6. Die Kosten der Ausbildung sind verschieden und lassen sich nicht allgemein angeben. In den Ländern der ersten Gruppe haben die Studierenden die Möglichkeit, an allen Erleichterungen und Vergünstigungen teilzunehmen, die allgemein für die Studierenden der betreffenden Hochschule bestehen. Darüber hinaus gibt es für die Lehrerstudenten häufig noch besondere staatliche Beihilfen und Stipendien. Die Studiengebühren und Kolleggelder sind nach den allgemein gültigen Grundsätzen zu entrichten. In den Ländern der zweiten Gruppe ist der Unterricht unentgeltlich. In Baden sind mit den Lehrerbildungsanstalten besondere Heime verbunden, in denen die Lehrerstudenten billig Unterkunft und Verpflegung erhalten. In Preußen sind in den Akademien Tagesheime, Lesezimmer, Sportplätze u. dgl. eingerichtet. Bedürftige Studierende können in beiden Ländern Studienbeihilfen erhalten. In den preußischen Akademien belaufen sich die Kosten für Wohnung, Verpflegung, Kleidung, Bücher u. dgl. auf etwa 1000 M. jährlich; in den badischen Lehrerbildungsanstalten ist die Aus-

bildung wesentlich billiger. In den württembergischen und bayerischen Lehrerseminaren haben die Zöglinge 6 Jahre lang Unterricht und Unterkunft in den Lehrerseminaren frei; die Verpflegung ist in der Regel sehr billig. Bedürftige Schüler erhalten Staatsunterstützung.

II. Der Beruf

A. Die Aufgabe des Volksschullehrers

Die Aufgabe des Volksschullehrers ergibt sich aus der Aufgabe der Volksschule. Die Volksschule ist in ihren 4 unteren Jahrgängen (der Grundschule) die Pflichtschule für alle Kinder des Volkes. In den oberen 4 Jahrgängen erfaßt sie alle die Kinder, die nicht in mittlere oder höhere Schulen gehen, d. h. mehr als 90% aller Kinder im Alter von 10—14 Jahren.

Die Volksschule hat zunächst in der Grundschule die Aufgabe, den Kindern eine grundlegende Bildung zu vermitteln, an die sowohl die Volksschule der 4 oberen Jahrgänge als auch die mittleren und höheren Schulen mit ihrem weiterführenden Unterricht anknüpfen können. Sie muß deshalb alle geistigen und körperlichen Kräfte der Kinder wecken und schulen und die Kinder mit den Kenntnissen und Fertigkeiten ausrüsten, die als Grundlage für jede Art von weiterführender Bildung unerläßliches Erfordernis sind. In den oberen Jahrgängen, die für die Mehrzahl der Volksschüler den Abschluß der Schulzeit vor dem Eintritt in das werktätige Leben und die Berufsschule darstellen, muß sie einerseits das Bildungsbedürfnis dieser Altersstufe befriedigen, andererseits eine stetige und gleichmäßige Förderung der kindlichen Gesamtentwicklung, besonders auch nach der Gefühls- und Willensseite, anstreben. Aufgabe der Volksschule als Ganzes ist es also, nach den Normen einer wissenschaftlich begründeten Pädagogik die Entwicklung der Kinder durch planmäßige Übung der körperlichen, geistigen und sittlich-religiösen Kräfte zu fördern und sie zu hingebender Pflichterfüllung im Dienste der Gemeinschaft zu erziehen.

Die Aufgabe der Volksschullehrer besteht demnach nicht nur darin, daß sie den Kindern die elementaren Bildungsgüter und Fertigkeiten vermitteln, die fürs Leben unerläßlich sind, wie deutsche Sprache, Lesen und Schreiben, Gesang, Religion oder Lebenskunde, Heimatkunde, Geschichte, Erd- und Naturkunde, Rechnen, Raumlehre, Zeichnen, Leibesübungen und (für die Mädchen)

Nadelarbeiten. Sie haben darüber hinaus die überaus verantwortungsvolle Aufgabe, an der Erziehung der Kinder zu Staatsbürgern mitzuwirken und sie in dem eindrucksfähigsten Alter nachhaltig zu beeinflussen. In einer Reihe von Ländern fällt den Volksschullehrern auch die Aufgabe zu, an der sog. allgemeinen Fortbildungsschule zu unterrichten, in der ein Teil der schulentlassenen Jugendlichen im Alter von 14—17 Jahren ihrer Berufsschulpflicht genügt. Weiter werden in der Regel aus der Reihe der Volksschullehrer nach der erforderlichen weiteren Sonderausbildung[1]) die Lehrer an den Schulen für Taubstumme, Blinde und sonstige Gebrechliche, an den Hilfsschulen, an den Mittelschulen, teilweise auch an den Gewerbe- und Handelsschulen gewonnen.

Endlich ist darauf hinzuweisen, daß vom Volksschullehrer auch über seine unmittelbare Unterrichts- und Erziehungsarbeit hinaus tätige Mitwirkung in der Jugendpflege und Jugendwohlfahrt, in der Erwachsenenbildung und Volkshochschule erwartet wird, daß er, namentlich auf dem Lande, vielfach neben dem Pfarrer als Berater und geistiger Führer der Bevölkerung wirken muß, daß er nicht selten Träger und Verbreiter musikalischer Bildung ist, und daß er als Mitarbeiter auf dem weiten Gebiete der Volks-, Heimat- und Naturkunde unentbehrlich ist.

B. Voraussetzungen für die Wahl des Berufs

Aus diesen in Kürze umrissenen Aufgaben des Volksschullehrers und der Volksschullehrerin ergeben sich die Voraussetzungen, die bei der Wahl des Berufs zu beachten sind. Vieles von dem, was in diesem Buche (S. 67) über die Voraussetzungen des Berufs der Philologen und Philologinnen gesagt wird, gilt auch für den Beruf des Volksschullehrers. Insbesondere sind die körperlichen Voraussetzungen für beide Berufslaufbahnen dieselben. Auch die allgemeinen menschlichen Eigenschaften müssen bei allen Erziehern dieselben sein: Liebe zu den Kindern, ein warmes Herz für die Menschen, Fähigkeit, mitzufühlen und sich einzufühlen in die Seele der Jugend und in die Probleme, die sie bewegen, beweglicher Geist, pädagogischer Takt und Gerechtigkeitssinn, fester

[1]) Hierfür gibt es in den größeren Ländern besondere Vorschriften und Prüfungsordnungen; es kann hier davon abgesehen werden, sie anzugeben, da der Eintritt in eine solche Sonderausbildung erst nach Ablegung der allgemeinen Lehramtsprüfungen möglich ist.

Charakter und fröhliches Gemüt, die beim Kinde das Gefühl natürlicher Autorität wecken. Dazu kommen noch die besonderen Eigenschaften, die das Unterrichten vor einer Klasse erfordert: Befähigung für die zu unterrichtenden Lehrfächer, eine gewisse rednerische Begabung, die Fähigkeit, sich sowohl auf den Sachgehalt des Lehrgebiets als auch auf die mannigfaltigen Persönlichkeiten der Schüler einzustellen und die innere Bereitschaft, selbst Werte zu erleben und sich an ihnen zu begeistern. In der Gesamtpersönlichkeit des Lehrers soll der soziale Zug, die Liebe und die Achtung vor dem Eigenwert jeder Menschenseele, den Ausschlag geben.

Im Gegensatz zum Philologen braucht aber der Volksschullehrer weder Fachgelehrter noch Forscher zu sein. Er soll ein Bildner sein, der in unmittelbarer Berührung mit dem Volke Geistesleben zu wecken und zu gestalten vermag. Das Wesensmerkmal seiner Bildung ist Lebensnähe. Er muß Verständnis haben für das geistige, religiöse, sittliche, soziale und wirtschaftliche Leben des Volkes, Befähigung, dem Volke die Bildungsgüter zu vermitteln, deren es bedarf; die geistigen, ethischen und künstlerischen Werte zu pflegen, die in Natur, Kultur und Volkstum der Heimat liegen. Mit dem dazu erforderlichen Wissen muß der Lehrer während seiner Ausbildung ausgerüstet werden; er muß aber auch von einem starken volkserzieherischen Verantwortungsgefühl beseelt sein[1]).

Wer diese Einstellung zum Berufe mitbringt und in der Ausbildung die nötige pädagogische Schulung, die Vertrautheit mit den zu vermittelnden geistigen, religiösen, sittlichen, technischen und künstlerischen Bildungswerten der Volksschule und ihrer Verwurzelung im heimatlichen Volkstum sich erwirbt, der wird im Lehrerberuf volle Befriedigung finden.

Die wirtschaftlichen Aussichten des Berufs des Volksschullehrers sind zur Zeit nicht schlecht; aber nur der sollte sich ihm zuwenden, der sich auch innerlich berufen fühlt, werdenden Menschen Lehrer und Erzieher zu sein.

---

[1]) Vgl. zum Vorstehenden: G. Kerschensteiner, Die Seele des Erziehers und das Problem der Lehrerbildung. 2. Aufl. Leipzig 1927; ferner die oben genannte preußische Denkschrift und die erwähnten Schriften von C. H. Becker und K. Weidel.

Studium und Berufskreis des Theologen

Von Dr. Max Breitinger

Wenn bei der Wahl des Ausbildungsweges zur späteren Lebensaufgabe eines Menschen in erster Linie auf den Ruf zu achten ist, der aus dem Innersten kommt, so gilt dies in ganz besonders hohem Grade für den künftigen Theologen. Ihn muß „Berufung" in des Wortes tiefstem und eigentlichstem Sinne in seinen Studien- und Lebenskreis führen: einmal der Ruf der nachhaltigsten inneren Anlagen und Strebungen, weil der Beruf des Pfarrers am allerwenigsten eine Trennung von auftragsgemäß ausgeübter Amtspflicht und reiner, opferfreudiger, wahr und tief empfundener Herzenssache duldet; darüber hinaus aber auch der Ruf, der klar als Stimme Gottes erkannt wird, weil die Berufsarbeit des Pfarrers Dienst im Reiche Gottes ist. Wer Berufung in diesem Sinne versteht, der weiß, daß der junge Mensch das Beste zum künftigen Pfarrberufe sich nicht irgendwoher nehmen kann, sondern daß es ihm gegeben werden muß. Die Wahl des geistlichen Berufes soll also aus ehrlicher Gewissensprüfung hervorgehen, sie soll geleitet sein von unbedingter Wahrhaftigkeit und von echter Lauterkeit des Wollens.

Ein Blick auf die zahlenmäßige Entwicklung des Studiums der Theologie in den letzten Jahren (Ev. Theol. 1925: 1876, 1929: 4518) gibt Anlaß zu der Besorgnis, ob nicht das Streben nach beruflicher Versorgung und Sicherstellung vielfach an die Stelle der echten Beweggründe zu diesem Studium und Berufe getreten ist. Wenn solche Antriebe bestimmend bei der Berufswahl mitwirken, erwächst für den Studierenden die Verpflichtung, den inneren Kampf um seinen Beruf ehrlich zu führen und während seines Studiums zu einer bewußten Haltung gegenüber den letzten entscheidenden Lebens- und Weltanschauungsfragen zu kommen, zu einer Haltung, die sich dann auch in der Entscheidung auswirken muß: sich dem theologischen Studium und Berufe ganz hinzugeben oder einen anderen Berufsweg einzuschlagen.

Hieraus geht schon hervor, daß das Ziel des theologischen Studiums mit der Aneignung von Wissen und Fertigkeiten nicht erreicht ist. Der ganze innere Mensch muß an seinem Inhalte beteiligt sein, das Wissen muß sich zur Erkenntnis von Sinn und Zweck des Menschseins vertiefen, muß sich zur Glaubensüberzeugung erheben und in der Gesinnung und Lebensführung einen ehrlichen Ausdruck finden. Bei dieser Einstellung dürfen aber die Wissenschaftlichkeit des Studiums und seine intellektuellen Anforderungen nicht übersehen werden.

Die Theologie ist ein Teilgebiet der Geisteswissenschaften, und darum greifen auch die Methoden geisteswissenschaftlicher Forschung auf sie über. Vor allem gehört zu diesem Studium gründliche sprachliche Schulung; denn was ist der Theologe ohne Beherrschung der lateinischen, griechischen und hebräischen Sprache und der Methoden philologischer Forschung. Wer zu Beginn seines Studiums diese Sprachen noch nicht kennt, muß alles daran setzen, um zunächst die altsprachlichen Ergänzungsprüfungen zu bestehen. Ohne eine gute Sprachbegabung wird dies nicht möglich sein. In ähnlicher Weise muß der Theologe mit den Aufgaben der Geschichtsforschung vertraut sein, weil ihm, wie dem Historiker, die Sammlung und chronologische Einordnung geschichtlicher Zeugnisse, die Beschäftigung mit Glaubwürdigkeits- und Echtheitsfragen der überlieferten Texte, das Erfassen geschichtlicher Persönlichkeiten und der Triebkräfte großer Geistesströmungen obliegen. Kurz, um den Sinngehalt der Religion und all der Wertbereiche, in denen religiöse Kräfte wirken, ergründen und verstehen zu können, müssen erst philologische und exegetische, geschichtliche und erkenntnistheoretische Schulung den Zugang dazu erschlossen haben.

Diese methodische Schulung ist schon darum von großer Wichtigkeit, weil sich das theologische Studium auf ein sehr umfassendes Gebiet erstreckt, das sich in der vorgeschriebenen Studienzeit (8 Semester) nur dann bewältigen läßt, wenn der Studierende das methodische Rüstzeug leicht und sicher zu handhaben weiß. Das Gesamtgebiet der theologischen Wissenschaft umspannt hauptsächlich 3 Teilgebiete: geschichtliche Theologie, systematische Theologie, praktische Theologie.

Im Mittelpunkte des geschichtlichen Teils steht die Beschäftigung mit dem Alten und Neuen Testament, den geschichtlichen Quellen, die über das Handeln Gottes an der Menschheit berichten. Diese Arbeit erfordert vom Studierenden umfassende Lektüre der biblischen Bücher im Urtexte und ein gründliches exegetisches Studium, d. h. eine der Schwierigkeiten sprachlicher Erklärung und zutreffender Sinndeutung bewußte, von geschichtlichem Verständnisse geleitete und von persönlicher Objektivität getragene Textauslegung. Auf diese Weise gelangt der Studierende zum Verständnisse der Geschichte göttlicher Offenbarung und göttlichen Handelns und dringt in den theologischen Gehalt der biblischen Bücher ein. Allerdings wird ihm dies nur gelingen, wenn er zugleich auch die geschichtliche und religiöse Umwelt des Alten und Neuen Testamentes kennenlernt. Einen breiten Umfang nimmt daneben das Studium der Kirchengeschichte ein, die die Entwicklung des Christentums und der christlichen Kirchen von den Anfängen bis zur Gegenwart darstellt. Den Hintergrund für diesen geschichtlichen Werdegang bildet die Weltgeschichte und die allgemeine Geistesgeschichte; als Ergänzung kommt das Studium der christlichen Kunst hinzu (bildende Kunst, Kirchenlied, Musik).

Die systematische Theologie sucht den Lehrgehalt und Lebenswert des Christentums wissenschaftlich zu ergründen und in großen Denkzusammenhängen darzustellen (Dogmatik, Ethik; Apologetik, Dogmatik, Moraltheologie). Zu einem gründlichen Verständnisse dieser systematisch-theologischen Wissensgebiete führt nur die gleichzeitige Kenntnis der Hauptsysteme der Philosophie und der philosophischen Ethik. Hier handelt es sich aber nicht um die Übernahme fertiger Wissensinhalte, sondern um ein inneres Ringen und ein überzeugungstreues Erarbeiten der weltanschaulichen Wahrheitswerte auf christlicher Grundlage.

Die praktische Theologie will die Kirche selbst nach Aufgaben und Rechtsstellung, Einrichtungen und Betätigungsformen kennzeichnen und den Theologen in den praktischen Kirchendienst einführen (Predigt und Katechese, Seelsorge und Religionspädagogik, Organisation der Kirche und Kirchenrecht).

Die eigentliche Einführung in die Lebensaufgaben des späteren beruflichen Wirkens des Pfarrers tritt also während des theologischen Studiums ziemlich stark zurück. Aus diesem Grunde können vielfach während des Studiums selbst besonders bei solchen Studierenden, die im Innersten den wesentlichen Aufgaben und wertvollsten Leistungen des Berufes zugetan sind, Hemmungen und Spannungen auftreten, die die wissenschaftliche Studienarbeit gefährden. Wer in sich die sittlich-religiöse Not des gegenwärtigen Geschlechtes empfindet, wer von einem opferstarken Helferwillen zum seelsorgerlichen Liebeswirken getrieben wird, gerade der fühlt sich oft nicht im geringsten hingezogen zu textkritischen und chronologischen Untersuchungen der überlieferten Quellen und ähnlichen Arbeiten, die das Studium der Theologie eben nicht entbehren kann. Wer jedoch, auf die hier drohende Gefahr aufmerksam gemacht, sich auf die Aufgaben der theologischen Wissenschaft besinnt, dem wird es sicher gelingen, die in dem Spannungsverhältnisse zwischen Studium und Beruf begründeten, sich entgegenstrebenden Interessen einander näherzubringen oder zu vereinigen. Und wenn er die Universität durchlaufen und sich während dieser Zeit seine Berufsbegeisterung erhalten hat, wird er für die geistige Durchbildung und Selbständigmachung dankbar sein, weil er für sein berufliches Wirken eben dadurch eine sichere Grundlage und einen weiteren Blick bekommen hat. Das wichtigste Tätigkeitsgebiet des Theologen ist die Seelsorge in der ihm anvertrauten Gemeinde. Von der inneren Gewißheit erfüllt, daß er als Pfarrer nicht nur äußerlich im Dienste der Kirche, sondern innerlich im Dienste seines Herrn steht, verkündigt er das Wort Gottes, spendet die Sakramente, bringt die einzelnen Gemeindeglieder dem Vorbilde Christi näher und führt sie zu einer Gemeinschaft des Glaubens und der Liebe zusammen.

Der Theologe kann seinen Beruf auch auf besonderen Gebieten ausüben: als Seelsorger für Jugendliche, Militär, Angehörige einzelner Berufsstände, Insassen von Krankenhäusern, Fürsorge- und Strafanstalten; auf dem weiten Felde der inneren Mission; als Sozialbeamter in Jugendfürsorge und Wohlfahrtspflege; als Religionslehrer an Volks- und höheren Schulen, Privatschulen und Volkshochschulen; als Missionar oder Ordensgeistlicher; als Mitglied der Kirchenverwaltung. Schließlich bieten ihm Bibliotheken, Presse und Verlag gelegentlich auch Verwendungsmöglichkeiten. Neben diesen Berufswegen kommt für wissenschaftlich besonders Begabte die Tätigkeit als Hochschullehrer in Betracht.

Studium und Berufskreis des Philologen

Von Dr. Max Breitinger

Die Studienwahl

Der Abiturient, welcher den Beruf des Lehrers an höheren Schulen als seinen zukünftigen Wirkungskreis ins Auge faßt, ist gegenüber vielen anderen Berufwählenden in der günstigen Lage, Stoffgebiete und Arbeitsweise des bildnerischen Tuns aus unmittelbarster Nähe kennengelernt, Sinn und Wert des erzieherischen Wirkens an sich selbst erfahren, Mühe und Freude des Lehrerberufs in seinem täglichen Schulerleben empfunden zu haben. Die Wahl der Fachrichtung oder Fächer, deren Studium er sich während der Ausbildungszeit hingeben soll, wird ihm deswegen nicht sehr schwer fallen, weil er schon jahrelang sich damit beschäftigte und aus dieser Beschäftigung — soweit sie mit freudigem Ernste und innerer Teilnahme betrieben wurde — gewahr werden mußte, von welchen geistigen Kräften und seelischen Haltungen ein erfolgreiches Eindringen in diese Gebiete und ein völliges Heimischwerden darin wesentlich abhängt. Unter dem Einfluß unliebsamer Schulerfahrungen und der nicht selten auftretenden Schulmüdigkeit kann hin und wieder der Gedanke an den Beruf des Lehrers die Studienwahl erschweren; wo jedoch ein unwiderstehlicher Bildungsdrang zum Studium der Schulwissenschaften treibt, und wo zugleich aus selbsterlebten Schulsorgen und Schulnöten heraus das Streben zu bessern und zu bilden entsprungen ist, da sind solche Hemmungen in der Studienwahl bald beseitigt.

Der künftige Lehrer darf bei der Wahl der Studienfächer hinsichtlich der Anforderungen, die er bei der Prüfung seiner Fähigkeiten stellt, nicht bescheiden sein. Schon das Studium mehrerer Fächer (Haupt- und Nebenfächer, dazu Philosophie, Pädagogik und Psychologie) verlangt eine gute Allgemein- und Sonderbegabung. Und der Lehrer muß aus dem Vollen schöpfen, von seinem inneren Reichtum schenken können; die spielende Beherrschung seiner Lehrgegenstände, das völlig freie Verfügen über die Bildungsinhalte befähigen ihn, die werdenden Kräfte seelisch-geistigen Lebens in anderen zu gestalten. Wer glaubt, nach notdürftig erledigtem Studium doch mindestens so viel zu wissen und zu können, als von den Schülern verlangt wird, der denke auch einmal daran, was er der aufstrebenden Jugend nicht zu bieten vermag, welche wertvollen Fähigkeiten in jungen Menschen unter seiner Führung ungefördert bleiben müssen, und in welche peinliche Lage er durch eine aufgeweckte Schülerschar gebracht werden kann. Wie soll unter der Hand eines Lehrers, der der Last des Stoffes unterliegt, ein schaffensfrohes Geschlecht erwachsen? Zum Lehrer der Jugend ist gerade der Beste gut genug.

Da die Schule selbst Gelegenheit gibt, die Eigenart der Stoffgebiete und die Formen ihrer Bearbeitung, die erforderliche Begabung und die Stärke des eigenen Bildungsdranges zu erfahren, kann hier eine Kennzeichnung der verschiedenen Fächer (Religionslehre und Philosophie, Sprachen und Geschichte, Naturwissenschaften und Mathematik, künstlerisch-technische Studienzweige) unterbleiben. Darauf aber ist hinzuweisen, daß der Abiturient vor der endgültigen Entscheidung für die Haupt- und Nebenfächer seines Studiums sicher sein muß, ob die Lieblingsfächer der Schulzeit ihre Vorzugsstellung nicht irgendwelchen äußeren Umständen verdanken, sondern tatsächlich der inneren Verwandtschaft zwischen seiner eigenen Geistesart und der Eigengesetzlichkeit des Stoffes entsprungen sind. So steht, um ein Beispiel anzuführen, eine wirkliche Begabung für Geschichtswissenschaft noch nicht fest, wenn der Schüler dem Geschichtsunterrichte mit Interesse folgte, weil der Fachlehrer es verstand, die geschichtlichen Ereignisse, Persönlichkeiten und Zusammenhänge lebendig, eindrucksvoll und packend darzustellen. Der Fach- oder Vertrauenslehrer an der Schule wird gern bereit sein, den noch Zweifelnden über die wichtigsten Voraussetzungen des Studiums einzelner Fachgebiete zu unterrichten.

Schließlich darf bei der Wahl der Fächer, besonders der geisteswissenschaftlichen Richtung, nicht übersehen werden, daß sich dem jungen Menschen in der bewegten Zeit seiner seelischen Reifung oft Vorstellungen von Studium und Wissenschaft aufdrängen, die zu schmerzlichen Enttäuschungen führen müssen. Die literarisch-ästhetischen, die historisch-politischen und die philosophisch-metaphysischen Interessen der Reifezeit verdichten sich — unter dem Einfluß der ersehnten akademischen Freiheit und im Gegensatze zu der strengen Gebundenheit der festgelegten Fachforderungen der Schule — sehr häufig zu Hoffnungen und Erwartungen, die das Studium meistens nicht erfüllen kann. Schon die Wahl der Fächer bedeutet einen Verzicht auf manchen Gebieten persönlichen Wünschens, innerer Neigungen und planenden Wollens, und der Weg des Studiums führt in allen seinen Teilgebieten oft über lange Strecken mühsamen Erkundens, nüchterner Besinnung und bedachtsamen Prüfens. Sachlicher Ernst und streng-methodische Zucht sind ein tragfähigerer Grund für wissenschaftliches Arbeiten als der oft rasch erlahmende Schwung einer nicht wurzelfesten Begeisterung. Die wahre Liebe zum Fache und die echte Begeisterung am Stoffe dagegen halten auch dort stand, wo unverdrossene Peinlichkeit im Kleinsten und Einzelnsten verlangt wird.

Die Berufswahl

Die gründliche fachwissenschaftliche Schulung ist der Zweck des Studiums für den Lehrberuf. Der Erfolg des Studiums darf aber nicht bloß einseitig enges Fachwissen sein; wer Lehrer werden will, muß über das Fachwissenschaftliche hinaus nach einem inneren Erfülltsein von echten Geisteswerten und nach umfassender geistiger Durchbildung streben. Die Grundlagen für das berufliche Wirken des Lehrers sind: Wissenschaftlichkeit des Forschens, Lauterkeit des Charakters, schöpferische Darstellungs- und Gestaltungsfähigkeit. Diese Fähigkeiten machen aber noch nicht den ganzen Lehrer. Der künstlerisch veranlagte Mensch kann in der Kunst der Menschenbildung versagen, eine hochstehende sittliche Persönlichkeit kann ein ungeschickter Erzieher und ein großer Gelehrter ein schlechter Lehrer sein. Der Blick dafür, was noch hinzutreten muß, um auf diesen Grundlagen erfolgreich weiterzubauen und im Lehrberufe Befriedigung finden zu können, ist dem jungen Menschen, der selbst noch auf der Schulbank sitzt und dazu noch in bewegter innerer Entwicklung steht, nicht leicht zu öffnen.

Am ehesten lassen sich die körperlichen Voraussetzungen zum Lehrberufe mit Sicherheit feststellen. Nur ein gesunder und widerstandsfähiger Körper kann dem dauernden Kräfteverbrauch des Lehrers standhalten. Mit einer vier- bis fünfstündigen Unterrichtstätigkeit ist ja die Tagesarbeit des Lehrers nicht erledigt, und die Schultage sind wirklich nicht bloß eine unangenehme Unterbrechung der Ferienzeit. Die Vorbereitung auf die einzelnen Unterrichtsstunden, die Auswahl und Abgrenzung der Bildungsstoffe, die ständige und oft niederdrückende Korrekturarbeit, die fachwissenschaftliche und pädagogische Fortbildung, ferner die Arbeit mit Prüfungen und Zeugniserteilung, Konferenzen und Rechenschaftsberichten, mit Büchereien und Sammlungen, Aushilfe für erkrankte Lehrer und Elternsprechstunden und mit so vielen anderen Dingen, das alles geschieht außerhalb der Unterrichtszeit. Aber auch der Unterricht allein schon stellt hohe Anforderungen an die Lebenskraft des Lehrers. Das ständige Sprechen in der bald verbrauchten Luft einer vollbesetzten Schulklasse erfordert gesunde Atmungsorgane und Sprechwerkzeuge. Die straffe Führung und sichere Beherrschung der Schüler setzt ungebrochene Nervenkraft voraus. Mangelnde Sinnesschärfe, nervöse Reizbarkeit und körperliche Gebrechen werden von den Schülern oft rücksichtslos ausgenutzt und können ein gedeihliches Wirken schwer beeinträchtigen, wenn nicht die Kraft der Persönlichkeit einen Ausgleich schafft.

Auch das Verhältnis, in welchem der Lehrer zum Lehrgegenstande, dem Unterrichtsstoffe, stehen soll, läßt sich dem in der Berufswahl stehenden Schüler unschwer klarstellen. Es genügt nicht, wenn der Lehrer in seinem Fachgebiet wissenschaftlich arbeiten gelernt und gründliche Kenntnisse erworben hat. Er muß ein lebendiges Verhältnis gewonnen haben zum Ganzen des Kultur- und Bildungsgutes, um seine Teilaufgabe sinnvoll zu erfüllen, um die inneren Beziehungen zu verwandten Unterrichts- und Lebensgebieten herstellen zu können. Zur Weite der Auffassung und Tiefe des Eindringens kommt als Wesentlichstes hinzu, daß der Lehrer vom Stoffe innerlich berührt, ja persönlich durchdrungen ist. Was dem Schüler dargeboten wird, soll lebendiges Element der Persönlichkeit des Lehrers geworden sein. Was den Geist des Schülers befruchten soll, muß aus dem Innersten des Lehrenden quellen. Wer erziehlich und versittlichend wirken soll, in dem muß das innerste sittliche Wertleben des Erziehers mitschwingen. Eine solche Einstellung zum Stoffe kann sich sehr wohl schon während der Schulzeit deutlich zeigen, und nicht minder auch die Befähigung zu klarer und faßlicher Darstellung.

Wer aber vermag schon als Abiturient mit Sicherheit dafür zu bürgen, daß er die Forderungen wird erfüllen können, mit denen G. Kerschensteiner die Frage: Wer soll Lehrer werden? beantwortet. Lehrer werden soll: „Nur derjenige, der stets Seligkeit im

Wirken am geistigen und seelischen Wachstum des anderen empfindet, der so viel reine Jugend in sich trägt, daß alle Last der Jahre und alle Reife des Lebens den sprudelnden Quell nicht zu verschütten vermag, der nur im unerschütterlichen Glauben an die Sieghaftigkeit der zeitlosen Werte im Menschengeschlechte leben kann, der an sich erfahren hat, daß er, indem er lehrt, eine Schar junger Geister nicht nur durch die Sachlichkeit seines Unterrichts, sondern auch durch sein ganzes Wesen in eine Stunde gemeinsamen geistigen Lebens zu bannen vermag."

Der wird den Aufgaben, die dem Lehrberufe obliegen, gewachsen sein, der verstehend, liebend, verantwortungsbewußt dem anderen gegenüber ist und sich zu persönlichem Wirken hingezogen fühlt. Dem Lehrer ist das höchste Gut des Staates, die Jugend seines Volkes, anvertraut. Was das Volk an kulturellen Werten besitzt, soll er dem kommenden Geschlechte vermitteln; er soll pflanzen und pflegen, fördern und festigen, was die Jugend befähigt, zukünftig Träger der nationalen Kultur zu sein. Stehend an der Schwelle einer neuen Generation, getragen von dem Verantwortungsbewußtsein gegenüber dem werdenden Geschlechte und getrieben von gebefreudiger Liebe zur entwicklungs- und wertfähigen jungen Seele wirkt der Lehrer in täglicher Kleinarbeit, ungeachtet aller Hindernisse und Schwierigkeiten, all der Mißerfolge und Enttäuschungen auf die Verwirklichung dieses großen Zieles hin. Im Mittelpunkt seiner Tätigkeit steht also der werdende Mensch, dessen innere Kräfte zu entbinden, dessen Strebungen behütend und fördernd zu regeln sind, bis er sich zur vollen Selbstkraft entfaltet hat. Bildungsarbeit ist nahe verwandt mit künstlerischem Wirken. Die Seele dieser Kunst, der Drang sie zu betätigen, ist die Liebe zum werdenden Menschen, daß in dessen Seele sich die Gestaltung eines kraftvollen Wertlebens vollziehe. Dabei muß der Lehrer den rechten Ausgleich zu finden wissen in den mannigfachen Gegensätzlichkeiten und Spannungen, welche bestehen zwischen Schule und Leben, zwischen eigener und fremder Wesensart, zwischen Jugend und Alter, zwischen kindlich-seelischer Innerlichkeit und sachlich-logischer Gesetzlichkeit, zwischen leiblich-seelischen Anlagen und geistig-sittlichen Anforderungen.

Anhaltspunkte, um zu erkennen, wie sich der Abiturient als künftiger Lehrer in diesen mannigfachen Gegensätzlichkeiten erfolgreich zurechtfinden und den höchsten Aufgaben des Unterrichtens und Erziehens gewachsen sein wird, sind in den obigen Ausführungen bereits gegeben. Im einzelnen kann nur eine persönliche Aussprache zu einer befriedigenden Klärung führen, wenn nicht eine innere Berufung den Weg zum künftigen Lebens- und Berufsziele weist. Wer schon als Schüler Nachhilfestunden erteilt hat, hat vielleicht erfahren, wie weit er sich in die charakterliche Eigenart und in die Denkungsweise eines anderen hineinzuversetzen vermag, wie weit er den Ursachen von Auffassungsschwierigkeiten nachgehen kann, und ob er das Geschick zu anregender Darstellung der Stoffe besitzt. Die Arbeit des Lehrers unterscheidet sich jedoch wesentlich von diesem Einzelunterrichte. Er hat eine Klasse zu führen, in der Schüler mit verschieden starken und verschiedenartigen Anlagen zusammen sind; jeder Alterstyp aber verlangt seine besondere Art der Geistesbildung und Willensleitung, jeder Einzelne will verstanden und seiner Eigenart gemäß behandelt sein. Einfühlungsfähigkeit und sicheres Taktgefühl, feinfühlende Art und unbestechlicher Gerechtigkeitssinn müssen zum Lehren und Erziehen einer Klasse vorhanden sein, und dazu Persönlichkeitswerte, die bei aller Anpassung und Beweglichkeit doch Achtung und Vertrauen erwecken, Begeisterung und Lernfreude entfachen und zu Liebe und freier Gefolgschaft bewegen. Darin liegt die wahre Autorität des Lehrers begründet, nicht in einem Machtbedürfnisse, das zur Anwendung äußerer Zwangsmittel neigt und dem anderen die Richtung des eigenen Willens aufprägen will. Die höchste Kunst des Lehrers besteht ja gerade darin, sich selbst überflüssig zu machen zugunsten der Selbstentfaltung des Wertlebens im werdenden Menschen. Darum müssen Ehrfurcht vor allem Leben und selbstlose Hingabe an den anderen Züge seines Wesens sein.

Zur Erkenntnis der Berufseignung können auch einige Hinweise auf solche Eigenschaften dienen, die die Berufsarbeit des Lehrers gefährden. Wer durch Mißerfolge seelisch zermürbt wird, wem bei steten Wiederholungen die Geduld bricht oder die ursprüngliche jugendfrische Lebendigkeit verlorengeht, wer sich durch jugendliche Ausgelassenheiten verärgern und bei der Beurteilung anderer sich leicht von Zu- und Abneigung leiten läßt, der wird nicht Freude am Berufe des Erziehers finden. Heiterkeit und frohe Zuversicht, sichere Ruhe und Bestimmtheit, alles von echter Liebe durchdrungen, das ist der Himmel, unter dem sich werdendes seelisches Leben entfaltet.

In der Vorbildlichkeit hat die bildende Wirkung der Lehrerpersönlichkeit ihren tiefsten Grund, in einer Vorbildlichkeit, die auch im äußeren in Erscheinung treten soll. Wer sich zum Lehrer berufen fühlt, mag auch bedenken, ob er in Verkehr und Umgangsformen, in Lebensweise und Körperpflege und anderen äußeren Dingen seine innere Bildung zum Ausdruck bringen kann; denn für alle Nachlässigkeiten in dieser Richtung sind Schüleraugen scharf und Schülerurteile hart.

Zusammenfassend läßt sich sagen: ein wissenschaftlicher Kopf, ein geläuterter Charakter und ein bildnerischer Mensch mit werterfüllter Seele und einem liebewarmen Herzen, das mag ein rechter Lehrer werden, dessen Händen man die Sorge für den kostbarsten Schatz des Volkes anvertrauen kann.

Der Berufskreis

Das wichtigste spätere Tätigkeitsfeld für den Studierenden der Schulwissenschaften ist das Lehramt an öffentlichen und privaten höheren Schulen, an Fachschulen, Auslandschulen und in der Schulverwaltung. Jedem, der während seines Studiums erkennt, daß er nicht mit ganzem Herzen Lehrer sein kann, ist zu empfehlen, in einen Bildungsweg überzutreten, dessen Voraussetzungen er voll erfüllt. Dem Naturwissenschaftler bietet sich die Möglichkeit, sich einem der freien naturwissenschaftlichen Berufe zuzuwenden (Chemiker, Physiker, Biologe, Bakteriologe, Geologe usw.) oder den in seinem ersten Teile vorwiegend naturwissenschaftlichen Ausbildungsweg zu den heilkundlichen Berufen (Arzt, Zahnarzt, Tierarzt, Apotheker) und den wissenschaftlichen Berufen in Land- und Forstwirtschaft einzuschlagen. Den Mathematikern und Physikern gibt ihr Studium die theoretischen Grundlagen zu den meisten technischen Berufen. In den geisteswissenschaftlichen Fächern sind die Übergangsmöglichkeiten geringer; es kommen die Studienfächer Theologie, Pädagogik und Psychologie, Kunstgeschichte und Theaterwissenschaft, Musikwissenschaft, Zeitungswissenschaft u. a. in Betracht.

Nach abgeschlossenem Lehramtsstudium der verschiedenen Fachrichtungen gibt es ebenfalls Verwendungsmöglichkeiten außerhalb des Lehrberufs: wissenschaftlicher Bibliothekar an staatlichen oder städtischen Büchereien, Archivar an staatlichen, städtischen oder ständigen Archiven; Kustos und Konservator an Museen, Galerien, an Ämtern für Denkmalspflege; die Tätigkeit als Kunsthistoriker und Kunsthändler, als Dramaturg, Regisseur oder Intendant, beim Theater, Arbeit im Buch-, Zeitschriften- und

Zeitungsverlag; Redakteur und Journalist, Musik- und Theaterkritiker, Übersetzer, Dolmetscher, Auslandkorrespondent, Psychologe, Sozialbeamter u. a. Schließlich ist für theoretisch besonders Begabte der Beruf des Lehrers an Hochschulen, Akademien, die Mitarbeit bei gelehrten Gesellschaften und wissenschaftlichen Instituten zu nennen. Für den Mathematiker bieten sich Möglichkeiten in den Anwendungsgebieten der Mathematik (Astronomie, Meteorologie, optische Industrie, Versicherungs- und Finanzmathematik, Statistik). Wer einem solchen Wirkungskreis zustrebt, wird gut daran tun, sich über die Ausbildungs- und Berufsverhältnisse besonders zu erkundigen.

*

Studium und Berufskreis der Philologin

Von Studiendirektorin Dr. Agnes Molthan,
1. Vorsitzende des Deutschen Philologinnenverbandes

Der Berufsberatung der gebildeten weiblichen Jugend wird im allgemeinen noch nicht die Aufmerksamkeit geschenkt, die allen mit dieser Materie Vertrauten als notwendig erscheint. Infolgedessen sind wohl einige der höheren Berufe, die Frauen offenstehen, ihrer äußeren Lage nach bekannt; ihre innere Struktur dagegen wird kaum beachtet. Man glaubt, mit der Feststellung einer intellektuellen Begabung und der oberflächlichen Kenntnis des späteren Tätigkeitsfeldes auskommen zu können, ohne die physischen und psychologischen Faktoren genügend zu beachten, die gerade im Leben der Frau eine bedeutende — oft entscheidende — Rolle spielen. Daher sieht man immer wieder, daß jährlich eine große Schar junger Abiturientinnen bestimmten Berufen zustrebt, deren Anforderungen ihnen weder hinsichtlich des Studiums noch des späteren Wirkungskreises genügend bekannt sind. Die Bevorzugung der philologischen Fächer mit dem Berufsziel, als akademisch gebildete Lehrerin einmal wirken zu können, ist aus der historischen Entwicklung der Frauenbewegung und der augenblicklichen Wirtschaftslage, besser gesagt „Konjunktur“, zu erklären. Es ist hier nicht der Ort, um die Aussichten und die Aufnahmefähigkeit der Schulen für weibliche Akademiker zu prüfen, sondern es sollen die grundlegenden Prinzipien herausgestellt werden, die gerade für das Philologiestudium der Frau und ihren späteren Berufskreis maßgebend sind. Es ist dabei zu beachten, daß die gleiche Berufsleistung von Männern und Frauen im gleichen Beruf — eine unbedingt zu erhebende Forderung — durchaus nicht auf gleichen Voraussetzungen geistiger und körperlicher Art beruht.

Die junge Abiturientin, die sich der Philologie zuwenden will, hat zwei Faktoren zu prüfen: subjektiv, ob Begabung, Veranlagung, geistige Einstellung, Willenskraft den Anforderungen des Studiums entsprechen, ohne Übersteigerung und damit Schädigungen hervorzurufen, objektiv, ob die spätere Berufsleistung den gestellten Aufgaben entsprechen wird. Gerade junge Mädchen von durchschnittlicher Begabung glauben oft durch Fleiß, angespornt durch einen unbezähmbaren Ehrgeiz, den wissenschaftlichen Bedingungen zu genügen, ohne der Anstrengungen zu gedenken, die schon die Schule gestellt hat. Diese Frauen werden später seelisch und körperlich geschwächt und ermattet — abgekämpft — in den Beruf eintreten und nicht den hohen Grad der Berufsleistung aufweisen können, der für Kultur und Volkswirtschaft von der allergrößten Bedeutung ist. Es darf neben dem subjektiv-individuellen Moment der Kenntnis des Studienkreises nicht der soziologisch-ökonomische Teil der Wirkungsmöglichkeit und Leistungsfähigkeit außer acht gelassen werden. In der Synthese dieser beiden an sich grundverschiedenen und doch in der Praxis unlösbar verbundenen Gebiete liegt gerade für Frauen die Schwierigkeit. Studium und Wirkungsform im Berufskreis müssen in gleicher Weise berücksichtigt werden. Philologiestudium ohne Hinblick auf die pädagogisch-erzieherische Berufsleistung ist nicht denkbar und wird außer herben Enttäuschungen eine Schädigung der Allgemeinheit, im besonderen der anvertrauten weiblichen Jugend bedeuten.

Obwohl die Voraussetzungen für den Beruf des Philologen und der Philologin in wesentlichen Punkten übereinstimmen[1]), stellt der Beruf aus Gründen, die auf der Verschiedenheit des Geschlechtes beruhen, im einzelnen besondere Anforderungen und bei gleichen Anforderungen andere Betonungen.

Die Studentin der Philologie ist an der Universität in einen wissenschaftlichen Kreis hineingestellt, der an Begabung, geistige

[1]) Vgl. den Aufsatz „Studium und Berufskreis des Philologen" S. 67 ff.

Fassungskraft, objektives Denken und zum Teil nüchterne Verstandestätigkeit die höchsten Anforderungen stellt. Gerade begabte, für alles Schöne, Edle und Hohe begeisterte junge Mädchen, die gewillt sind, ihr Bestes einmal an andere hinzugeben, lehnen jenen zunächst kalten, verstandesmäßigen Wissenschaftsbetrieb ab. Sie bedenken nicht, daß das Eindringen in jedes Wissensgebiet, sei es nun Germanistik, Geschichte, Sprachwissenschaft oder eine andere für die Schule in Betracht kommende Disziplin, mit dem Eindringen in Erkenntnisse verbunden ist, die nur auf reizlosen Wegen erworben werden können. Die bei hohem Intellekt oft gefühlsmäßig erfassende Frau sieht sich abgestoßen, lehnt in einer raschen und intensiven Aufwallung nur zu leicht alles Wissen und Erkennen auf abstrakt wissenschaftlicher Grundlage ab.

Jede junge Studentin der philologischen Wissenschaften muß sich klarmachen, daß das Handwerkszeug durch sachlich-objektive Arbeit, abwägende Betrachtung, leidenschaftliches Nachdenken, logische Deduktion erworben werden muß, um selbständige Forscherarbeit leisten zu können. Die spätere akademisch gebildete Lehrerin muß bis zur wissenschaftlichen Höhe ihres Fachgebietes vorgedrungen sein, um als eine echte Wissenschaftlerin der Jugend zu einer höheren Bildung die Pforte eröffnen zu können. Das Eindringen in die Probleme des gewählten Fachgebietes mit all den Mitteln, die dem betreffenden Wissenschaftskreis zu eigen sind — leidenschaftsloses Abwägen, Ergründen —, wird mancher hochwertigen Frauenpersönlichkeit sehr schwerfallen. Dabei ist zu beachten, daß die Methoden der einzelnen in Betracht kommenden Disziplinen unterschiedlich sind. Die Einstellung beim Studium fremder Sprachen muß naturgemäß eine andere sein als bei der Wahl von Germanistik und Religion.

Gerade bei Frauen findet man häufig jene wissenschaftliche Begabung, die in geduldiger Kleinarbeit in einem engbegrenzten Gebiet Genüge findet und oft schon Hervorragendes zur Erforschung einzelner Wissenschaftsfragen beigetragen hat. Für den Lehrberuf ist dieser Frauentyp nicht geeignet. Zur geduldigen, minutiösen Einzelarbeit muß die Erkenntnis des Zusammenhanges nicht nur im Fachgebiet kommen, der große Umkreis muß gesehen werden.

Auch die individuell künstlerisch schaffende, schauende, aus sich schöpfende Frau muß im Lehrberuf versagen. Die tägliche Kleinarbeit des Schullebens legt ihr Fesseln an, die sie vergeblich zu zerreißen sucht.

Muß sich mit den oben angegebenen Forderungen jede Geisteswissenschaften studierende Frau auseinandersetzen, so kommt für das Philologiestudium hinzu, daß im Hinblick auf den Beruf nicht ein, sondern mehrere Studienfächer zu wählen sind. Es ist verständlich, daß dadurch nicht nur eine Erschwerung hinsichtlich der Stoffaneignung entsteht, viel größer und einschneidender ist die geistige Umstellung in der methodischen Arbeit, der Wechsel in der Forschungsweise. Neigt schon der Student dazu, sich zu zersplittern, so ist das bei jungen Mädchen, besonders gleichmäßig Begabten noch eher der Fall. Ohne auf praktische Gründe einzugehen, muß aus rein psychologischen Erwägungen heraus vor der Zusammenstellung divergenter Fächer oder Fachgruppen gewarnt werden, ein Fehler, der erfahrungsgemäß bei jungen Studentinnen häufig anzutreffen ist.

Für den hier zur Behandlung stehenden Berufskreis ist noch zu berücksichtigen: neben der wissenschaftlichen Vertiefung in die Fachgebiete muß das Auge offen bleiben für den ganzen Umfang der Wissensgebiete. Stets von neuem muß der Zusammenhang aller einzelnen Kulturkreise als Teile einer großen einheitlichen Kulturentwicklung gesehen werden, mehr noch, innerlich erlebt sein. Oft wird bei wissenschaftlich hochstehenden Frauen beobachtet, daß ihnen die Verbundenheit mit dem Leben verlorengeht, mehr als dem Mann. Aber die Mädchenerziehung verlangt aufgeschlossene Erzieherinnen, lebenswarme und lebenstüchtige Frauen, die ein frisches, gesundes Geschlecht heranbilden können. Neben der wissenschaftlichen Facharbeit verlangt der spätere Beruf ein fast intuitives Erleben der geistigen Zusammenhänge und Strömungen, eine allumfassende Grundeinstellung.

Das Philologiestudium als solches erfordert demnach neben der vollen Befähigung und inneren Bejahung des gewählten Fachkreises Weite des wissenschaftlichen Gesichtskreises. Die Ergebnisse der Einzelwissenschaften sind zu einem einheitlichen Weltbild zusammenzufassen, der Oberflächeninhalt des Besonderen muß zur Tiefe einer Weltanschauung werden, die in dem System des Gegensätzlichen die Einheit von Kultur und Weltgeschehen findet. Keine Lehrerin, die mehr sein will als eine Vermittlerin von Kenntnissen, kann dieser philosophischen Grundeinstellung entraten, will sie nicht von vornherein sich der erzieherischen Wirkungsmöglichkeit begeben. Das Philologiestudium ist also im Hinblick auf den Berufskreis charakterisiert durch eine philosophische Einstellung, um zum Wahrheitsgehalt vordringen zu können, um scheinbar Unverbundenes zu vereinen. Es ist klar, daß diese Studienforschung bei einigen Studentinnen, deren anfänglicher Enthusiasmus und Freude am Neuen leichter als beim Studenten aus einer Reihe psychologischer, hier nicht näher zu erörternder Gründe in das Gegenteil umschlagen können, zu Konflikten führen muß, bei anderen zu Gleichgültigkeit oder Oberflächlichkeit, die bei der späteren Berufsausübung Enttäuschungen mit sich bringen und zu Verbitterung führen. Absolute Klarheit über den inneren Gehalt des Studiums muß sich mit der Realität der späteren Berufsanforderung verbinden.

Der Lehrberuf verlangt eine starke Einfühlungsgabe in die Vorstellungswelt des Zöglings. Das Wesentliche im Beruf der echten Erzieherin liegt darin, durch die vermittelten Kenntnisse alle Kräfte des Schülers zur Entfaltung zu bringen; ein großes Maß geistiger Beweglichkeit ist erforderlich. Dazu gehört ein Sicheinleben in Gedankengänge, die den eigenen keineswegs konform gehen, Aufgeben der persönlichen Einstellung, der individuellen Denkform. Der wissenschaftliche Charakter der Disziplin wird in der Schulpraxis oft abgebogen, um auf einem — den wissenschaftlichen Kopf oft seltsam anmutenden — Umweg die wesentlichen Züge aus dem komplizierten Gefüge herauszuarbeiten. Allen Irrgängen des jugendlichen Denkens muß nachgegangen werden, d. h. der Beruf fordert neben den notwendigen psychologischen Kenntnissen auch psychologische Einfühlungsfähigkeit. Besonders in der Mädchenerziehung spielen jugendpsychologische Gesichtspunkte eine bedeutende Rolle. Ein zielbewußter Blick, ein feines Taktgefühl helfen dem jungen heranwachsenden Mädchen über manche Schwierigkeiten seiner seelischen und körperlichen Entwicklung hinweg. Die Erkenntnis seelischer Zusammenhänge bis in ihre feinsten Werthaltungen hinein kann nicht nur erlernt werden, es gehört dazu die Gabe des Sich-in-ein-anderes-Leben-hineinversetzen-können. Diese Fähigkeit ist nicht unbedingt als „weibliche Eigenart" anzusprechen, es gibt tüchtige Wissenschaftlerinnen, denen das psychologische Einstellungsvermögen gänzlich fehlt.

Aussicht und Befriedigung im Beruf der akademisch gebildeten Lehrerin wird auch bei hoher wissenschaftlicher Qualifikation nur die Frau haben, die seelische und körperliche Indispositionen, die im Leben des weiblichen Geschlechts eine größere Rolle spielen als beim männlichen, zu überwinden vermag, und deren Arbeitsrhythmus und Arbeitsintensität nicht großen Schwankungen unterworfen ist. Gelegentliche Höchstleistungen führen trotz hoher Begabung bei folgenden starken Depressionen zu keinem Ziel, in einem Beruf, dessen Wesenskern auf Stetigkeit und Harmonie eingestellt ist.

An dieser Stelle sei darauf hingewiesen, daß nicht jede Philologie studierende Frau auch Lehrerin werden müßte. Diejenigen Studierenden, die den Forderungen einer Lehrerin nicht nachkommen, sei es, daß sie rein wissenschaftlich oder rein philosophisch eingestellt sind, sei es, daß ihnen die gerade jungen Mädchen gegenüber notwendige Einfühlungsgabe, das pädagogische Geschick fehlt, sollten sich anderen Berufen zuwenden. Das Versagen im Beruf bedeutet für die Frau, für die der Beruf weit mehr als beim Manne Lebensinhalt ist und sein muß, meist eine Katastrophe. Die Berufe der Dolmetscherin, der wissenschaftlichen Korrespondentin, Bibliothekarin, wissenschaftlichen Assistentin, der höheren Bankbeamtin stehen auch Frauen offen und können eine befriedigende Lebensbasis bilden.

Studium und Berufskreis der Philologin unterliegen zunächst den gleichen Bedingungen wie das Studium der Geisteswissenschaften überhaupt. Aber darüber hinaus hat die spätere akademisch gebildete Lehrerin nicht nur die die Wissenschaft bewegenden Probleme zu erfassen und selbständiger Durcharbeit zu unterziehen, sie muß die äußere vielfältige Form des Geschehens zu einer inneren Ordnung führen können und imstande sein, auf Grund psychologischer Einstellung das Erworbene die Jugend nacherleben zu lassen.

Nicht äußere Gründe dürfen zum Studium führen, sondern bei voller Erkenntnis der Schwierigkeit das Gefühl des Berufenseins, der Glaube, der nachfolgenden Mädchengeneration Führerin und Beraterin sein zu können. Aber auch keine Studentin werde an dem gewählten Studium aus äußeren Gründen irre, jeder wirklich Berufene findet seinen Platz und vermag segensreich zu wirken.

Der Arzt

(Voraussetzungen, Studium und Berufskreis)

Von Prof. Dr. med. Otto Oertel

Die vermeintliche Aussicht auf etwaige gesellschaftliche und geldliche Vorteile darf beim Zugang zu dem recht verantwortungsvollen akademischen Studium nicht ausschlaggebend sein. Denn der künftige Beruf soll Erfüllung des Lebenssinnes bedeuten, soll in der Richtung der stärksten Anlagen und der innersten Interessen liegen. Nur unter diesen Voraussetzungen erfüllt man die hohe Aufgabe des Akademikers, den Dienst an der Allgemeinheit, mit bester Kraft, wird zur Persönlichkeit und findet innere Befriedigung. Darum prüfe sich, wer studieren will, sehr kritisch, besonders aber derjenige, der Arzt werden will. Im § 1 unserer ärztlichen Standesordnung heißt es: „Der Beruf des deutschen Arztes ist Gesundheitsdienst am deutschen Volke." Die kommende Berufspflicht des Mediziners ist also die Erhaltung der leiblichen und geistigen Gesundheit seiner Mitbürger. Der wahre Arzt muß Berater in körperlichen und seelischen Leiden sein. Beide lassen sich nicht trennen. Und so sind eigentlich die Vorbedingungen der medizinischen Ausbildung sehr einfach gegeben durch die Erfordernisse, welche der Beruf an den Arzt stellt. Voraussetzungen sind vor allem gute körperliche Verfassung, Persönlichkeitswerte und naturwissenschaftliche Neigungen. „Wer an naturwissenschaftlicher Erkenntnis, an Geist und Charakter ein Mustermensch wäre, der wäre ein Arzt, wie er sein soll" sagt Sonderegger. Aber nicht jeder kann alle guten Eigenschaften in sich vereinen, und so scheint es, als wenn allzu große Anforderungen an die Jünger Äskulaps gestellt würden. Trotzdem kann jeder sich prüfen und kann zu ergänzen suchen, was ihm noch fehlt, wenn er nur die Grundbedingungen erfüllt. Jedenfalls muß derjenige, der Arzt werden will, vor allem den starken inneren Drang in sich fühlen, Helfer der Menschheit zu werden. Er darf nicht Medizin studieren, weil er überhaupt zu keinem Fach besondere Neigung hat oder weil der naturwissenschaftliche Teil des Studiums ganz interessant ist oder weil die Anatomie vorübergehend ein angenehmes Gruseln verursacht und anderen imponiert oder gar, weil er glaubt, viel Geld zu verdienen. Denn nicht nur die Eigenschaften persönlicher Art, die der einzelne mitbringen muß, sind zu prüfen, sondern auch das, was in bezug auf die spätere Lebenshaltung zu erwarten ist. Zweifellos sehen heute, bei der Schwierigkeit der wirtschaftlichen Verhältnisse, die äußeren Lebensbedingungen des Arztes nichts weniger als glänzend aus. — Wer aber den Beruf wirklich in sich fühlt, der lasse sich durch nichts abhalten, Arzt zu werden.

Ich will nun auf die einzelnen Voraussetzungen persönlicher Art etwas eingehen.

Im allgemeinen braucht jeder Arzt eine gesunde Körperbeschaffenheit, eine kräftige Konstitution, wie man sich heute ausdrückt. Vor allem kann er Neigung zu rheumatischen Erkrankungen und Anfälligkeit der Lunge nicht brauchen, wenn auch von vornherein zu betonen ist, daß auch kränkliche Ärzte Großes geleistet haben. Jedenfalls erfordert die Tätigkeit des praktischen Arztes, besonders des Landarztes, eine derbe Gesundheit. Er muß bei Wind und Wetter, Kälte und Hitze, Tag und Nacht auf dem Posten sein, er muß, besonders in Gebirgsgegenden, auf anstrengenden und schlechten Wegen jeder körperlichen Anforderung gewachsen sein. Ähnliches gilt von der chirurgischen Tätigkeit, die stundenlanges Stehen im heißen Operationssaal usw. verlangt. Zu gewissen Sonderfächern gehören noch besondere Voraussetzungen: z. B. der Missionsarzt muß, abgesehen davon, daß er das wärmste Interesse für sein Fach und eine gesunde Konstitution mitbringen muß, auch noch seine Tropentauglichkeit erweisen. Die Infektionsgefahr ist immer da, und so wissen wir, daß die Lebensdauer der Ärzte im allgemeinen kürzer ist als die anderer Berufe. Der Arzt, und damit der, welcher es werden will, muß gute Nerven haben. Seine Tätigkeit ist vielfach nicht nur körperlich anstrengend, sondern geradezu aufreibend, vor allem infolge der vielen seelischen Eindrücke und der sehr ungeregelten Lebensführung. Handgeschicklichkeit wird zwar nicht von jedem Arzt gefordert, ist aber für den Allgemeinpraktiker und einen großen Teil der Sonderfächer notwendig. Ein Chirurg mit noch so guten Kenntnissen wird keinen Erfolg haben, wenn ihm die geschickte und geübte Hand abgeht.

Wer sich viel mit Basteln und Bosseln abgibt, weiß von vornherein, ob er eine gute Handgeschicklichkeit hat, und diese wird jedem Mediziner beim Studium zugute kommen. Daß sich der Arzt heutzutage vielfach freimachen muß von fremden Beförderungsmitteln, daß er sein eigener Fahrer und (mindestens gelegentlich) sein eigener Putzer und Mechaniker sein muß für Fahrrad, Motorrad und Auto, setzt natürlich auch eine gewisse Handgeschicklichkeit voraus. Eine sogenannte „weiche Hand" braucht vor allem der innere Mediziner, wie er überhaupt gute Sinne braucht. Vor allem muß bei ihm das Tastvermögen gut ausgeprägt oder steigerungsfähig sein, weil er die feinsten Unterschiede beim Abtasten des Körpers herausfühlen muß. Helle Augen, eine normale (zum mindesten durch Brille korrigierte) Sehschärfe und ein gutes Gehör braucht jeder Arzt. Beim Abhorchen von Herz und Lunge wird besonders der letzte Punkt in die Wagschale fallen. Daß zu diesen körperlichen Eigenschaften ein gutes Äußeres, Schliff im Umgang, Ordnungsliebe, Pünktlichkeit und Sauberkeit kommen müssen, ist selbstverständlich. Der Arzt muß sauber an sich und sauber in der Arbeit sein. Der äußerlichen Sauberkeit muß die innere entsprechen.

Damit komme ich auf die Frage der Voraussetzung gewisser Persönlichkeitswerte, auf die sittlichen und seelischen Voraussetzungen für den Arztberuf. Die körperlichen Vorzüge und die nachher noch zu besprechende sachliche Beobachtungsgabe genügen nicht, es genügt nicht, einem Patienten flüchtig in den Hals zu sehen, eilends ein Rezept zu schreiben und schleunigst wieder wegzugehen; sondern alle Möglichkeiten, die für Feststellung und Behandlung einer Krankheit nötig sind, müssen ausgewertet und ausgeschöpft werden, und dazu gehört Gewissenhaftigkeit und Sorgfalt, Pflichtgefühl und sittlicher Ernst. Wer diese Eigenschaften mitbringt, wahrt als Arzt seine Ehre, beherrscht die Sinnlichkeit und kommt nicht dazu, lediglich ums Geldverdienen seinen Beruf auszuüben. Der Arzt darf nach Möbius nicht zu einem mit „medizinischen Kenntnissen ausgestatteten Gewerbetreibenden" werden. Ein fester Charakter wird im Arztberuf auch den Verlockungen des übermäßigen Alkoholgenusses, des Kokains und des Morphiums widerstehen können. Er wird seiner Pflicht aus jeder Situation heraus folgen und sich immer bewußt bleiben, daß er sich den Beruf nicht um seines bequemen Lebens willen gewählt hat. Zum Arztwerden und -sein gehört viel Geduld und Seelenruhe, verbunden mit einem gleichmäßig frischen Wesen, einer heiteren Gemütslage. Selbst wenn die vielen Berufsverdrießlichkeiten den mitgebrachten Idealismus etwas dämpfen, so muß er doch mit eisernem Willen erhalten bleiben. Dieser Wille darf nicht erlahmen, er muß in der Not eher erstarken. Der Wille, sich durch nichts anfechten zu lassen, muß schon im Studium sich zeigen, das mit Ernst und Ausdauer betrieben werden muß. Bleibt der Wille erhalten, dann ist auch die Entschlußkraft und -fähigkeit im gegebenen Falle später vorhanden. Denn der Arzt muß sich unter Umständen zu raschem Handeln entschließen, muß unter Umständen schwerste Verantwortung auf sich nehmen, diese sogar mit Freudigkeit tragen können. Er muß bestimmt sein im Handeln, darf keine übertriebene Gutmütigkeit kennen, selbst wenn bei seinem Vorgehen Schmerzen entstehen. Damit ist gesagt, daß sich der Arzt frei halten muß von lähmender Schwäche, daß er objektiv bleiben muß, daß er aber auf der anderen Seite ein warmes, bewegliches Herz behalten muß, das jedes Weh begreift und mitfühlt. Der Drang zum Helfen, verbunden mit sozialer Gesinnung, soll schon ins Studium mitgebracht werden. Nur wer solche Begeisterung für seinen Beruf empfindet und nach Virchow der natürliche Anwalt der Armen und Elenden werden will, soll das Medizinstudium ergreifen. Erst die Menschlichkeit, dann die Wissenschaft! Besonders der, der Hausarzt werden will, muß neben dem selbstverständlichen Behandeln der körperlichen Not das Gefühl für die seelische und materielle Not seiner Pflegebefohlenen mitbringen, muß sich in anderer Leute Gemüts- und Lebensart einfühlen und sich ihr anpassen können. Dabei muß er aber ehrlich bleiben und bei allen Einblicken in persönliche Verhältnisse restlos verschwiegen sein. Bei seelischer Einwirkung des Arztes wird der Kranke zuversichtlicher, er nörgelt nicht, die gesunden Abwehrkräfte seines Körpers wehren und mehren sich. Viel Überwindung gehört manchmal dazu, sich um einen Elenden zu mühen, an schmutzigen Betten zu arbeiten, sich anhusten zu lassen usw. Allerdings wird das Ekelgefühl meist schon beim Studium überwunden, wofür die anatomischen Präparierübungen, physiologische Versuche, pathologische Sektionen und die langsame Gewöhnung ans Krankenbett sorgen.

Nachdem ich nun auseinandergesetzt habe, daß gute Gesundheit, gute Nerven und Sinne, eine gewisse Handgeschicklichkeit, eine Reihe von Persönlichkeitswerten, wie starker Wille und der herzliche Drang zu helfen, Vorbedingungen für den werdenden Arzt sind, möchte ich nun noch auf die Frage eingehen, welche Arten von Begabung und Neigung in der Schulzeit es sind, die ein gedeihliches ärztliches Studium mit Wahrscheinlichkeit in Aussicht stellen. Wer beim Verlassen der höheren Schule nicht gesehen hat, an welcher Stelle des Himmels sich meistens die Gewitterwolken zusammenballen, wer nicht gesehen hat, daß Roggen- und Haferähren verschieden sind, wer sich nicht vorstellen kann, ob ein guter Bekannter ein Augenglas trägt oder nicht, kurz, wer kein offenes Auge für seine Umgebung hat, der soll nicht Medizin studieren. Denn die Medizin setzt eine gute Beobachtungsgabe, setzt räumliche Vorstellungskraft voraus, sie braucht naturwissenschaftliche Neigung und Begabung. Denn die Medizin ist ein Teil der Naturwissenschaft, und sie fragt nicht nur nach Krankheitserscheinungen, sondern vor allem nach Ursachen und inneren Zusammenhängen; sie fordert die Fähigkeit, analytisch und methodisch zu beobachten, die Fähigkeit, Probleme zu lösen. Und jeder Patient ist ein Problem, weshalb das Medizinstudium mit dem Geist naturwissenschaftlichen Denkens erfüllt sein muß, damit der fertige Arzt die Krankheitserscheinungen mit den Augen des Naturforschers ansieht. Denn die Lehrbücher vermögen im wesentlichen nur Schulfälle darzustellen, der Mensch aber ist ein Individuum, und jedes Individuum ist anders, und jede Krankheit wird sich in den verschiedensten Formen äußern können. Auf den Grund der Dinge kann deshalb nur kommen, wer das Wesen der Dinge erfaßt hat, nicht der, welcher sich ein Schema ausgebaut hat. Zum Mediziner eignet sich also, wie wir uns ausdrücken, besonders der „visuelle“ Menschentypus, d. h. derjenige, der offenen Auges für die Welt der Erscheinungen ist; er ist dem abstrakt (begrifflich) denkenden (vielfach als „auditiven“ Typus gekennzeichneten), d. h. demjenigen, der sich seine Vorstellungswelt wesentlich nach dem gehörten oder geschriebenen Worte gestaltet, vorzuziehen. Wer so glücklich ist, beide Typen in sich zu vereinen, ist wohl besonders zum Psychiater geeignet. Diese uns erfahrungsmäßig bekannten Tatsachen wurden durch genaue Umfragen des Kölner Universitätsprofessors Moritz bei 2500 Hochschullehrern bestätigt. Es ergab sich, daß das Interesse des späteren Geisteswissenschaftlers für Physik, Chemie, Biologie um 50 % hinter dem des Mediziners während der Schulzeit zurückstand. Die späteren Mediziner zeigten in ihren Schuljahren ganz wesentlich mehr Neigung zum

Beobachten, Sammeln, Experimentieren auf dem Gebiete der Naturwissenschaften, als die späteren Geisteswissenschaftler. Die späteren Mediziner äußerten auch mehr Neigung zu handwerklicher und technischer Beschäftigung, mehr Interesse für bildnerische Betätigung in Form von Zeichnen, Malen, Modellieren, Bosseln, Basteln. „Der ‚geborene' Naturwissenschaftler und damit auch der zum Mediziner ‚prädestinierte' junge Mensch hat bei besonders guter visueller Veranlagung, aber wohl nicht allein durch diese bedingt, ein lebhaftes Interesse für die Welt der sichtbaren Erscheinungen, für das Ganze der Natur, und im Zusammenhang damit einen starken Betätigungstrieb, der sich auf Beobachtung, Ergründung und Meisterung der Natur richtet, während der Geisteswissenschaftler vornehmlich in der Welt der Begriffe und Abstraktionen lebt" (Moritz). Nur auf Grund der Naturwissenschaft am Kranken kann sich die Heilkunde aufbauen, und deshalb müssen wir kritisches naturwissenschaftliches Verständnis, das sich auch auf rasches Tempo einstellen kann, voraussetzen. Aber die mathematische Sicherheit, die in der anorganischen, leblosen Natur herrscht, reicht nicht aus für das Lebendige, für das organische und seelische Leben. Hier muß gleichzeitig künstlerisches, intuitives Verständnis da sein, das sich einfühlt in das große Naturgeschehen. Die Medizin ist Wissenschaft und Kunst. Zur Heilkunde muß die Heilkunst kommen. Dazu gehört eben ein der Gesamtpersönlichkeit angeborenes „Etwas", das man schwer beschreiben kann, von dem aber jeder Arzt ein Stück besitzen sollte.

Nachdem ich nun die persönlichen Voraussetzungen des Medizinstudiums etwas erörtert habe, möchte ich noch auf einige sachliche und wirtschaftliche Voraussetzungen, die beim Beginn des Studiums bekannt sein müssen, eingehen und den Berufskreis des Arztes darstellen.

Wer irgendwie die Absicht hat, Medizin zu studieren, der nehme schon auf der höheren Schule Lateinunterricht — wenigstens als Wahlfach! Bei der Meldung zur ärztlichen Vorprüfung ist nämlich der Nachweis zu erbringen, daß in der lateinischen Sprache die Kenntnisse vorhanden sind, welche für die Versetzung in die Obersekunda eines Realgymnasiums gefordert werden (kleines Latinum). Dem Studenten, der schon in den Beruf hineinsieht, fällt das Latinum meist recht schwer, abgesehen davon, daß am Anfang des Studiums das Verständnis der lateinischen Fachausdrücke sehr viel Schwierigkeiten macht. Die Erfahrungen zeigen uns, daß dann mancher seine Studienzeit mit Lateinlernen vertragen muß, und, da oft die entsprechende Anleitung fehlt, die Prüfung nachher nicht besteht. So verschiebt sich entsprechend das medizinische Vorexamen, und dadurch entsteht zeitlicher und geldlicher Verlust.

Verlangt wird jetzt eine hohe Semesterzahl, 11 Semester, davon 5 vorklinische und 6 klinische. Das vorklinische Studium schließt mit der ärztlichen Vorprüfung, dem Physikum. In diesem Examen werden 6 Fächer geprüft: Anatomie, Physiologie (einschl. der physiologischen Chemie), Chemie, Physik, Zoologie und Botanik. Aus den Prüfungsfächern läßt sich schließen, womit sich der vorklinische Unterricht befaßt. Er hat die Aufgabe, neben einer breiten naturwissenschaftlichen Vorbereitung der Heilkunde, die vor allem biologisch eingestellt sein und die Bedürfnisse des späteren praktischen Arztes berücksichtigen soll, den Mediziner in seinen hohen Beruf einzuführen und ihm die Einsicht in den gröberen und feineren Bau des menschlichen Körpers, seine Entstehung und seine Verrichtungen zu vermitteln. Am Ende des klinischen Studiums ist die Staatsprüfung abzulegen. Sie umfaßt folgende Abschnitte: Pathologische Anatomie und allgemeine Pathologie, Topographische Anatomie, Pathologische Physiologie, Pharmakologie, Innere Medizin, Chirurgie, Geburtshilfe und Frauenheilkunde, Augenheilkunde, Ohren-, Hals- und Nasenkrankheiten, Kinderheilkunde, Haut- und Geschlechtskrankheiten, Irrenheilkunde, Hygiene und Gerichtliche Medizin. Demnach hat sich der Medizinstudierende beim klinischen Studium vor allem mit den drei grundlegenden Fächern der inneren Medizin, der Chirurgie und Geburtshilfe zu befassen, außerdem mit einer Reihe von Sonderfächern und dazu mit den Lehren von den Ursachen und Erscheinungen der krankhaften Störungen, den groben und feinen Veränderungen im Organismus, den Untersuchungsmethoden, der öffentlichen und sozialen Gesundheitspflege, der Lehre von den Arzneistoffen usw.

Nach regulär abgeschlossenem Staatsexamen folgt dann ein praktisches Jahr, nach dessen Ablauf die Approbation für das Deutsche Reich erteilt wird. Während des praktischen Jahres hat sich der „Medizinalpraktikant" vor allem auf die Anforderungen der ärztlichen Praxis vorzubereiten, seine Fertigkeiten und Kenntnisse zu vertiefen und fortzubilden und sich mit den Aufgaben und Pflichten des ärztlichen Berufes vertraut zu machen.

So braucht also der Medizinstudierende bis zur staatlichen Approbation, die für das ganze Reich erteilt wird, $6^1/_2$ Jahre.

Zu der Bezeichnung „approbierter Arzt" wird gewöhnlich noch der Doktortitel erworben. Verliehen wird der medizinische Doktortitel auf Grund einer gedruckt veröffentlichten Dissertation, welche die Befähigung zu selbständigem wissenschaftlichen Arbeiten erweisen soll, und einer mündlichen Prüfung.

Wegen aller Einzelheiten des Medizinstudiums sei auf die Prüfungsordnungen und auf die von einzelnen Universitäten herausgegebenen „Berufsblätter" verwiesen. Erwähnt sei nur noch, daß eine Umänderung der Prüfungsordnungen bevorsteht, welche vor allem eine Zweiteilung des Physikums in einen naturwissenschaftlichen und einen ärztlichen Teil (nach 2 bzw. 5 Studienhalbjahren) eine stärkere Betonung der alten Hauptfächer, Verlängerung der Gesamtstudienzeit um 1 Semester usw. vorsieht.

Daß sich der Mediziner auf der Hochschule auch sonst umsehen soll, daß er seine Allgemeinbildung nicht vernachlässigen darf, das ist eine Forderung, welche die bedeutende Stellung des Arztes im Kulturstaate rechtfertigt. Die langen Semesterferien sollen zur Verarbeitung des im Semester vorgetragenen großen Stoffes dienen und der klinische Student soll sie vor allem auswerten, indem er versucht, durch „Famulieren" möglichst viel ans Krankenbett heranzukommen.

Das Studium der Medizin ist teuer! Die Gesamtkosten der Ausbildung belaufen sich bei bescheidenen Ansprüchen auf rund 10000 M! Dazu kommen die Niederlassungskosten mit etwa 5000 M im Durchschnitt! Selbstverständlich können diese Zahlen nur einen ungefähren Anhaltspunkt geben. Allerdings, wer während des Studiums zeigt, daß er die Voraussetzungen für Studium und Beruf restlos erfüllen kann, d. h. wer sich über den Durchschnitt stellt und entsprechenden Fleiß und Begabung aufweist, dem wird, falls es an Mitteln gebricht, durch die bestehenden Unterstützungseinrichtungen weitergeholfen werden können. Daß die Aussichten für spätere Niederlassung nicht sehr glänzend sind, ist wohl jedem klar. Der Mittelstand ist verarmt, das Kurpfuschertum hat sich ausgedehnt, der derzeitige Zustrom zum Medizinstudium ist erheblich, die Verringerung der Niederlassungsmöglichkeit groß: wir haben deutsche Gebiete, Kolonien und anderes verloren! Ohne Krankenkasse kann der sich Niederlassende nicht leben, heute, wo etwa zwei Drittel unserer Bevölkerung in Kassen sind.

Und die Zulassung zur Kasse ist beschränkt, insofern, als eine gewisse Zeit bis zur Zulassung verstreichen muß und außerdem die Zulassung zahlenmäßig begrenzt ist. Doch von diesen Dingen will ich nicht zu viel reden. Sie sind ernst zu erwägen, werden auch in der Tageszeitung reichlich erörtert, und ich bin der Meinung, daß ebensowenig Politik wie auch Berufspolitik, die bei den Warnungen stark mitspielt, in die Schulen getragen werden darf.

Selbstverständlich ist, daß sich jeder Arzt nach erlangter Approbation möglichst „ausbildet", ehe er sich in irgendeiner Weise selbständig macht. Allerdings wird diese Forderung vielfach aus wirtschaftlichen Gründen, die manchmal auf einseitigen Bestimmungen der ärztlichen und Kassenorganisationen oder auf einseitiger Gesetzgebung beruhen, geradezu unmöglich gemacht. In diesem Punkte ist zur Zeit Vieles im Werden und eine Lösung der schwierigen Fragen wird erst kommen, wenn einmal der Zugang zu den Hochschulen im allgemeinen wesentlich geringer wird.

Ich will nun versuchen, die verschiedenen Tätigkeits- und Berufszweige des Arztes, die — wie gesagt — alle mehr als die „Approbation" erfordern, etwas zu schildern.

Nach der gegenwärtigen, auf der gewaltigen geschichtlichen Entwicklung der Medizin beruhenden Berufsgliederung lassen sich folgende Hauptgruppen ärztlicher Tätigkeit unterscheiden (ich halte mich hier im wesentlichen an das Tübinger Berufsblatt „Der Arzt" von Dr. Breitinger): einerseits der Arzt im freien Berufe und der Arzt im Beamten- oder Angestelltenverhältnis; andererseits der Allgemeinarzt und der Facharzt. Die Mehrzahl der Ärzte steht im freien Berufe und übt Allgemeinpraxis aus. Der praktische Arzt auf dem Lande hat es zweifellos schwerer als der Arzt in der Stadt. Beide müssen vor allem in Innerer Medizin, kleiner Chirurgie, Kinderheilkunde und Geburtshilfe bewandert sein und genau die Grenzen ihres Wissens kennen, um gegebenenfalls den Facharzt zu Rate zu ziehen oder den „Fall" einer Krankenanstalt beizeiten zu überweisen. Das Ideal des Hausarztes im alten Sinne schwindet immer mehr. Denn, von wenig Ausnahmen abgesehen, hängt heute die Lebensmöglichkeit des Arztes von der Zulassung zur Kassenpraxis ab, worauf ich oben schon hinwies. In jedem Versicherungsamt beschließt über die Zulassung zur Kassenpraxis ein Zulassungsausschuß nach den vom „Reichsausschuß für Ärzte und Krankenkassen" beschlossenen Bestimmungen, die Gesetzeskraft haben und für beide Parteien „zwingendes Recht“ darstellen. Infolge der großen Zahl der Anwärter werden die Aussichten auf Zulassung immer schlechter. Das gilt auch für die Fachärzte, deren Zahl in den letzten Jahrzehnten sehr stark zunahm und heute wohl etwa 30% der Gesamtzahl der Ärzte beträgt. Der Facharzt betätigt sich im Gegensatz zum Allgemeinpraktiker im wesentlichen auf einem Sondergebiet, für das er eigens (meist mindestens 3 Jahre) ausgebildet und ausgerüstet sein muß. Der 43. deutsche Ärztetag in Bremen hat folgende Facharztbezeichnungen festgesetzt: Chirurgie, Frauenkrankheiten und Geburtshilfe, Orthopädie, Augenkrankheiten, Hals-, Nasen- und Ohrenkrankheiten, Haut- und Geschlechtskrankheiten, Erkrankungen der Harnorgane, Nerven- und Geisteskrankheiten, Röntgen- und Lichtheilkunde, Zahn-, Kiefer- und Mundkrankheiten (wozu die Approbation als Zahnarzt nötig ist), Innere Medizin (einschl. Nervenkrankheiten), Magen-, Darm- und Stoffwechselkrankheiten, Lungenkrankheiten (Erkrankungen der Luftwege), Kinderkrankheiten (Kinder bis zum vollendeten 13. Lebensjahr).

Als beamtete Ärzte im Dienste des Reiches, der Länder und der Gemeinden sind zu nennen: Die Fachreferenten bei den Ministerien, die Regierungsmedizinalräte, die Kreis-, Bezirks-, Oberamtsärzte, die Gerichts- und Gewerbeärzte, die Anstalts-, Gefängnis- und Krankenhausärzte, die Stadtärzte, die Fürsorge- und Schulärzte, die Hafenärzte, die Polizeiärzte, die Sanitätsoffiziere, die Hochschullehrer. Den Berufskreis einer jeden Gruppe zu umschreiben verbietet der zur Verfügung stehende Raum. Neben vollamtlicher Tätigkeit handelt es sich bei diesen Berufszweigen vielfach um halbamtliche oder nebenamtliche Stellungen, die gleichzeitig noch die Ausübung einer Privatpraxis gestatten. Im Angestelltenverhältnis können die Ärzte an Krankenhäusern, Privatkliniken und Sanatorien, bei Missionsgesellschaften (Missionsarzt), Schiffahrtsgesellschaften (Schiffsarzt) und Privatversicherungsgesellschaften (Vertrauensarzt), schließlich auch in der pharmazeutischen Industrie, in Nahrungsmittelwerken, in medizinischen Verlagsunternehmen und bei Krankenkasseninstituten stehen. Besonders erwähnt sei noch der Bahnarzt (meist nebenamtlicher Vertrauensarzt) und der Sportarzt, ein Berufszweig, der sich heute naturgemäß ausdehnen wird. Besonders angeführt sei der Assistenzarzt. Er ist nach einer gewissen Zeit seiner Tätigkeit nicht mehr als ein zu seiner Ausbildung in einem Sondergebiet tätiger

Mediziner anzusehen, sondern als eine vollwertige Kraft der ärztlichen Anstaltsversorgung. Seine Anstellung ist allerdings zeitlich begrenzt.

Jeder Arzt muß sich an Hand einer oder mehrerer Fachzeitschriften immer weiterbilden, mindestens auf dem Laufenden halten und sollte deshalb auch von Zeit zu Zeit nach Möglichkeit an einem Fortbildungskurse teilnehmen.

Ich fasse meine Ausführungen zusammen: Ein körperlich, sittlich und seelisch durchaus gesunder Mensch mit naturwissenschaftlichen Neigungen und guter Beobachtungsgabe, der wirklich den inneren Drang hat, ein Helfer seiner Mitmenschen zu werden, kann nach genauer Prüfung seiner wirtschaftlichen Verhältnisse und der Berufsaussichten, über die er sich klar sein muß, ruhigen Gewissens Arzt werden. Wer den inneren Drang dazu hat, wird sich immer durchsetzen; wer sich nicht ganz klar darüber ist, der bleibe weg von der Medizin!

Der Arztberuf ist reich an Enttäuschungen, sehr verantwortungsvoll, aber — richtig aufgefaßt — schön und dankbar. Er dient der Krankheitsheilung, der Gesunderhaltung, der Verlängerung des Lebens.

*

Studium und Berufskreis der Ärztin

Von Dr. Laura Turnau, Kinderärztin

Junge Menschen, die Arzt werden wollen, sprechen oft diesen Wunsch aus ohne eine klare Vorstellung, ob sie sich für den Beruf eignen und was der Arztberuf später an materiellen und ideellen Gütern ihnen bieten kann. Der Gedanke „andern zu helfen" ist oft ausschlaggebend und kann unter Umständen die jungen Menschen auf falsche Fährte leiten. Es ist dringend nötig, sich vor der Berufswahl zu erkundigen, welche Ansprüche der Beruf stellt, wie er aussieht, ganz besonders bei einem Beruf, der einen so langen, anstrengenden und kostspieligen Weg erfordert wie der ärztliche. Mancher bewährt sich während des Medizinstudiums ausgezeichnet, hat große Freude an den Naturwissenschaften, zeigt eine geschickte Hand beim Präparieren, versagt aber hinterher im Beruf, im Umgang mit Menschen, gänzlich. Mehr als andere Berufe hat der ärztliche Verantwortung zu tragen, Verantwortung für Menschenleben. Und außer guten Kenntnissen, geschickter Hand, muß er noch andere Eigenschaften mitbringen: wer kein Selbstvertrauen besitzt, wer es nicht versteht, auf andere Leute Ruhe und Sicherheit zu übertragen, der ist als Arzt in der Praxis unmöglich. In früheren Zeiten hat manch einer noch nach Studium und Assistenz umgesattelt. Heute, in unserer eingeengten wirtschaftlichen Lage ist das nur mit schwersten Einbußen möglich. Darum ist es jetzt noch wichtiger als früher, das schwere und langjährige Studium der Medizin erst zu beginnen, wenn man sich genau informiert hat, ob der Beruf das bieten wird, was man von ihm erwartet und ob man selbst dem Beruf das bietet, was er erfordert.

Über die Voraussetzungen des Medizinstudiums, über die zum Arztberuf notwendigen körperlichen, geistigen und seelischen Eigenschaften gilt selbstverständlich für die weiblichen Ärzte fast das gleiche wie für die männlichen, worüber Prof. Oertels Beitrag Aufschluß gibt.

Aber freilich, nur diejenigen Frauen eignen sich zum Arztberuf, die über einen einwandfrei gesunden, kräftigen Körper und über ein gesundes Nervensystem verfügen und die sich von eventuellen körperlichen Beschwerden nicht beeinträchtigen lassen. Der Arzt muß im Notfall auch im Zustand der Ermüdung sich noch zu anstrengenden, verantwortungsvollen Leistungen aufraffen können, ganz besonders in den Spezialfächern wie Geburtshilfe und Chirurgie. Da man dem weiblichen Organismus gewöhnlich eher Dauerleistungen zutraut als augenblickliche Kraftleistungen, so sei nur erwähnt, daß die lange Arbeitszeit und die ständige Arbeitsbereitschaft, die der Arztberuf mit sich bringen, von Frauen gut ausgehalten werden.

Für das Studium, seine Aufgaben, Dauer und Kosten gilt für weibliche und männliche Studenten das gleiche; so darf ich in diesem Punkte auf die Arbeit von Prof. Oertel hinweisen. Ein Unterschied zeigt sich, wenn die Medizinalpraktikanten nach dem Staatsexamen Stellen zur weiteren Ausbildung suchen. Gibt es mehr Angebote als Nachfrage, so sind die guten Ausbildungsplätze für Frauen schwerer zu erlangen. In letzter Zeit, da die Zahl der Angebote sehr zurückgegangen ist — entsprechend der geringeren Zahl der Medizinstudierenden —, kommen die Frauen bei den Praktikantenstellen wie auch später in der Assistenz besser unter. Man kann dem jungen medizinischen Nachwuchs gar nicht dringend genug raten, sich eine möglichst lange Ausbildungszeit an guten Kliniken zu gönnen. Sie ist die Grundlage für jede spätere Arbeit, welches der vielen Gebiete im medizinischen Beruf man auch immer wählen möge. Freilich ist es für Frauen erheblich schwerer, planmäßige Assistenzen zu erhalten. Wer aber den klinischen Betrieb kennt, der weiß, daß man planmäßige Assistenzen erstreben muß, weil nur die Arbeit an verantwortungsvoller Stelle den jungen Arzt für die spätere Tätigkeit richtig vorbereitet. Dazu kommt, daß in unserer Zeit wirtschaftlicher Enge die Bezahlung eine conditio sine qua non ist, ohne die eben ein wirtschaftliches Durchhalten auf mehrere Jahre fast ausgeschlossen ist. Will man später allgemeine Praxis treiben, dann soll man sich mindestens 2 Jahre, wenn irgend möglich noch mehr für Assistenz gönnen, vor allem braucht man auch für allgemeine Praxis gute Kenntnisse auf dem Gebiet der inneren Medizin, der Kinder- und Frauenheilkunde. Wer Facharzt werden will, muß nach den heute geltenden Bestimmungen 3—4 Jahre einer besonderen Fachausbildung nachweisen. Für innere Medizin, Gynäkologie und Geburtshilfe wie für Chirurgie sind 4 Jahre festgesetzt, für die anderen Fächer je 3 Jahre.

Welches Spezialfach ergreifen weibliche Ärzte mit Vorliebe und in welchen Fächern herrscht beim Publikum die größte Nachfrage nach weiblichen Ärzten? Eine Statistik von Dr. Hadrich (Ärztliche Mitteilungen Nr. 4/28) zählt unter sämtlichen Fachärztinnen nur 11,1 % Frauenärztinnen gegen 47,5 % Kinderärztinnen. Die anderen Spezialfächer liegen um 10 % oder unter 10 %, d. h. also, von allen Ärztinnen, die nicht Allgemeinpraxis betreiben, sondern ein Spezialfach gewählt haben, hat sich fast die Hälfte der Kinderheilkunde zugewandt. Die Erfahrung bei der Berufsberatung zeigt, daß die Frauenwelt in allen sozialen Schichten der Bevölkerung, in den Städten mehr als auf dem Lande, gern weibliche Ärzte, namentlich bei der Behandlung von Frauenkrankheiten heranzieht.

In Bezug auf Kassenpraxis und Zulassung zur Kassenpraxis wird zunächst kein Unterschied gemacht, ob es sich um einen männlichen oder weiblichen Arzt handelt. Wohl aber gibt es eine besondere Bestimmung, die die Zulassung Verheirateter betrifft (Beschluß des Reichsausschusses für Ärzte und Krankenkassen vom 15. Januar 1925, Punkt 26). Man wollte in Anlehnung an die damals geltende Abbauverordnung für Beamte die Doppelverdiener in einer Ehe ausschalten. Aber in unserer Wirtschaftslage bedeutet Verheiratetsein durchaus nicht immer Versorgtsein. Aus diesem Grund will der Reichsausschuß „nach billigem Ermessen" je nach Einzelfall entscheiden. Bemerkenswerterweise ergab sich in der Praxis der letzten Jahre, daß bei Ärzteehepaaren, von dem ein Partner schon zur Krankenkasse zugelassen war, der andere — gleichgültig, ob Mann oder Frau — meist als Doppelverdiener abgewiesen wurde.

Die Formen, die der ärztliche Beruf einer Frau annehmen kann, sind zahlreich. Die meisten Ärztinnen wenden sich der freien Praxis zu. Die Ärztin, die ihren Beruf als eine Berufung auffaßt, wird ihre Kranken, oder bei kranken Kindern auch den Müttern der Kinder, als Arzt und Mensch ihr Bestes geben und den Hilfesuchenden mit ihrer Mütterlichkeit erfassen. Diejenigen Kranken, die gerade den weiblichen Arzt aufsuchen, verlangen danach, als Frau von einer Frau ärztlich und menschlich verstanden und behandelt zu werden.

Soweit es im ärztlichen Beruf auf exakte Untersuchung, auf chemische oder physikalische Behandlung ankommt, ist das Vorgehen für jeden wissenschaftlich gebildeten Arzt weitgehend durch den Stand der Wissenschaft bestimmt. Anders liegen die Dinge auf dem Gebiet der Psychotherapie oder überhaupt jeder psychischen Beeinflussung. Ein materielles Zeitalter hat diese Wirkungen unterschätzt; heute steht sie im Brennpunkt des Interesses. Diese psychische Komponente ist je nach dem Individuum außerordentlich mannigfaltig und in gewisser Hinsicht auch vom Geschlecht des Arztes abhängig.

In immer steigender Zahl gehen Ärztinnen in die beamtete Karriere. Die meisten Stellen bietet die kommunale Gesundheitsfürsorge der verschiedensten Gebiete. Dem Fernstehenden scheint die Arbeit im Gesundheitsfürsorgedienst, von außen gesehen, vor allem durch die beamtete Stellung — Abhängigkeit von Vorgesetzten, Dienstregelung, Versorgung bei Krankheit und Alter — von der freien Praxis verschieden. Das Wesentliche liegt aber in der vollständig anderen Einstellung zur Arbeit und zu den Menschen. Zum Dienst in der Gesundheitsfürsorge eignet sich nur jemand, der von sozialem Interesse erfüllt ist und der sich ärztlich genügen läßt an Untersuchung und Beratung, und auf die Freude verzichtet, die die ärztliche Behandlung gewährt und ebenso auf die persönlichen Beziehungen zwischen Arzt und Kranken verzichtet. Es hat sich im Laufe der Jahre erwiesen, daß die Fürsorgetätigkeit vielen Ärztinnen ausgezeichnet liegt, und daß Behörden und Publikum ihre Arbeit schätzen. Die sozialhygienische Fürsorgearbeit will die Lebensalter von der Zeit vor der Geburt durch das Säuglings-, Kleinkinder-, Schulalter bis zu den Jugendlichen gesund erhalten und Krankheiten verhüten; die sozialmedizinische Fürsorge tritt für Kranke ein: Tuberkulöse, Krüppel, Geschlechtskranke, Psychopathen, Alkoholiker, Geisteskranke, und erfordert vom Arzt und Hygieniker auch Verständnis für soziale Zusammenhänge. Die Vorbildung muß erst eine fachliche sein mit dem Überbau eines Kurses an einer sozialhygienischen Akademie. So wird es heute in Preußen meist verlangt. Derartige Kurse laufen in Berlin, Düsseldorf und Breslau. Oder es wird, wie in Württemberg, nach Absolvierung dieser Kurse sogar ein Abschlußexamen, das sog. Oberamtsarztexamen, verlangt.

Sachsen und neuestens auch Preußen haben je eine Gewerbeärztin angestellt, die gleich ihren männlichen Kollegen die Aufsicht in den gewerblichen Betrieben zu übernehmen hat, eine Arbeit, die sowohl praktisch als wissenschaftlich-schriftstellerisch gewisse Aussichten eröffnet. Neben dem ärztlichen ist hier technisches Können und technisches Interesse und soziales Verständnis vonnöten.

Bis jetzt besitzen wir in Deutschland noch keine Gefängnisärztin. Aller Wahrscheinlichkeit nach wird aber die ärztliche Versorgung in großen Frauengefängnissen in nächster Zeit weiblichen Ärztinnen übertragen werden. Eine solche Arbeit erheischt eine eigenartige Begabung und Hingabe. Hier wie an einigen anderen Stellen tritt besonders klar zutage, daß eine Ärztin eine Arbeit zu verrichten hat, die in dieser Form ungetan bleibt, wenn sie nicht von einer Frau ausgeübt wird.

Bis jetzt sind die beruflichen Aussichten für eine Sportärztin noch gering. Wir sehen aber schon günstige Ansätze für die Zukunft. So ist vor kurzem eine Ärztin an der deutschen Hochschule für Leibesübungen fest angestellt worden, um Studentinnen zu untersuchen, zu beraten und zu behandeln; in letzter Zeit folgten die Preußische Hochschule für Leibesübungen in Spandau und die Technische Hochschule in Charlottenburg. Im übrigen treiben die Sportärztinnen in einzelnen Vereinen (Sportvereine, Deutsche Turnerschaft, Gymnastikschulen, Turnlehrerinnenseminare usw.)

Untersuchung und Beratung. Auf wissenschaftlichem Gebiet bemühen sich die Sportärztinnen das Neuland von „Frauensport und Frauengesundheit" zu beackern, fehlt doch noch fast alles zur Erforschung der Zusammenhänge von Leibesübungen und Gesundheitspflege der Frau. Die ersten vielversprechenden Ansätze dieser Arbeit sind bereits gemacht.

Die akademische Laufbahn haben bisher nur wenige eingeschlagen. Nirgends in Deutschland hat eine Frau bis jetzt eine ordentliche Professur an einer medizinischen Fakultät erlangt. Vergleichen wir in dieser Hinsicht die deutschen Verhältnisse mit englischen oder amerikanischen, wo getrennt Medizinschulen für Frauen bestehen, die fast ausschließlich nur weibliche Dozenten besitzen, so kommen wir deutschen Ärztinnen zu dem Schluß, daß wir die Koedukation der Mediziner dem nach Geschlechtern getrennten Studium vorziehen. Wir würden es aber als eine wertvolle Bereicherung für alle Studierenden betrachten, wenn im Lehrkörper auch weibliche Dozenten vertreten wären.

In den verschiedenen sozialen Frauenschulen sind fast überall haupt- oder nebenamtlich angestellte Ärztinnen tätig beim Unterricht in Anatomie, Physiologie, Hygiene und sozialer Hygiene. Sie brauchen neben einer gründlichen medizinischen Ausbildung noch gute theoretische und vor allem auch praktische Kenntnisse auf den verschiedensten Gebieten der Gesundheitsfürsorge. Unerläßlich ist auch eine pädagogische Begabung, um den Gegenstand frisch und anschaulich vorzutragen und soziales Verständnis, das die Dozentin mit suggestiver Kraft auf die Schülerinnen übertragen muß.

*

Studium und Beruf des Zahnarztes

Von Prof. Dr. Wolfgang Praeger

Was an Eigenschaften des Charakters und Verstandes vom angehenden Arzt gefordert wird, gilt auch für den Jünger der Zahnheilkunde. Der Patient ist geneigt, den Zahnarzt mehr als den Arzt mit den Ausbrüchen seiner nervösen Stimmungen zu belasten: das erfordert eiserne Nerven und ein gleichmäßiges Temperament. Nur ein gesunder Körper, womöglich durch Gymnastik gestählt, kann das stundenlange Arbeiten in der gleichen Stellung, wie es unser Beruf erfordert, durchhalten. Liebe zur Naturwissenschaft muß in besonderem Maße vorhanden sein; denn abgesehen davon, daß reiche anatomische, physiologische und mikroskopische Kenntnisse zur Beherrschung der Zahnheilkunde gehören, ist der Zahnarzt von seinem Material so abhängig, daß er ohne Chemie und Physik der Schwierigkeiten nicht Herr wird. Nur wer von Jugend auf Freude am Basteln hatte und über den Durchschnitt hinaus manuell geschickt ist, eignet sich zum Zahnarzt.

Eine weitere Voraussetzung sind Lateinkenntnisse, wie sie in Realgymnasien zur Versetzung in Obersekunda genügen. Wer diese Kenntnisse nicht schon in der höheren Schule erlangt hat, bemühe sich schleunigst, das nachzuholen, da das Hinausschieben des „Latinums" die eigentlichen zahnärztlichen Studien sehr beeinträchtigt.

Die Studienzeit beträgt mindestens 7 Semester, von denen 3 vor der zahnärztlichen Vorprüfung (Physikum), 4 nachher oder umgekehrt erledigt werden können. Die erstere Studieneinteilung ist die bessere. Das Studium wird durch die zahnärztliche Prüfung (Staatsexamen) abgeschlossen. Wer zum Dr. med. dent. promovieren will, hat eine Studienzeit von 8 Semestern nachzuweisen. Wenn auch kein praktisches Jahr wie bei den Ärzten vorgeschrieben ist, so ist bei der Kürze und gedrängten Einteilung des zahnärztlichen Studiums eine mehrjährige Assistentenzeit an zahnärztlichen Instituten oder bei Privatzahnärzten dringend zu empfehlen.

Das Studium der Zahnheilkunde ist nicht billig. Infolge der großen Zahl von Kursen sind Kolleg- und Ersatzgelder teurer als beim Juristen oder Philologen. Dazu kommt die unbedingt erforderliche Anschaffung eines technischen und eines operativen Instrumentariums.

Im allgemeinen ist die Tätigkeit des Zahnarztes ein freier Beruf. Beamtete Stellen gibt es in nicht zu großer Zahl, und zwar in der Schulzahnpflege und an den Krankenkassenzahnkliniken. Diese letzteren stehen in scharfem Kampfe mit der freien Praxis.

Der Zugang zur Zahnheilkunde war in den letzten Jahren sehr verschieden. Nachdem die Kriegsteilnehmer sich verlaufen hatten, war die Zahl der Studierenden der Zahnheilkunde so gesunken, daß man unser Fach als besonders aussichtsreich ansprechen mußte. Das hatte zur Folge, daß der Ebbe eine Flut folgte: die augenblickliche Zahl der Studierenden, an vielen Universitätsinstituten kaum unterzubringen, übersteigt entschieden das Bedürfnis. Dazu kommt, daß die Lage des zahnärztlichen Standes durchaus noch nicht geklärt ist. Der Kampf zwischen Zahnärzten und Nichtapprobierten (Dentisten), die eine mächtige Konkurrenz darstellen, die Auseinandersetzungen mit den Krankenkassen, die Entwicklung der Krankenkassenkliniken, alles das macht den Eindruck eines Stellungskrieges nach mehreren Fronten, dessen Entscheidung noch ungewiß ist.

So sollte sich nur der der Zahnheilkunde zuwenden, der der harten Wirklichkeit entsprechende Fähigkeiten und Eigenschaften entgegenzusetzen hat. Der Tüchtige wird sich auch im scharfen Konkurrenzkampf durchsetzen. Wer aber nur deshalb Zahnarzt wird, weil er nichts anderes anzufangen weiß, weil ihm die Zahnheilkunde gewinnbringend dünkt oder weil ihn die verhältnismäßig kurze Studienzeit verlockt, der sei von Herzen gewarnt; denn er wird in unserem Stande sein Glück nicht finden.

*

Studium und Beruf des Tierarztes

Von Prof. Dr. Walter Gmelin, Oberamtstierarzt a. D.

Der angebornen Farbe der Entschließung
Wird des Gedankens Blässe angekränkelt;
Und Unternehmungen voll Mark und Nachdruck,
Durch diese Rücksicht aus der Bahn gelenkt,
Verlieren so der Handlung Namen.

Fragt mich ein Student, ob er Tierheilkunde studieren soll, gerate ich jedesmal mit mir selbst in Zwiespalt. Da ich meinen Beruf heute noch liebe wie am ersten Tag, drängt mich mein Herz zur Aufmunterung, zumal, wenn ein schlanker, gut gewachsener junger Mann mit hellen Augen im Kopf die Frage tut. Und jedesmal muß ich mir Hemmungen auferlegen. Ja, wenn's wäre wie beim Füchseкeilen! Aber die Verantwortung ist zu groß, und darum beginne ich meist mit einer Unterhaltung über „Quis, quid, ubi, quibus auxiliis, cur, quomodo, quando?" Ergibt sich dann, daß der junge Mann eben auch einen akademischen Beruf sucht, weil's nun einmal ein solcher sein soll, und womöglich einer, bei dem es schneller geht als bei anderen, dann zeige ich ihm zuallererst die dunklen Schatten meiner Statistik. Sehe ich, daß dies keinen allzu tiefen Eindruck macht, lege ich die Statistik zur Seite und öffne Lichtblicke, an denen unser Beruf wahrlich nicht arm ist. Aber sie wollen gewertet sein, sehr häufig nicht als Äquivalent für etwaigen materiellen Ausfall, sondern als innere, uns selbst, unseren Beziehungen zu Nebenmenschen und Umwelt zugute kommende, ethische Werte.

Unser Beruf setzt vor allem innere Berufung voraus, sei's, daß sie begründet ist im Erbgut von Vater und Großvater her, die auch schon Tierärzte waren, sei's, daß sie der Liebe zu den Tieren oder der Liebe zu den Naturwissenschaften überhaupt entstammt. Innere Berufung ist für uns fast eine wichtigere Voraussetzung als für andere akademische Berufe, den Mediziner nicht ausgeschlossen. Denn bei uns besteht der Kampf ums Dasein nicht bloß im Kampf ums tägliche Brot, er beginnt schon mit dem Kampf um die soziale Anerkennung. Unsere akademische Stellung ist ja noch neu, und darum muß jeder Jünger der Tierheilkunde diesen Kampf auf sein Lebensprogramm setzen. Zu diesem Kampf gehört aber nicht nur Mut, sondern auch Menschenkenntnis, Takt, Charakter, fester Wille und nicht wenig entsagender Verzicht.

Vorbedingungen des Berufs. Vor allem gute Gesundheit, schlanker, von Jugend an durchtrainierter Körper, kräftige Muskulatur, namentlich kräftige Arme (Geburtshilfe bei großen Tieren), körperliche Gewandtheit, Unempfindlichkeit gegen alle Unbilden der Witterung. Körperliche Gebrechen, Fehlen einer Gliedmaße, schlechtes Gehör, schlechtes Gesicht (unter $^2/_3$), psychopathische Veranlagung, Nervosität, Epilepsie, schwächliche Gesundheit überhaupt schließen von dem Beruf aus. Ferner sind unbedingt erforderlich Pflicht- und Verantwortungsgefühl, treues Gedächtnis für Personen und Vorgänge, Festhalten von Erinnerungsbildern, z. B. Wiedererkennen von Pferden nach Jahren. Das setzt die Gabe scharfer Beobachtung voraus. Dazu soll noch praktische Begabung kommen, um rasch mit einem Notbehelf zum Ziel zu gelangen, und technisches Verständnis (Maschinenanlagen in Schlachthäusern). Endlich verlangt der Verkehr mit den Tieren Geduld und Umsicht, gepaart mit Entschlossenheit und Mut.

Berufsgefahren sind Infektionen bei Geburtshilfe und Sektionen und Körperverletzungen.

Wer sich über die erforderliche Schulbildung, Studium und Ausbildungskosten des näheren unterrichten will, findet Aufschluß im Deutschen Hochschulführer.

Nachstehend sollen nur die Hauptzweige der tierärztlichen Betätigung aufgeführt werden.

Der beamtete Tierarzt. Wer auf eine Verwendung im Staatsdienst als Kreis-, Bezirks- oder Oberamtstierarzt oder als Berichterstatter bei einer Verwaltung abhebt, hat die Eignung hierzu in einer besonderen Prüfung, Prüfung für den tierärztlichen Staatsdienst, zu erweisen, die vor einem von dem zuständigen Ministerium ernannten Prüfungsausschuß abgelegt wird. Die Vorbedingungen sind nicht in allen Ländern gleich. Es wird verlangt 3jährige Tätigkeit in tierärztlicher Praxis nach der Approbation, Erwerb der veterinärmedizinischen Doktorwürde, 2monatige Tätigkeit an einem größeren, unter geordneter veterinärpolizeilicher Aufsicht stehenden öffentlichen Schlachthof einer größeren Stadt in der sog. außerordentlichen Fleischbeschau und in der Untersuchungsstelle für von auswärts eingeführtes Fleisch daselbst. Ferner der Nachweis einer freiwilligen 3monatigen Tätigkeit in einer staatlichen tierärztlichen Untersuchungsanstalt oder der Nachweis der Teilnahme an einem besonderen Vorbereitungskurs für den staatstierärztlichen Dienst von 4monatiger Dauer und endlich der Nachweis einer mindestens 6monatigen Tätigkeit bei einem beamteten Tierarzt.

Da der Andrang zum beamteten Tierarzt sehr groß, der Abgang aber klein ist, dauert die Wartezeit immer sehr lange, und kommen die wenigsten, welche die Prüfung bestanden haben, zum Zuge, da sie zu alt werden.

Der Schlachthoftierarzt. Seine Tätigkeit ist bestimmt durch das Reichsgesetz betr. die Schlachtvieh- und Fleischbeschau vom 3. Juni 1900 und die dazu erlassenen Ausführungsbestimmungen der einzelnen Länder. In allen Städten mit über 10000 Einwohnern darf die Fleischbeschau nicht durch Laienbeschauer, sondern muß durch Tierärzte ausgeübt werden. Besonderer Befähigungsnachweis ist nicht nötig, sondern nur der Nachweis vorausgegangener Schlachthoftätigkeit. Die meisten größeren Gemeinden, die einen Schlachthoftierarzt anstellen, verlangen jetzt den Nachweis der bestandenen Prüfung für den tierärztlichen Staatsdienst (s. o.). Der Dienst in den zugigen Schlachthallen verlangt eine eiserne Gesundheit. Wer schwache Lungen hat, ist ungeeignet. Dem, der Interesse für pathologische Anatomie hat, bringt der Dienst viel Anregendes, anderenfalls wirkt er abstumpfend.

Der Militärtierarzt oder Veterinäroffizier. (Erlaß des Reichswehrministers vom 20. Februar 1929.) Eingestellt werden 1. Freiwillige, welche das Reifezeugnis einer höheren Lehranstalt besitzen, das zum tierärztlichen Studium berechtigt; 2. Freiwillige, welche die Approbation als Tierarzt besitzen. In dem Erlaß heißt es: „An die Veterinäroffiziere werden hohe Anforderungen in moralischer, körperlicher und fachtechnischer Hinsicht gestellt. Daher ist nur derjenige für diesen Beruf geeignet, welcher bei tadelloser Führung außer einer guten Veranlagung zum Soldatenberuf vornehme Gesinnung, Taktgefühl, geistige Regsamkeit, Berufsliebe besitzt und sich dem Studium und seiner Fortbildung mit großem Eifer widmet. Wer sich dem Beruf eines Veterinäroffiziers nur aus äußeren oder wirtschaftlichen Gründen zuwendet, wird den hohen dienstlichen Anforderungen, die an ihn gestellt werden, auf die Dauer nicht gewachsen sein und sich Enttäuschungen aussetzen."

Der Freiberufstierarzt. Er bildet mit ca. 56 % aller Tierärzte den starken Stamm unseres Berufes, von dem noch allerlei Zweige nach verschiedenen Richtungen hinausgehen, zum Gestütstierarzt, zum wissenschaftlichen Assistenten an den verschiedenen Lehr- und Forschungsanstalten, zum Polizeitierarzt und zum Tierzuchtinspektor. Zur Zeit besteht mancherorts zwischen dem beamteten und dem Freiberufstierarzt ein etwas gespanntes Verhältnis, da der letztere in dem ersteren einen durch das Schicksal ungebührlich bevorzugten Konkurrenten sieht. Es ist das mehr eine Teilerscheinung unserer allgemeinen Zeitkrankheit, die in dem schmerzhaften, gegenseitigen Wundreiben der Ellbogen unseres dicht zusammengedrängten, seiner Bewegungsfreiheit beraubten Volkes besteht. Sie wird im tierärztlichen Beruf um so eher verschwinden, je rascher die beamteten Tierärzte in ihre noch neue Beamtenqualität hineinwachsen und je früher alle Tierärzte der Gedanke beherrscht, daß sie im Dienst ein und derselben Wissenschaft stehen, der schönen, vielseitigen und volkswirtschaftlich so wichtigen Tierheilkunde.

Die Voraussetzungen des juristischen Studiums und der Berufskreis des Juristen

Von Prof. Dr. **Heinrich Stoll**

I.

Der Dichter Rudolf Binding, des großen Juristen bekannterer Sohn, erzählt in seinem Werk „Erlebtes Leben", wie er am Tage, da ihm das Abgangszeugnis den Weg zu „allen Berufen der Welt" öffnete, in sich keinerlei Fähigkeiten entdecken konnte, die ihn auf einen besonderen Beruf hinwiesen. Er besprach die Berufsfrage mit seinem Vater und wurde — Jurist, weil dies vielleicht „das Unverbindlichste" wäre. Es könnte nichts schaden, wenn man seine Nase einmal in die Grundgedanken des Rechts hineinsteckte, auf dem das Leben der Menschen beruht. „Ich hatte allen Willen", so bekennt er, „mir das Gebiet zu erobern, wo aber war meine Begeisterung? Ich wollte ja so gern das treiben, wozu es mich trieb. Aber wozu trieb es mich?"

Ganz ähnlich ergeht es jahraus jahrein Hunderten Abiturienten, und aus dieser Stimmung heraus wählen sie als das kleinste Übel den juristischen Beruf, der die vielseitigsten Möglichkeiten und die Aussicht auf sehr angesehene Stellungen eröffnet. Diese rein negative Einstellung wird von Eltern und Erziehern unterstützt; sie geben sich dem trügerischen Glauben hin, die Rechtswissenschaft biete jedem etwas und verlange im Gegensatz zu anderen Fächern keine spezifische Veranlagung. Mit Fleiß und normaler Begabung könne man sich das Gebiet wohl erobern; mit der Tätigkeit im geachteten Beruf käme auch die Freude am Beruf. Eine derartige Berufswahl mag in einzelnen Fällen tatsächlich zum guten Ende führen. Viele aber kommen so zu einem Beruf, der sie innerlich nicht befriedigt und der ihnen zur reinen, freudlosen Pflicht wird.

Den Abiturienten von dieser falschen Vorstellung freizumachen und ihm zu zeigen, daß der juristische Beruf sich nicht für jeden eignet, sondern bestimmte Fähigkeiten des Verstandes und Charakters verlangt, soll hier versucht werden. Ich beschränke mich darauf, von den sachlichen und persönlichen Voraussetzungen des juristischen Studiums zu sprechen.

In seinen Reden an die Deutsche Nation bezeichnet es Fichte als Ausgangspunkt aller Erziehung: „Der Mensch kann nur das wollen, was er liebt." Die Liebe erwächst aus den Anlagen, mit denen uns die Natur begabt hat. Wie überall in der Natur nur die vorhandenen Keime entwicklungsfähig sind, so vermag auch der Mensch nur die Fähigkeiten zu entfalten und auszubilden, die ihm von der Vorsehung mitgegeben sind. Unsere Abiturienten können aber nur ausnahmsweise sagen, wozu es sie treibt, und bei der mangelhaften Vorstellung, die sie vom Rechtsleben haben, wissen sie erst recht nicht, ob sie im juristischen Berufe Befriedigung finden werden und insbesondere, ob sie zu ihm befähigt sind. Die Deutsche Juristenzeitung hat vor zwei Jahren die interessante Preisaufgabe gestellt: „Warum werde ich Jurist?" — Die etwa hundert Antworten von Referendaren zeigten, daß sich unsere jungen Abiturienten die eigentlich entscheidende Frage, ob sie sich zum Juristen eigneten, bei der Wahl des juristischen Studiums nicht vorgelegt hatten. Soweit nicht äußerliche oder negative Gründe bestimmend waren, bekennen die Antworten mehr oder minder klar, daß unsere Abiturienten die Schicksale unseres Volkes, seine sozialen Gegensätze und seine wirtschaftliche Not bewegten, daß der Gedanke, als Jurist dem Wiederaufbau unseres Vaterlandes am besten dienen zu können, für ihre Berufswahl den Ausschlag gab.

In diesen wertvollen Äußerungen der Jugend liegt ein wahrer Kern: wer niemals ein Interesse für die Fragen des sozialen, wirtschaftlichen und politischen Lebens hatte, wem es gleichgültig ist, wie gewählt, wie eine Regierung gebildet wird, wie es kommen konnte, daß unser Geld plötzlich wertlos wurde, was Streik und Aussperrung für die Beteiligten, die Wirtschaft und das Volk bedeuten, wen die Demütigungen und Lasten des Versailler Vertrages nicht quälen — für den dürfte der Beruf des Juristen nicht in Betracht kommen. Wer sich nie gefragt hat, welchen Sinn eine Quittung hat oder warum der Entwender das eine Mal wegen Diebstahl, das andere Mal wegen Unterschlagung bestraft wird, weshalb bei Anrufung eines höheren Gerichtes bald von Berufung, bald von Revision gesprochen wird, wer nicht merkt, daß rechtlich ein Unterschied sein muß zwischen der Verpflichtung, die Miete zu zahlen, und der, die Steuern zu entrichten, oder zwischen dem Verbot, heimlich eine Radioanlage zu errichten und der Notwendigkeit, die Erlaubnis des Hauseigentümers zum Einbau der Anlage einzuholen, der dürfte geringes Verständnis für juristische Fragen haben.

Doch das sind nur Hinweise zur Selbstprüfung. Denn leider ist nach den heutigen Methoden der Berufsforschung eine Eignungsprüfung für geisteswissenschaftliche Fächer noch nicht möglich. Die oft genannte mathematische Begabung und die Befähigung in Deutsch deuten wohl auf die Fähigkeit zu logischem Denken und klarer Ausdrucksweise hin, sind aber keineswegs ein sicherer Beweis, ja ihre Bedeutung hat man noch nicht einmal statistisch zu klären versucht. So steht gerade über dem juristischen Berufe das unerbittliche γνῶθι σεαυτόν: Erkenne dich selbst! Ich bin mir bewußt, daß meine kurzen Darlegungen diese Selbsterkenntnis nicht schon ermöglichen, aber sie sollen dem einzelnen erleichtern, das Entscheidende zu erkennen und ihn veranlassen, sich mit allem Ernst zu prüfen, statt blindlings in den juristischen Beruf hineinzuspringen.

Das Universitätsstudium verlangt an sachlichen Voraussetzungen lediglich den erfolgreichen Besuch einer neunklassigen höheren Schule. Der Schüler einer lateinlosen Schule muß sich im Beginn seines Studiums noch Lateinkenntnisse erwerben.

Als persönliche Voraussetzungen halte ich Klarheit in Auffassung und Ausdruck, Fähigkeit zu abstraktem und logischem Denken und den Willen zu leidenschaftslosem, sachlichem Urteilen für die unerläßliche geistige und Charakterveranlagung eines Juristen.

Um mit den notwendigen Verstandesgaben zu beginnen, so ist leicht verständlich, was unter Klarheit der Auffassung und des Ausdruckes gemeint ist. Der Jurist muß verstehen, das Allgemeine, regelmäßig Wiederkehrende, das Gesetzmäßige aus der Masse der Erscheinungen herauszuheben; er muß in jedem einzelnen Falle das Typische, Charakteristische erkennen und darf sich nicht von Zufälligem, Nebensächlichem ablenken lassen. Hat er so das Wesentliche eines Falles ermittelt, so muß er es auch in geordnetem Aufbau so klar darstellen können, daß seine Entscheidung verständlich und überzeugend wirkt. Bedeutsamer ist die Fähigkeit zu folgerichtigem abstraktem Denken. Unter abstraktem Denken verstehe ich hier ein Arbeiten mit Begriffen und allgemeinen Sätzen, losgelöst von allem körperlich Faßbaren. Jede juristische Tätigkeit beginnt mit begrifflichem Ordnen des Tatsächlichen und führt zu logischen Schlüssen. Die Lebenserscheinungen müssen begrifflich erfaßt und die Rechtssätze müssen auf sie angewendet werden, das heißt: Untersätze sind in Obersätze einzuordnen, die Besonderheiten eines Rechtssatzes gegenüber anderen sind zu ermitteln, und durch Schlüsse aus allgemein gegebenen Sätzen ist das Urteil für den einzelnen Fall zu finden.

Nach unserem Gesetze hat z. B. der Schuldner für das Verschulden der Personen, deren er sich bei der Erfüllung seiner Verbindlichkeiten bedient, einzustehen. Angenommen, der Verkäufer eines Geschäftes zeigt einem Kunden Linoleumläufer; dabei fällt ein Läufer um und verletzt den Kunden. Haftet der Geschäftsherr? Es wird zu fragen sein, ob der Geschäftsherr denn schon „Schuldner" war, das heißt: ob schon durch das Betreten des Geschäftsraums ein Rechtsverhältnis zwischen ihm und dem Kunden begründet wurde. Weiter, ob den Verkäufer ein Verschulden trifft oder etwa ein zufällig vorbeieilender Lehrling des Geschäfts das Linoleum umwarf. Letzterenfalls, ob der Lehrling leichtsinnig handelte und ob auch er hier eine Verpflichtung des Geschäftsherrn gegenüber dem Kunden zu erfüllen hat.

Mit dem sogenannten gesunden Menschenverstand oder dem feinen Takt das Richtige finden zu wollen, wäre ein vermessenes Beginnen; das könnte nur zu einem Betonen gefühlsmäßiger Momente, einem Klammern an zufällige Einzelheiten führen. Wenden wir dagegen die Rechtssätze und Rechtsbegriffe an, so bewahren sie uns, wie Stammler es einmal sehr gut ausdrückte, vor „dem blinden Tasten nach dem Rechtsgefühl" und ermöglichen uns ein objektives Urteilen, das eben deshalb Überzeugungskraft besitzt, weil es auf Wertungen beruht, die der Gesetzgeber für generell vorgesehene Ereignisse unter Abwägung der typischen Interessenlage getroffen hat.

Die logische Subsumption gehört zum Wesen juristischer Tätigkeit. Wohl arbeitet jede Wissenschaft mit Begriffen und allgemeinen Sätzen, um die Welt der Wirklichkeit zu begreifen und stofflich zu beherrschen, aber für die Rechtswissenschaft sind sie mehr als Erkenntniswerte: sie sind das Mittel der Aufrechterhaltung des sozialen Zusammenlebens. Suum cuique tribuere ist der Zweck der Rechtsordnung. Willkür muß ausgeschlossen werden. Soll jedem das Seine werden, soll unter gleichen Voraussetzungen das gleiche gelten und bei besonderen Verhältnissen eine abweichende Regelung eingreifen, so müssen eben die vielfältigen Lebenserscheinungen in ihrem typischen Gehalt erfaßt, verglichen und ihre Bedeutung wie Folge in allgemeingültigen Regeln normiert werden.

Die logische Urteilskraft ist die notwendige geistige Veranlagung des Juristen; sie ist es aber auch, die beim Laien am wenigsten ausgebildet ist. Auf ihre Festigung muß deshalb im Rechtsunterricht das Schwergewicht gelegt werden. Aber sie kann nur gefördert werden; wem die Anlage selbst fehlt, den macht die beste Lehre nicht zum Juristen. Er mag ein noch so tüchtiger und fleißiger Mensch sein, zum Juristen taugt er nicht: „Wenn ihr's nicht fühlt, ihr werdet's nie erjagen."

Die logisch begriffliche Denkweise, die ich hier so sehr in den Vordergrund stellte, ist notwendiger Bestandteil jedes Rechtszweiges, des Privatrechts wie auch des Strafrechts und öffentlichen Rechts. Sie allein verbürgt eine stetige und gerechte Rechtspflege; sie allein gewährt uns die Sicherheit, daß im einzelnen Fall nicht nur in sachlicher Weise das Für und Wider abgewogen wird, sondern dieses Urteil auch gefunden wird nach allgemeingültigen, von der Gemeinschaft gebilligten Wertungen. Nachdrücklich möchte ich aber vor dem Glauben warnen, daß in der begrifflichen Schulung das A und O aller juristischen Ausbildung oder gar Tätigkeit enthalten wäre. Sie ist gewissermaßen nur die unentbehrliche Technik, die erst die Kunst der Rechtshandhabung ermöglicht. Deshalb muß sich mit der logischen Verstandesgabe die klare Einsicht für die in den positiven Rechtssätzen enthaltenen Werturteile des Gesetzgebers wie das Verständnis für die wirtschaftlichen Lebensverhältnisse und die menschlichen Bestrebungen verbinden. Soweit die Universität hier die Ausbildung geben kann, wird sie sich der junge Student am besten in den Übungen und Seminaren erwerben, deren eifriger Besuch ihm nicht dringend genug empfohlen werden kann. Das Verständnis des wirtschaftlichen Lebens fördern nationalökonomische Vorlesungen, zur Persönlichkeitsbildung sehe er sich in den allgemeinbildenden Fächern, insbesondere der Geschichte, um. Möchte kein Student der Rechtswissenschaft über seinem Fachstudium die Vertiefung seiner allgemeinen Bildung vernachlässigen, die ihm heute noch die Universität als ihre beste Gabe zu bieten vermag. Was hier in der Studienzeit versäumt wird, bringt keine Ewigkeit zurück. Aber ich will damit keineswegs einer Vielwisserei und einem Herumriechen in allen Töpfen das Wort reden. Nie darf vergessen werden, daß das Universitätsstudium nur einen Teil — und zwar den theoretischen — der Fachausbildung darstellt, dem die Schulung in der Praxis als wesentliche Ergänzung nachfolgt. Ziel des Universitätsstudiums kann es nicht sein, Wissen zu sammeln. Die Universität will ihre Schüler zu selbständig denkenden Menschen mit freiem Blick erziehen und ihnen die methodische Schulung geben, die sie über den Stoff erhebt und erst befähigt, nicht Gesellen, sondern Meister in ihrem Fache zu werden. Der akademische Lehrer, der voll Sorge heute wohlgemeinte, aber gefährliche Bestrebungen am Werke sieht, unsere jungen Juristen dadurch zum Leben zu erziehen, daß man ihnen aus allen möglichen Wissensgebieten „Grundzüge" serviert, muß warnend mahnen: Reißt nicht die besten Juwelen aus der Krone der Rechtswissenschaft, macht aus unseren seit Jahrhunderten bewährten Universitäten keine Handwerkerschulen!

Der junge Student überlade sich seine Semester nicht mit Vorlesungen; er studiere fleißig, doch vernünftig und ohne zu pauken, auch soll er nicht schon vom ersten Semester ab auf das Examen büffeln. Wenn er die Vorlesungen besucht, die ihm etwas bieten — diese aber regelmäßig — und wenn er das hier Vorgetragene an Hand wirklich wissenschaftlicher Lehrbücher verfolgt, dann wird er sich die Materie erobern und dauernden Gewinn aus seinem Studium haben.

Aber: alle geistige Veranlagung reicht zum Juristen nicht hin, wenn ihm die Charaktereignung fehlt: der Wille und das Vermögen zu sachlich leidenschaftslosem Urteilen. Es gibt Menschen, denen diese Eigenschaft vollständig fehlt, die alles auf sich bezogen sehen, nur nach ihrem Gefühl messen, keine fremde Meinung neben sich dulden können. Sie mögen kluge und tüchtige Leute sein — zum Urteilen über Menschen, zum Juristen sind sie nie berufen. Wer aber die Fähigkeit besitzt, sich hineinzufühlen in Verhältnisse und Bestrebungen anderer, wer eigene Wünsche zurückstellen kann, um in eigener Überwindung nach vorgeschriebenen Wertungen seine Entscheidung zu fällen, der stähle diese Willensgabe durch unablässige Übung und eigene innere Bildung, damit er sich als echter Jünger der Themis bewähre. Nur eigene Erziehung, keine Fachausbildung kann ihn hier fördern.

Möchten diejenigen von Ihnen, die sich zur Rechtswissenschaft berufen fühlen, ihre Aufgabe zu urteilen und zu richten stets als etwas, was man nicht ernst genug nehmen kann, als etwas Hohes und Heiliges auffassen, damit auch von den Juristen unserer Tage wie einst von Roms großen Praktikern gesagt werden darf:

Sie waren Priester der Gerechtigkeit.

II.

So vielseitig die Berufsmöglichkeiten sind, die dem Juristen offenstehen, so wenig Aussichten bietet ihm der Abschluß allein des Universitätsstudiums durch das Referendarexamen oder den Doktor. Der Eintritt in den höheren Justiz- oder Verwaltungsdienst und die Anwaltstätigkeit setzen die Ablegung des Assessorexamens nach einer weiteren, mindestens dreijährigen praktischen Ausbildungszeit voraus; aber auch für die freien Berufe ist dieser Abschluß der juristischen Ausbildung aus tatsächlichen Gründen der Anstellung und des Vorwärtskommens dringend zu empfehlen. Die gewiß lange und teure Ausbildung des Juristen hat wenigstens den Vorteil, daß er erst als reiferer Mensch vor die endgültige Entscheidung über seine Laufbahn gestellt wird und einigen Einblick in die Tätigkeit der Hauptberufe gewonnen hat. Unsere Skizze[1]) will nur denen, die vor der Wahl des Studiums stehen, die Eigenart der juristischen Hauptberufe aufzeigen, damit sie wenigstens eine gewisse Vorstellung davon haben, welche Aufgaben ihrer in ihrer praktischen Tätigkeit einst harren und welche persönlichen Eigenschaften die einzelnen Berufszweige voraussetzen[2]).

Wenn man im Leben von der Laufbahn eines Juristen spricht, so denkt man in erster Linie an die Tätigkeit im staatlichen Dienst und vor allem an die Stellung des Richters. Das Richteramt erscheint als der typische juristische Beruf und aus ideellen und materiellen Gründen den meisten beim Beginn ihres Studiums als das erstrebenswerte Ziel. In der Tat verkörpert sich in seiner Tätigkeit zu urteilen und zu richten am deutlichsten die charakteristische Aufgabe der Rechtspflege und wie kein anderer steht er im Dienste der Idee der Gerechtigkeit. Unsere Verfassung verleiht dem Richter Unabhängigkeit und Unabsetzbarkeit; als freie und selbständige Persönlichkeit waltet er seines Amtes, nur dem Gesetz

[1]) Eingehende Darstellung: Die akademischen Berufe, Bd. 5 (Im Furche-Verlag); W. Sauer, Lehrbuch der Rechts- und Sozialphilosophie, 3. Teil; A. Weinmann, Die Rechtswissenschaft (Dünnhaupts Studien und Berufsführer, Bd. 6).

[2]) Die Lektüre der Lebensbeschreibung bedeutender Juristen vermag jungen Leuten besser als jede allgemeine Betrachtung eine vortreffliche Anschauung von den Freuden und Leiden eines Juristen und ein greifbares Vorbild vollendeter Berufserfüllung zu geben. Außer auf die Sammlung „Meister des Rechts" ist auf das Sammelwerk „Die Rechtswissenschaft der Gegenwart in Selbstdarstellungen" (Verlag Meiner) hinzuweisen.

unterworfen und seinem Gewissen verantwortlich. Seine Besoldung ist, wenn auch seiner hohen Aufgabe bei weitem nicht angemessen, so doch gesichert. Das ideale Bild leitet natürlich unter den Härten der Wirklichkeit: Selbständigkeit und Verantwortungsfreude des Richters sind weithin dadurch gehemmt, daß er in Kollegialgerichten zu urteilen hat. Seine Unabhängigkeit ist starken mittelbaren Einflüssen ausgesetzt; in Beförderung und Versetzung nach angenehmeren Plätzen hängt er von dem Wohlwollen der vorgesetzten Behörde ab, in seiner verwaltenden Tätigkeit ist er wie jeder Beamter obrigkeitlicher Anordnung unterworfen und bei seiner rechtsprechenden Tätigkeit muß er sich von der Beeinflussung durch Volksgunst oder -mißgunst, Pressekritik und Zeitströmungen frei halten. Gerade die Wahrung seiner richterlichen Unabhängigkeit, über die er als dem obersten Palladium der Freiheit, als dem letzten Bollwerk des Rechtsstaates mit einer geradezu eifersüchtigen Empfindlichkeit zu wachen hat, kann den Richter in schwere innere Kämpfe bringen. In ihnen wird nur die Persönlichkeit bestehen, die mit dem Mut der eigenen Verantwortung die felsenfeste Überzeugung verbindet, daß der Richter nicht zu eigenem Vorteil, sondern um des ganzen Volkes willen in der richterlichen Unabhängigkeit die Grundlagen einer unparteiischen und gerechten Rechtspflege überhaupt zu erhalten hat. Erfordert schon die äußere Wahrung der Stellung verantwortungsvolle und mutige Persönlichkeiten, so um so mehr die Tätigkeit im richterlichen Beruf selbst. Denn dem Strafrichter ist die Entscheidung über Freiheit und Ehre seiner Mitbürger, in Ausnahmefällen sogar über Leben und Tod anvertraut; von der Entscheidung des Zivilrichters hängt das materielle Wohl wie der Glaube an die Gerechtigkeit vieler Bürger ab. Gerade in zweifelhaften und schwierigen Fällen kann der Richter sich nicht hinter dem Gesetzeswort verschanzen, sondern muß in voller Verantwortung für den Einzelfall wie für die Tragweite seiner Entscheidung in schöpferischer Weise das Recht finden. Als Richter der freiwilligen Gerichtsbarkeit hat er bei der Beurkundung richterlicher Rechtsgeschäfte, in der Aufsicht über Vermögensverwaltung und in der Fürsorge für Mündel verantwortungsvolle Entschlüsse zu fassen. Charakterfestigkeit, Verstandesschärfe und juristische Kenntnisse genügen indessen für den Richterberuf nicht. Der Richter muß Sinn haben für die Wirklichkeit des Lebens, wenn es auch eine törichte Übertreibung ist, von dem Juristen zu verlangen, daß er Kenntnisse auf allen

Lebensgebieten besitzt. Die Gabe, sich in die Empfindungen und Motive der Menschen aus allen Volksschichten und in das Getriebe der Umwelt einzufühlen, erleichtern dem Richter die Feststellung der tatsächlichen Grundlagen des Rechtsfalles, über den er nach dem Gesetze zu urteilen hat.

Im Strafprozeß unterstützt der Staatsanwalt den Richter in seiner Aufgabe der Wahrheitsforschung. Die Staatsanwaltschaft ist die Hüterin der öffentlichen Ordnung gegen die in dem Strafgesetz gekennzeichneten Verbrechen. Sie ist kraft des „Legalitätsprinzips" verpflichtet, wegen aller strafbaren Handlungen einzuschreiten und sie zu gerichtlicher Entscheidung zu bringen, falls die von ihr angestellten Ermittlungen genügend Anlaß für die Annahme eines Vergehens ergeben haben. Aber trotz des Gesetzesbefehls bürdet ihm schon das Ermittlungsverfahren eine schwere Verantwortung auf. Von seinem richtigen Erkennen der Umstände und seinem entschlossenen Handeln hängt oft die Aufklärung der Tat und die Festnahme des Schuldigen ab. Ein Fehlgreifen in der Wahl der Mittel oder eine zu Unrecht erhobene Anklage können den Betroffenen, auch wenn es nicht zur Verurteilung kommt, in seinem Beruf und seiner Ehre auf das schwerste schädigen. Wie die Verdachtsgründe, so hat der Staatsanwalt auch alle Entlastungsmomente zu würdigen. Nichts ist irriger als in ihm den einseitigen Verfechter des staatlichen Strafanspruches zu sehen — eine weit verbreitete Meinung, die leider durch die ebenso fehlerhafte wie konstruktive wissenschaftliche Lehre bestärkt wird, die den Staatsanwalt ganz in die Parteirolle des öffentlichen Anklägers drängen möchte. Nicht umsonst verlangt die Gerichtsverfassung für die Staatsanwälte die richterliche Befähigung. Denn es ist Recht und Pflicht des Staatsanwaltes, alle Umstände des Falles in derselben objektiven Weise wie der Richter abzuwägen und das Verfahren einzustellen oder sich mit aller Kraft für die Freisprechung des Angeklagten einzusetzen, wenn er die Überzeugung seiner Unschuld gewonnen hat. Wohl nimmt der Staatsanwalt nicht an der richterlichen Unabhängigkeit teil, aber die Gerichtsverfassung hat die Bindung des Staatsanwalts an die Weisungen seiner Vorgesetzten nur im Interesse einer einheitlichen, schnellen und wirksamen Verbrechensverfolgung angeordnet: im Gerichtssaal ist der Staatsanwalt nicht einseitiger Interessenvertreter, sondern Diener der Wahrheit wie der Richter. Opportunitätserwägungen dürfen ihn nicht leiten und vorherige obrigkeitliche Weisungen für die Verhandlung widersprechen seiner Aufgabe. Das Amt des Staatsanwalts erfordert keine besondere rednerische Begabung; er soll durch das Gewicht seiner Gründe und nicht durch die Eleganz seiner Rede auf die richterliche Überzeugung einwirken. Wohl aber werden Schlagfertigkeit und schnelle Anpassungsgabe in jeder Lage dem Staatsanwalt zustatten kommen. Menschenkenntnis und Geschick in Menschenbehandlung sind für sein Amt unerläßlich; pessimistische Veranlagung könnte seiner Person wie seiner Aufgabe gefährlich werden; denn die dauernde Beschäftigung mit menschlichen Schwächen und Verirrungen kann ihn zum Menschenverächter machen und ihn zu Voreingenommenheit und Härte bei der Strafverfolgung verleiten.

Während Richter und Staatsanwalt als Beamte der streitigen Gerichtsbarkeit nur dann eingreifen, wenn eine Störung des öffentlichen Wohls oder der privaten Rechtsbeziehungen eingetreten ist, liegt die fürsorgende Rechtspflege, die sog. freiwillige Gerichtsbarkeit, in den Händen der Notare[1]). Zu ihrem Aufgabenkreis gehört die beurkundende Tätigkeit, wie die Errichtung von rechtsgeschäftlichen Urkunden, die Protokollierung von Gesellschaftsgründungen und Versammlungsbeschlüssen, ferner die Mitwirkung bei erbrechtlichen Teilungen und in einigen Ländern auch die Führung der Grundbücher, in denen die Rechtsverhältnisse an Grundstücken klargestellt sind. Der Notar dient dem Rechtsfrieden durch seine vorbeugende Tätigkeit; er wird dieser Aufgabe nur gerecht, wenn er seine Tätigkeit nicht handwerksmäßig nach Formularen betreibt, sondern als die hohe Kunst der jeweils richtigen Feststellungen der vielseitigen menschlichen Bestrebungen; selbstverständlich muß er die Technik des Urkundenwesens vollständig beherrschen, sonst erwächst aus seiner Beurkundung erst recht Unsicherheit und Streit. Der Notar ist nicht Interessenvertreter, sondern übt amtliche Tätigkeit aus; er hat daher die Parteien wohl über die Bedeutung und Tragweite ihres rechtsgeschäftlichen Tuns zu belehren und auf steuerrechtliche Vorschriften hinzuweisen, er soll aber nicht durch seine Ratserteilung auf eine bestimmte Art ihrer Tätigkeit hinwirken. Gründlichkeit und peinliche Genauigkeit sind für einen Notar unerläßlich, die Rechtsprechung des Reichsgerichts verlangt von ihm ein hohes Maß von Verantwortung. Das No-

[1]) Eingehende Darstellung: Dr. H. Oberneck, Das Notariatsrecht der deutschen Länder, 1925.

tariat ist kein reichsrechtlich geregeltes Amt; in den meisten Ländern wird richterliche Qualifikation verlangt.

Wie die Tätigkeit des Notars, so ist teilweise auch der Beruf des Rechtsanwalts[1]) der Erhaltung des Rechtsfriedens gewidmet. Aber seine fürsorgende Tätigkeit ist aktiver: er beugt nicht nur durch Rechtsbelehrung fehlerhaften Willensentschlüssen vor, sondern lenkt durch Rechtsberatung die rechtsgeschäftliche Tätigkeit seiner Klienten. Vor allem aber wahrt er ihre Interessen als ihr Vertreter oder Beistand vor den ordentlichen Gerichten. Im Gegensatz zu Richter, Staatsanwalt und Notar ist er nie Beamter, sondern übt seinen Beruf selbständig und nur auf sich gestellt aus. Seine Aufgabe[2]) ist es, einseitig die Interessen seiner Partei zu wahren; deshalb kann er von niemand materiell und organisatorisch abhängig sein — vor der „Abhängigkeit" von seinen Klienten muß ihn seine eigene Festigkeit und das Bewußtsein seiner Standesehre bewahren. Der Anwalt ist Organ der staatlichen Rechtspflege und kann eine Prozeßvertretung nur nach Erwerb der richterlichen Qualifikation und nach staatlicher Zulassung zu einem Gericht übernehmen. Die beratende Tätigkeit des Anwalts ist für den Rechtsfrieden außerordentlich bedeutsam und seine Mitwirkung im Prozeß kann für die Richtigkeit des Urteils nicht hoch genug veranschlagt werden. Sammelt er doch im Zivilprozeß das tatsächliche Material und vermag das Bild des Prozesses, das er vom Standpunkt seiner Partei aus dem Gericht vorträgt, die richterliche Überzeugung im Guten wie im Bösen stark zu beeinflussen. Darum muß jeder, der Anwalt wird, sich seiner Verantwortung für die Rechtspflege bewußt sein und darf trotz seiner Pflicht, für seine Partei einzutreten, die erste Tugend eines jeden Juristen, Objektivität zu wahren, niemals missen lassen. So weit und dankbar das Arbeitsgebiet des Anwalts ist, so schwierig ist seine Aufgabe und so vielseitig sind die Anforderungen, die an ihn gestellt werden. Nur wenigen Anwälten ist es vergönnt, sich ganz auf ein Gebiet zu spezialisieren. Die meisten müssen in allen Rechtsfragen bewandert sein und die Rechtsentwicklung in Literatur und Rechtsprechung auf allen Teilgebieten verfolgen. Der Anwalt muß Lebenserfahrung und Menschenkenntnis besitzen, um die wahre

---

[1]) Ein anschauliches Bild gibt: Hachenburg, Lebenserinnerungen eines Rechtsanwalts, 1928.

[2]) Eingehende Darstellung: R. Finger, Die Kunst des Rechtsanwalts, 1926.

Rechtslage zu durchschauen und auf die richterliche Überzeugung einwirken zu können. Im Gerichtssaal hat er Entschlußkraft und rednerische Begabung zu beweisen und der Erfolg seiner Rechtsberatung wie seiner Beweisführungen im Prozeß hängen von der Sorgfältigkeit seiner Vorbereitungen ab. Er kann nicht in Ruhe den fachwissenschaftlichen Fragen seines Berufes nachgehen, sondern er eilt vom Arbeitszimmer in das Gericht und vom Sitzungssaal zu den Privatberatungen; er muß die Arbeit seiner Kanzlei überwachen und wird vielfach im öffentlichen Leben auftreten. Wer Selbstvertrauen besitzt, Selbständigkeit liebt und im Strom des Lebens stehen will, wird in der Tätigkeit als Rechtsanwalt volle Befriedigung finden.

Unter den juristischen Berufen genießt die Stellung des Verwaltungsbeamten weithin besonders hohes Ansehen. Leider sind es gerade bei der Wahl dieses Berufes äußerliche Umstände, wie Geltung im Volke, Macht der Stellung, Annehmlichkeiten der Repräsentation und die Möglichkeit, zu hohen Ämtern zu gelangen, die den jungen Juristen zu dieser Laufbahn hinziehen; über die innere Eignung zu diesem Beruf macht er sich wenig Sorgen, ja hat kaum eine Vorstellung von den Aufgaben der Verwaltung. Das Gebiet der Verwaltung ist das Gebiet praktischen Handelns im öffentlichen Interesse. Der Verwaltungsbeamte hat in den verschiedenen Zweigen der sog. allgemeinen Staatsverwaltung an der Erfüllung der staatlichen Aufgaben mitzuwirken oder in zahlreichen Stellungen der Selbstverwaltung, insbesondere des Kommunaldienstes, die politischen, wirtschaftlichen oder geistigen Sonderinteressen dieses Verbandes zu fördern. Ein grundlegender Unterschied besteht gegenüber der Tätigkeit in der Justiz: der Richter, Rechtsanwalt und Notar wird nur tätig, wenn er im einzelnen Fall angerufen wird und die Anwendung des Rechtes auf die vorgetragenen Fälle ist seine Aufgabe. Der Verwaltungsbeamte dagegen hat immer einzugreifen, wenn es die seiner Pflege anvertrauten Interessen der Allgemeinheit gebieten. In freiem Ermessen und selbständigem Handeln bestimmt er so Zeitpunkt, Ziel und Mittel seines Wirkens. Das sachlich Richtige, das für die Gesamtheit Zweckmäßigste zu verwirklichen, ist seine Aufgabe, und der Erfolg entscheidet über seine Tätigkeit. Trotz dieses Unterschiedes werden auch heute noch in der Staats- und Gemeindeverwaltung überwiegend Juristen beschäftigt. Denn im Rechtsstaat ist auch das freie Ermessen der Verwaltung an die Schranken der Gesetze gebunden. Der Verwaltungsbeamte muß daher die Gesetze verstehen und richtig auslegen können, wenn ihm auch die Rechtsanwendung nicht Endzweck, sondern nur Voraussetzung seiner Arbeit ist, die sich in der Form und in den Grenzen des Rechts abzuspielen hat. Die praktischen Aufgaben seines Berufes verlangen von ihm besondere Fähigkeiten außer seiner juristischen Vorbildung: gute Allgemeinbildung, Verständnis für das wirtschaftliche Leben, Freude am praktischen Wirken, Gewandtheit und Sicherheit im Verkehr mit der Bevölkerung aller Schichten, Disziplin, Anpassungsfähigkeit und Festigkeit; insbesondere muß der Verwaltungsbeamte im großen wie im engeren Wirkungskreis von starkem Gemeinschaftsbewußtsein getragen sein und Führereigenschaft besitzen. Das Gemeinschaftsbewußtsein verlangt, daß er sich immer als Diener des Staates fühlt und unter Verachtung aller persönlichen Vorteile, unter rücksichtsloser Zurückweisung von Gruppen-, Partei- und Ressortwünschen nur das Wohl des Ganzen im Auge hat; er muß sich fühlen als Organ des Staates oder der Gemeinde, ein Stück des Staates selbst muß in ihm lebendig werden. Als Führer muß er Ideale haben und Ziele sehen, wie Verstehen, auch Laue und Widerstrebende vor seinen Wagen zu spannen. Wenn heute trotz der idealen Aufgabe des Berufs die Laufbahn des Verwaltungsbeamten gerade von selbständigen und schöpferisch veranlagten Persönlichkeiten gemieden wird, so hängt das zweifellos zusammen mit der „unleugbar parteipolitischen Beeinflussung, die sachlich kaum zu rechtfertigende Bevorzugungen und Benachteiligungen verschiedener Art . . . . fast unvermeidlich macht“ (Peters, DJZ. 1925, 1521). Der Verwaltungsbeamte entbehrt der richterlichen Unabhängigkeit und wird in viele Stellungen der Gemeindeverwaltung nur auf Zeit gewählt.

Mußten wir schon bei der Verwaltung feststellen, daß außer der juristischen Befähigung eine ganze Reihe anderer Eigenschaften zu fordern ist, so empfangen die zahlreichen sonstigen Berufe, die den Juristen zugänglich sind, gewiß nicht durch die Erfordernisse juristischer Vorbildung ihr Gepräge. Sie sind für den Juristen nur die Grundlage, auf der er sein fachwissenschaftliches Können verwerten kann. Denn bei der immer weiter greifenden Spezialisierung kann der juristische Fachmann in vielen sonstigen Berufen nicht entbehrt werden, wie z. B. im industriellen oder kaufmännischen Betrieb, im Versicherungs- und Bankwesen, in der Post- und Bahnverwaltung, in Diplomatie und Politik. Typisch juristische Eigenschaften erfordern diese Berufe nicht, wenn auch die juristische Ausbildung das Vorwärtskommen in ihnen fördert oder Kenntnisse und Erfahrungen auf einem Spezialgebiet, wie z. B. dem Steuerrecht oder der Betriebswirtschaftslehre, die Anstellung erleichtern.

Unser Überblick zeigte uns, welche Fähigkeiten und Neigungen den verschiedenen Berufszweigen entsprechen. Von den Aussichten der juristischen Laufbahn habe ich nicht gesprochen; nach ihnen sich zu richten wäre ein verfehltes Beginnen. Nicht das äußere Ansehen noch die gute Bezahlung einer Stellung, sondern nur die innere Befriedigung in der beruflichen Tätigkeit selbst werden die getroffene Wahl einst als richtig bezeugen. Die günstigen Zeiten für den juristischen Beruf sind vorüber und wie fast alle akademischen Berufe ist auch der juristische stark überfüllt. Deshalb darf sich ihm nur zuwenden, wer sich wirklich zum Juristen berufen fühlt. Er aber kann sein Ziel sich von Anfang an gewiß nicht hoch genug stecken. Sein ganzes Studium wie seine ganze Berufsarbeit müssen vom unbeugsamen Willen zum sachlichen Erfolg getragen sein. „Freie Bahn dem Tüchtigen" ruft unsere Zeit — weil es so wenig Tüchtige gibt. Deshalb setzt sich trotz aller Schwierigkeiten und trotz der Überfüllung der Berufe der wahrhaft Tüchtige, der über dem Durchschnitt steht, auch heute bestimmt noch durch. Aber noch ist kein Meister vom Himmel gefallen: τῆς δ'ἀρετῆς ἱδρῶθα θεοὶ προπάροιθεν ἔθηκαν!

*

Studium und Berufskreis des Wirtschaftswissenschafters

Von Dr. Carl-Max Lüttgens,
Direktor im Landesarbeitsamt Mitteldeutschland

Berufsbild und Berufskreis des Volkswirts in der Gegebenheit des Heute und in der Entwicklung auf das Morgen zu sehen, zwingt zu einer Rückschau auf das Werden aus dem Gestern, zu einem wertenden Blick auf die

Berufsgeschichte

In der preußischen Verwaltung, wie etwa Friedrich Wilhelm I. sie organisierte, galt als Hochschulbildung für den Beamtennachwuchs ein Studium, das die Gebiete des Rechts, der Wirtschaft und der Technik umfaßte. Wirtschaftliches Denken und Handeln insbesondere war geläufig, weil praktischer Dienst in den „vorzüglichsten Gewerben" vorgeschrieben war. Ein Jahrhundert ruhte auf diesen drei Säulen des Wissens die Praxis des Verwaltungsbeamten. Der Wissensinhalt dieser Disziplinen aber wuchs, war nicht mehr in einem Studium zu vereinigen. Entweder mußten damit für die auch sich scheidenden Arbeitsgebiete der Verwaltung drei Beamtensparten entstehen oder ein Ausbildungsweg würde zum Nachteil der beiden andern bevorzugt. Man entschied sich für den letzten Weg. Was bisher zugestanden war, in der Vorbereitungszeit „als Auskultator bei einer Gerichtsbehörde" zu arbeiten, wurde nunmehr zur Vorschrift. Damit begann für die Verwaltung das sog. „Juristenmonopol". Seitdem erörtert man bis heute den Ausbildungsgang, da die bisherige Regelung „weder eine ausreichende theoretische noch eine gründliche praktische Ausbildung von Verwaltungsbeamten zu gewährleisten vermocht hat". (Begründung zu dem zur Zeit für die Ausbildung geltenden Gesetz vom 10. August 1906.) Vor allem fehlte es wohl an Sinn für Markt und Mensch.

In der Wirtschaft sprengte das beginnende 19. Jahrhundert die überkommenen Fesseln ständischer Berufsbindung. Ein neuer lebhafter Geist freier Berufsvereinigungen schuf Kaufmannschaften und Handelskammern. Die laufenden Geschäfte benötigten einen besonderen „Sekretär". Man nahm dazu einen Kaufmann, einen Techniker, einen Landwirt, vor allem wegen der de lege ferenda und de lege lata zu erledigenden Arbeiten einen Juristen. Wirtschaftliches Denken hielt man zwar für nötig, glaubte aber, darin müsse eben der Jurist „auch" geschult sein. Körperschaften und Verbände der Wirtschaft nahmen zu an Zahl und Größe, das Arbeitsgebiet des aus dem „Sekretär" entstandenen „Syndikus" wuchs zusehends nach der wirtschaftlichen Seite. Die Praxis des Kammersekretärs ruhte zunächst auf den beiden Säulen rechts- und wirtschaftswissenschaftlicher Schulung, der Jurist allein aber reichte nicht aus. Der Sprossungsvorgang einer Berufsspaltung setzte ein, wie berufsgeschichtlich meist in solchen Fällen stark zunehmenden Berufsinhaltes nachweisbar. Die Handelskammer wurde damit die Geburtsstätte eines neuen Berufsstandes des praktischen Volkswirts.

Mannigfache Verwendungsmöglichkeiten für ihn kamen zwar auf, immer aber vorerst mit nur sehr beschränktem Bedarf. Im

Kriege dann spürte man nur zu deutlich für Verwaltung und Wirtschaft den Mangel an wirtschaftswissenschaftlich geschulten Fachbeamten. Die Nachkriegszeit mit ihrem besonderen sozialökonomischen Gepräge brachte eine größere Nachfrage nach akademisch gebildeten Volkswirten; die damals besonders schwierige Lage der Studentenschaft weckte aus mannigfacher Vorstellung von Ausbildungsgang und wirtschaftlichen Aussichten einen stärkeren Zustrom zum Studium der Nationalökonomie. Die Folgen dieser „Berufsinflation" blieben nicht aus. Bald klagte man weithin über die mangelnde Eignung des akademisch gebildeten Volkswirts.

In der Verwaltung hatte man zunächst das Wissen und Können des Beamten aus den drei Quellwassern des Rechts, der Wirtschaft und der Technik gespeist, dann aber zwei versiegen und den Beamten nur aus dem Juristen entstehen lassen.

In der Wirtschaft war in arbeitsteiligem Vorgang neben dem Juristen der praktische Volkswirt entstanden. Der Jurist aber genügte nicht in allem der Verwaltung, der Volkswirt nicht der Wirtschaft. Da kam der naheliegende Gedanke auf, in einer Zusammenfassung des rechts- und wirtschaftswissenschaftlichen Studiums den für alle Gebiete der Wirtschaft und Verwaltung gemeinsam geeigneten „Staatswirt" zu schaffen. So überzeugend auch zunächst vielleicht dieser Plan erscheint, ist er doch gedanklich falsch und in der Praxis nicht durchzuführen. Jurist und Volkswirt sind nicht mehr zusammenzubringen, sie sind schon zu weit auseinander gewachsen, sind heute in ihrer Struktur zu verschieden. Der Jurist ist der Vertreter eines „statischen", der Volkswirt eines „dynamischen" Prinzips.

Darum ging man richtiger an eine Ausgestaltung des volkswirtschaftlichen Studiums, dem in der Prüfung zum Diplomvolkswirt das bisher fehlende Abschlußexamen zu einem erweiterten Ausbildungsgang gegeben wurde.

Diese berufsgeschichtliche Entwicklung und die damit gegebenen Standesprobleme muß sehen, wer dem Studium der Nationalökonomie sich zuwenden will. Das abschließende Examen sichert nicht das Fortkommen in einem etwa gesetzlich umrissenen Berufskreis, führt nicht in das Wirkungsgebiet eines schon in seiner Tradition anerkannten akademischen Standes.

Die mannigfache Verwendungsmöglichkeit des akademisch gebildeten Volkswirts prägt sich im Ausbildungsgang aus.

Das Studium

wird demnach einen sehr verschiedenartigen Aufbau zeigen. Trotzdem lassen sich — vorzugsweise nach dem beabsichtigten Abschlußexamen — drei besondere Wege aufzeigen:

1. Diplomvolkswirt. Allgemeine oder theoretische und besondere oder praktische Volkswirtschaftslehre und Geschichte der Volkswirtschaftslehre stehen im Mittelpunkt des Studiums. Es gliedern sich Finanzwissenschaft und die Lehre vom Geld-, Bank- und Börsenwesen an. Dazu kommen Statistik, Wirtschaftsgeschichte und -geographie, Soziologie. Aus den juristischen Fächern sind die drei ersten Teile des Bürgerlichen Gesetzbuches, des Handels-, des Staats-, Verwaltungs- und Völkerrechts notwendig. Betriebswirtschaftliche und technische Vorlesungen sind zu empfehlen. Übungen zur Vertiefung des Kollegstoffes sind vorgeschrieben.

Die nach 6 Semestern frühstens mögliche Diplomprüfung umfaßt die zuvor genannten Fächer.

2. Diplomkaufmann. Er geht vom Gebiet der Betriebswirtschaftslehre aus, hört auch die Hauptvorlesungen für den Diplomvolkswirt, dazu aus den Rechtswissenschaften die meist für den Betriebswirt besonders gelesenen Kollegs.

Die gleichfalls nach 6 Semestern mögliche kaufmännische Diplomprüfung umfaßt vier Pflichtfächer: Allgemeine und besondere Betriebswirtschaftslehre, Volkswirtschaftslehre einschl. Finanzwissenschaft und die wirtschaftlich wesentlichen Teile der Rechtswissenschaft mit Einschluß der Grundzüge des öffentlichen Rechts, dazu ein Wahlfach aus folgenden Gebieten: öffentliches Recht, Geographie mit besonderer Berücksichtigung der Wirtschaftsgeographie, Chemie, Physik, Versicherungslehre, Finanzwissenschaft und Steuerwesen, Genossenschaftslehre, Statistik, fremde Sprachen.

3. Diplomhandelslehrer. Allgemeine Betriebswirtschaftslehre und für den Lehrerberuf natürlich Pädagogik sind vorgeschrieben, sonst ist aus dem weiten Bezirk der Wirtschaftswissenschaft und den Nachbargebieten eine freiere Auswahl möglich.

Die Prüfung umfaßt die beiden zuvor genannten Pflichtfächer, außerdem drei Wahlfächer aus folgenden Gruppen:

a) wirtschaftswissenschaftliche Gruppe: besondere Betriebswirtschaftslehre, Volkswirtschaftslehre, Rechtswissenschaft,

b) sprachliche Gruppe: zwei Fremdsprachen und Volkswirtschaftslehre oder Rechtswissenschaft oder Wirtschaftsgeographie,
c) technologisch-geographische Gruppe: Chemie, Physik, Wirtschaftsgeographie.

Frühstens 2 Semester nach dem Diplomexamen kann die Doktorprüfung abgelegt werden. Die Promotionsordnungen weichen sehr voneinander ab. Erworben wird der akademische Grad eines Doktors der Staats- oder der Wirtschaftswissenschaften: Dr. oec., Dr. oec. publ., Dr. rer. pol., Dr. sc. pol., Dr. phil. (mit Volkswirtschaftslehre als Hauptfach).

Die Abschlußprüfung und gegebenenfalls das Doktorexamen beenden die Hochschulzeit und öffnen das Tor in den praktischen Beruf.

Der Anfänger steht jetzt auf sich allein, hat selbst den Weg sich zu bahnen. Über bescheidene Anfangsstellungen hat er sich das Rüstzeug zu erarbeiten, das Aufstieg und Fortkommen ihm ermöglichen soll. Das vielgestaltige

Berufsbild

verlangt vielseitige Schulung. Unsere Zeit krankt an einem wirtschaftlichen Dilettantismus, wie er schlimmer nicht auszudenken.

Wie der Arzt vom Kurpfuscher unterscheide sich der akademisch gebildete Volkswirt vom „nationalökonomischen Heilkundigen". Nicht durch überhebliches Besserwissen, sondern durch ernst erarbeitete Schulung in wirtschaftlichem Denken.

Der Volkswirt soll gelernt haben, durch die verwirrende Fülle sozialökonomischer Bewegungsformen und Einzelerscheinungen hindurch die treibenden Kräfte volks- und weltwirtschaftlichen Geschehens zu sehen und zu deuten. Vor dem Hintergrunde wirtschaftsgeschichtlichen Werdens ist die wirtschaftskundliche Gegebenheit des Heute zu verstehen. Aus Geschichte und Erdkunde, aus Volk und Land entsteht die Netzziehung des wirtschaftlich-sozialen Gefüges, in die dann die Wachstumslinien schon erkennbarer oder erst noch zu vermutender Wirtschaftsentwicklung einzutragen sind. Alle, auch die kleinsten Teilbewegungen sind zu beobachten, aber darüber die großen Linien der Gesamtentwicklung nicht zu übersehen. Die vielen Einzelbilder eines engeren Wirtschaftsgebietes schulen den Blick für die Gesamtansicht weltwirtschaftlicher Verflechtung. In wirtschaftlicher Heimatkunde lernt man zunächst Verkehrsbeziehungen, Standortfragen, Rohstoffquellen, Absatzgebiete und nicht zuletzt das Sozialgefüge und seine Auswirkung, um so Blick und Urteil zu schärfen für die Probleme in Volks- und Weltwirtschaft. Zwischenstaatliche Marktgegebenheiten, soziale Wanderungsbeziehungen, wirtschaftliche Wettbewerbe, handelspolitische Erfordernisse müssen vorurteilsfrei und unbeeinflußt gesehen und entwickelt werden können.

Technologische Kenntnisse erklären den Produktionsvorgang der chemischen Großindustrie, sozialgeschichtliches Wissen erleichtert das Verständnis für die Wirtschaftslage der Spielwarenindustrie.

Das „ökonomische Prinzip“, mit möglichst geringen Mitteln größtmöglichen Nutzen zu erzielen, gelte dem Volkswirt vor allem bei eigener Verwaltungsarbeit. Er soll die „Betriebstechnik“ öffentlicher und wirtschaftlicher Verwaltung kennen. Brieföffner, Hausrohrpost, Aktenführung, Karteiwesen, Aktenumlauf, Vervielfältigung usw. in ihrem mannigfachen Abarten muß er verstanden haben. Wer organisieren will, muß ein wenig Organisationstheorie treiben.

Übung in freier Rede ist für den Volkswirt unentbehrlich. Saubere Form der Sprache, reiner Ausdruck und klare Gedankengliederung. Nicht anders steht es mit der Schreibgewandtheit. Hinzu kommt technische Kenntnis im Korrekturlesen, Schriftenherausgabe, Verlagswesen. Eine gewisse Erfahrung im Archiv- und Büchereidienst kann nützlich sein. Und nun zuletzt das eigentlich Wichtigste, aber auch Schwierigste: Menschenkenntnis und Menschenbehandlung. Hier bringt zwar erst die Schule des Lebens die reife Erfahrung, aber man muß früh schon zum Lernen bereit sein.

Der Volkswirt, der im Leben zu stehen hat, darf Welt und Menschen nicht aus Büchern lernen wollen. Nur im Leben selbst lernt man das Leben.

Nur wer das Berufsbild des Volkswirts so reich, aber auch so voll ernster Pflichten sehen will, wird in dem ebenso reichen

Berufskreis

heimisch werden können.

Die vielfachen Verwendungsmöglichkeiten schließen eine auch nur annähernd vollständige Darstellung der für den Volkswirt geeigneten Berufssparten aus. Auch hätte eine etwa wirklich erschöpfende Aufzählung nur Augenblickswert. Es ist hier noch zu viel in lebendigstem Fließen.

Die Handelskammer ließ den Beruf des Volkswirts entstehen. Sie bietet ihm Stellung als Syndikus, Abteilungsleiter, Assistent, Hilfsarbeiter. Die Kammern haben je nach Größe und Struktur ihres Gebietes verschiedenen Umfang und Arbeitsbereich. Sie führen neuerdings die Bezeichnung Industrie- und Handelskammer, sind auch im Ausland vertreten. Ihr Pflichtenkreis ist gesetzlich geregelt. Die leitenden Stellen werden zumeist aus dem im Kammerdienst geschulten Nachwuchs besetzt. Kaufmännische Praxis kann nützlich sein, zureichende juristische Kenntnis auf den einschlägigen Gebieten ist unerläßlich.

Die Landwirtschaftskammern haben vielfach einen Diplomlandwirt als Direktor, unter ihm eine Reihe wirtschafts- und rechtswissenschaftlich geschulter Abteilungsvorsteher und Assistenten. Kenntnis landwirtschaftlicher Betriebstechnik ist notwendig.

Die Handwerkskammern waren die letzte Einrichtung in diesem Kreis der öffentlichen Berufsvertretungen. Sie bieten Stellungen als Syndikus und Assistent. Auch hier ergänzt sich das Personal meist aus den eigenen Reihen.

Dem Kammerdienst verwandt ist die Arbeit in den Wirtschaftlichen Vereinigungen der Arbeitgeber. Namentlich die ersten Jahre der Nachkriegszeit, die Zeit der wirtschaftlichen Demobilmachung ließ eine Fülle neuer Arbeitgeberverbände entstehen. Aber auch diese Verbandsinflation ging wieder zu Ende. Die Arbeitgeberverbände sind fachlich und räumlich (gemischt-wirtschaftlich) aufgezogen. Sie waren zunächst nur als Gegenmaßnahme gegen den gewerkschaftlichen Zusammenschluß der Arbeitnehmer gedacht und damit vorzugsweise auf Lohn- und Tarifverhandlungen eingestellt. Sie standen als „sozialpolitische" Verbände neben den „wirtschaftspolitischen" Unternehmervereinigungen, wie als Spitzen die Vereinigung deutscher Arbeitgeberverbände und der Reichsverband der Deutschen Industrie nebeneinanderstehen. Je mehr aber mit der Beruhigung der wirtschaftlich-sozialen Verhältnisse die Laufzeit der Lohnabkommen und Tarifverträge sich verlängerte, je mehr dadurch die sozialpolitische Arbeit abnahm, desto mehr vereinigte sich mit ihr in den örtlichen und bezirklichen Verbänden die Erledigung wirtschaftspolitischer, namentlich steuerrechtlicher Fragen. Gute Wirtschafts- und Rechtskenntnis, vor allem arbeits- und steuerrechtliche Schulung, Rede- und Schreibgewandtheit, Erfahrung in Verhandlungstechnik und -taktik sind nötig.

Der Tätigkeit eines Arbeitgeberverbandssyndikus ähnelt der Pflichtenkreis eines Sozialsyndikus größerer Unternehmungen. Dieser ist gleichsam der Verbindungsmann zwischen Werksleitung und Belegschaft. Er soll die Interessen des Betriebes vertreten, zugleich aber ausgleichend wirken.

Der Arbeit in einem wirtschaftlichen Unternehmerverband entspricht in manchem der wirtschaftspolitische Dienst bei Kartellen und Syndikaten.

Im gewerkschaftlichen Zusammenschluß der Arbeitnehmerseite fand der akademisch gebildete Volkswirt bisher kaum Verwendung, weil man hier die beamteten Vertreter aus den eigenen Reihen der Berufskollegen zu nehmen gewohnt ist. Nur vereinzelt trifft man in den Geschäftsstellen der Spitzenverbände den Volkswirt an.

Im Arbeitsnachweiswesen mit dem dreifachen Arbeitsgebiet der Berufsberatung, Arbeitsvermittlung und Arbeitslosenversicherung brachte das Gesetz vom 16. Juli 1927 den selbständigen Aufbau einer Reichsanstalt für Arbeitsvermittlung und Arbeitslosenversicherung. Sie gliedert sich in eine Hauptstelle, in Landesarbeitsämter und Arbeitsämter. Ein akademisch gebildeter Volkswirt kann Stellung finden als Referent, stellvertretender Vorsitzender oder Vorsitzender eines Arbeitsamts, als Referent oder Abteilungsleiter eines Landesarbeitsamts oder der Hauptstelle. Künftig werden die oberen Stellen meist aus dem eigenen Nachwuchs, und zwar meist aus den Arbeitsämtern heraus besetzt werden. Die Reichsanstalt ist eine Einrichtung der „wirtschaftlichen Selbstverwaltung“, wird also von der Arbeitgeber- und Arbeitnehmerseite getragen. Die leitenden Stellen sind nicht selten politisch umkämpft. Der Dienst verlangt wirtschaftlich — soziale Erfahrung, arbeitsrechtliche Kenntnis, Verwaltungsschulung, er ist nicht immer leicht, dafür aber lebendig und lehrreich, man darf aber des Kämpfens nie müde werden.

Auch die Wohlfahrtspflege hat eine Dreiteilung in gesundheitliche, erzieherische und wirtschaftliche Fürsorge. So teilen sich Mediziner, Pädagogen und Volkswirte in den Pflichtenkreis. In der Ausbildungszeit ist schon Teilnahme an Übungen in wohlfahrtspflegerischen Fächern zu empfehlen. Die früher vielgestaltige private Wohlfahrtspflege ging immer mehr auf die amtliche über oder wird nur nebenamtlich betrieben.

Mit Arbeitsamt und Wohlfahrtsamt leiten wir auf den Behördendienst über. Die erste Beschäftigungsmöglichkeit für den

Volkswirt in der Verwaltung brachten die kommunalstatistischen Ämter. Der „wissenschaftlich geschulte Statistiker“ entstand zunächst aus dem Mathematiker oder dem Juristen. Der wachsende Aufgabenkreis, die Fülle der schwieriger werdenden Probleme ließ dann die Gemeinden den wirtschaftswissenschaftlich geschulten Statistiker bevorzugen. Mit Bevölkerungsstatistik begann um die Jahrhundertwende vorzugsweise das Arbeitsgebiet der städtischen statistischen Ämter, bald dehnte es sich aus auf alle Erscheinungsformen gemeindlichen Lebens. Sprachkenntnis ist dem Statistiker nützlich, mathematische Schulung gleichfalls, neuerdings möglichst auch Vertrautheit mit Problemen und Methoden der Konjunkturbeobachtung. Den gemeindlichen Statistischen Ämtern ist vielfach das Wahlamt (zur Durchführung politischer Wahlen), oft auch das Verkehrsamt angegliedert, dessen Leitung verkehrswissenschaftliche Schulung und verkehrspraktische Erfahrung erfordert. Das Statistische Amt untersteht einem Magistratsdezernenten und wird von einem Direktor geleitet, der über einen oder mehrere Assistenten verfügt. (Hier sei erwähnt, daß trotz der angeblichen Gegnerschaft der Wirtschaft gegen die Statistik große Verbände und Unternehmungen immer mehr zur Einrichtung eigener statistischer Bureaus übergehen — nicht selten unter Leitung eines wissenschaftlichen Statistikers.) Auch bei den statistischen Landesämtern und dem Statistischen Reichsamt findet der Volkswirt (wenn auch meist anfangs in der mittleren Laufbahn) Stellungen.

In der allgemeinen Verwaltung der Gemeinde, des Landes und des Reiches kämpft der Volkswirt um die Gleichberechtigung mit dem Juristen. Was der Techniker etwa für den Stadtbauratposten, der Philologe für das Schulamt, der Arzt als Medizinalrat erreicht, wird vielfach dem Volkswirt bestritten, weil der Verwaltungsjurist die wirtschaftlich-sozialen Dinge „nebenbei“ kann, daher der Volkswirt nicht nur entbehrlich, sondern wegen angeblich mangelnder Vielseitigkeit bei Dezernatsverschiebungen sogar störend sei. Dieser Streit geht nicht gegen eine rechtswissenschaftliche Ausbildung, nicht für berufsegoistische Ziele, geht vielmehr um die der Öffentlichkeit nötige Erkenntnis, daß für die Verwaltung bei der Schwierigkeit und Bedeutung wirtschaftlich-sozialer Aufgaben ein wirtschafts-wissenschaftlich geschultes Fachbeamtentum unentbehrlich ist. Die Erkenntnis setzt sich — wenn auch noch langsam — doch stetig durch.

Im Pressewesen findet man den Volkswirt als politischen, Handels- oder allgemein volkswirtschaftlichen Redakteur. Wer hier unterkommen will, nehme schon als Student an Vorlesungen und Übungen über Zeitungswesen teil. Sprachkenntnisse, genügende rechtswissenschaftliche Schulung, gutes Gedächtnis, schnelle Auffassungsgabe, Reaktionsgeschwindigkeit, Kombinationsgeschick, flotter Stil und sehr gute Kenntnis in wirtschaftlich-sozialen und politischen Dingen sind nötig. Vorübergehende Tätigkeit im Pressedienst ist übrigens für manche andere Berufssparte des Volkswirts zu empfehlen.

Im Lehrberuf haben sich die vor Jahren guten Aussichten des Handelslehrers — wohl zeitweilig — verschlechtert. Wirtschaftsschulen — im Range eines mittleren Technikums — waren vielfach geplant. Pädagogisches Geschick und Liebe zur Lehrtätigkeit, ohne die ein Erfolg nicht möglich, sind meist nicht zu lernen. Zu erwähnen ist hier die Lehr- und Forschungsarbeit des Hochschullehrers.

Im kaufmännischen Beruf, im Bankfach hat der Akademiker im allgemeinen sich — als Akademiker — eine bevorzugte Stellung noch nicht erringen können. Mit kaufmännischer Lehre, möglichst nicht mit Volontärzeit beginne man die Ausbildung. Wer dazu aus Praxis und Hochschule technische Kenntnisse mitbringt, wird als „Ingenieur-Kaufmann“ bessere Aussichten haben. Rechnender Sinn und Kombinationsgabe, Betätigungsdrang und Unternehmungsgeist machen den Kaufmann aus, dann kann dazu eine wirtschaftswissenschaftliche Schulung ihm förderlich sein. Der Tradition des Kaufmanns liegt das Bücherwissen noch nicht sehr. Aber der Wandel der Anschauungen ist zu spüren.

Endlich und diese mit nur wenig Strichen gebotene Skizze des Berufskreises abschließend die selbständige Tätigkeit: Steuerberater, Bücherrevisor und Treuhänder, selbständiger Kaufmann und Handelsvertreter usw. Die wissenschaftlichen Wirtschafts- und Steuerberater kämpfen hier stark um die gesetzliche Anerkennung und Erweiterung ihres Wirkungsbereiches.

Eine wissenschaftliche Erforschung und Durchdringung des Steuerrechts als einer selbständigen Wissenschaft beginnt erst. Die Steuerwissenschaft wird auf der einen Seite von Verwaltungslehre, Verwaltungs- und Wirtschaftsrecht, auf der andern Seite von Volkswirtschaftslehre und Betriebswissenschaft begrenzt. So haben auf diesem Gebiet Jurist, Volkswirt und Betriebswissenschafter sich zu ergänzen. Es wird angestrebt, den Beruf des wissenschaftlichen Wirtschafts- und Steuersachverständigen auszubauen zu einem staatlich anerkannten Wirtschaftsanwaltsberuf, unter sinngemäßer Übertragung aller Rechte und Pflichten des Rechtsanwalts bzw. Patentanwalts auf den Wirtschaftsanwalt. Die Tätigkeit umfaßt vorzugsweise die Arbeitsgebiete: Betriebswirtschaftsberatung, wissenschaftliche Steuerberatung, Betriebsorganisation und finanzwirtschaftliche Beratung.

So überaus vielgestaltig ist die Verwendungsmöglichkeit des akademisch gebildeten Volkswirts, so wenig geklärt aber auch noch oft der Berufsweg. Vielfach kann er arbeiten, viel wird aber auch von ihm verlangt. In seinem Fortkommen ist er auf sich allein gestellt, das reizt den Starken, den Schwachen soll es schrecken, er wird doch in Stellungen bleiben müssen, für die ein Hochschulstudium nur Zeit- und Geldverschwendung wäre.

Wer aber Überdurchschnittliches zu leisten geeignet und willens ist, dem wird der Beruf des Volkswirts äußeren Erfolg, vor allem aber innere Befriedigung bieten können.

Studium und Berufskreis des Landwirtes und Forstwirtes

Von Diplomlandwirt Dr. Fritz Bredemann

Der Landwirt

Es liegt im Wesen des landwirtschaftlichen Berufes, dessen Betätigungsfeld in den meisten Fällen außerhalb der Städte liegt, daß der junge Abiturient als Schüler höherer Schulen der Stadt vor der Berufswahl weniger an den Beruf des Landwirtes denkt als an solche Berufsarten, mit denen er als Stadtkind leichter in nähere Berührung kommt. Um so mehr ist es notwendig, ihn ausführlich auf die Möglichkeiten und Schwierigkeiten und die Vielgestaltigkeit des landwirtschaftlichen Berufes hinzuweisen. Dies insbesondere in einer Zeit, in der die Lage der Landwirtschaft ständig als so hoffnungslos hingestellt wird, daß „Notlage“ und „Landwirtschaft“ bereits zu einem gemeinsamen Begriff geworden sind.

Wenn es auch heute noch in der deutschen Jugend so ist, daß ihre tüchtigsten Vertreter denjenigen Berufen zustreben, die gerade in einer Zeit der Umgestaltung vor einer ungeheuren Fülle von Problemen und Aufgaben stehen, deren Lösung ganze Kerle und tatkräftige Männer erfordern, dann bietet auch der landwirtschaftliche Beruf seinen Anwärtern einen befriedigenden aussichtsreichen Wirkungskreis.

Damit ist bereits die Frage angeschnitten: Wer kann und darf mit Aussicht auf Erfolg den landwirtschaftlichen Beruf ergreifen? Es gibt eine Auffassung in landwirtschaftlichen Kreisen, nach welcher nur der im späteren landwirtschaftlichen Beruf besonders tüchtig und erfolgreich sein könne, der selbst aus der Landwirtschaft stamme und möglichst dort geboren und groß geworden sei. Dieser ziemlich weitverbreiteten Auffassung kann ich mich keineswegs anschließen; vielmehr bin ich davon überzeugt, daß gerade der Nachwuchs für die geistig geschulten führenden Schichten der Landwirtschaft, der sich aus nichtlandwirtschaftlichen Kreisen zusammensetzt, eine wertvolle und notwendige Ergänzung dieser Berufsgruppe bedeutet. Bei der Entscheidung für den Beruf des

Landwirtes sollte der Abiturient sich vor allem von seiner inneren Veranlagung und seinen Neigungen leiten lassen; neben besonderen Interessen für die Naturwissenschaften schon während der Schulzeit sind hier insbesondere starke innere Verbundenheit mit der Natur zu fordern. Wer in der Befriedigung seiner Lebensansprüche von der Stadt abhängig ist, wird des Landlebens recht bald müde und wird die Abgeschiedenheit und die Einsamkeit auf dem Lande als furchtbare Fessel empfinden. Wer aber tiefes Empfinden für das Erleben der Natur hat, wer daraus seine Lebensfreude zu schöpfen vermag und auch den Kampf in ihr und gegen sie nicht scheut, der tut recht daran, den anstrengenden harten, aber auch ebenso befriedigenden landwirtschaftlichen Beruf zu wählen.

Weitere notwendige Forderungen und Voraussetzungen sind: Eiserne Gesundheit, um den hohen körperlichen Anforderungen bei Wind und Wetter gewachsen zu sein; klarer Kopf, um das durch die Entwicklung der Naturwissenschaften immer größer werdende Fachgebiet noch übersehen und beherrschen zu können. Und weiter: weitgehendes soziales Verständnis, Pflichttreue, Gerechtigkeitsgefühl, Pünktlichkeit und Ordnungsliebe, technisches und kaufmännisches Verständnis, Genügsamkeit, Ruhe und Tatkraft, Verantwortungsgefühl und Veranlagung zu eigenem selbständigen schöpferischen Handeln.

Für die Betätigung innerhalb des landwirtschaftlichen Berufes ist zu unterscheiden zwischen a) dem praktischen Landwirt und b) dem nichtpraktischen Landwirt. Der praktische Landwirt übt seinen Beruf aus als Besitzer, Pächter, selbständiger Beamter (Betriebsleiter, Administrator, Oberinspektor, Gutsverwalter, Güterdirektor), unselbständiger Beamter (Verwalter, Assistent, Inspektor, Wirtschafter u. a.).

Noch verschiedenartiger sind die Berufsmöglichkeiten für nichtpraktische Landwirte. Sie finden ihren Wirkungskreis als Verwaltungslandwirt für alle Ministerien, in denen landwirtschaftliche Fachfragen bearbeitet werden, für Landeskulturbehörden, Finanz- und Arbeitsverwaltung, Kommunalverbände, Siedlungsgesellschaften, Landwirtschafts- und Bauernkammern, Hypothekenbanken, Kreditinstitute, landwirtschaftliche Berufsvereinigungen jeder Art usw. Oder sie betätigen sich als Landwirtschaftslehrer, Privatdozenten und Hochschullehrer, als Tierzuchtbeamte, Saatzuchtinspektoren, Versuchsringleiter, Truppenunterrichtsleiter.

Die Entscheidung des jungen Menschen für eine der genannten Richtungen des landwirtschaftlichen Berufes hängt zu einem Teil von den ihm später zur Verfügung stehenden Geldmitteln ab (ob praktischer oder nichtpraktischer Landwirt, bzw. ob landwirtschaftlicher Besitzer oder Pächter oder Beamter); zum anderen spricht hierbei stark entscheidend auch die bereits oben genannte, in jungen Jahren ausgeprägte Neigung und Veranlagung mit. Entscheiden diese für die nichtpraktische Betätigung als Landwirt, so werden sie auch im einzelnen für den Beruf als Landwirtschaftslehrer, Hochschullehrer, Verwaltungslandwirt, Kulturtechniker usw. den Ausschlag geben, oder aber es wird sich auf Grund eigener Erfahrungen während der Ausbildungszeit (praktische Tätigkeit und theoretisches Studium) die Festlegung des endgültigen Zieles innerhalb des landwirtschaftlichen Berufes ergeben.

Grundsätzlich besteht die Ausbildung zum Landwirt aller verschiedenen Berufsarten aus einer praktischen und theoretischen Vorbereitung, die beide gleich wichtig sind. Die praktische Tätigkeit hat der theoretischen Ausbildung vorauszugehen; gefordert werden mindestens zwei (noch besser sind drei) praktische Lehrjahre. Besonderer Wert ist auf die Auswahl der praktischen Lehrstelle zu legen, und es empfiehlt sich, sich deswegen an die maßgebenden Stellen zu wenden[1]), die kostenlos den Nachweis geeigneter Lehrstellen in anerkannten Lehrwirtschaften übernommen haben. Ratsam ist es, die praktische Lehrzeit durch Ablegung der Lehrlingsprüfung abzuschließen.

Je nach dem Grade der Strebsamkeit und nach der Höhe des gesteckten Zieles kann der junge Landwirt im Anschluß an die praktische Lehrzeit nunmehr seine weitere theoretische Ausbildung einrichten. Für die spätere Tätigkeit als praktischer Landwirt ist das Hochschulstudium nicht vorgeschrieben; es ist aber durchaus zu empfehlen, da im Kampf gegen die Konkurrenz nicht nur das „Können", sondern auch das „Wissen" von ausschlaggebender Bedeutung sind und da praktische Landwirte mit Hochschulausbildung als Leiter landwirtschaftlicher Betriebe mehr und mehr bevorzugt werden. Ob dann das Hochschulstudium mit den für das Diplomexamen vorgeschriebenen 6 Semestern durchgeführt und mit dem Grade „Diplomlandwirt" abgeschlossen wird, ob der junge Landwirt ohne Examensabsichten einige Semester an der Hoch-

[1]) Zuständige Landwirtschaftskammer oder „Deutsche Landwirtschaftsgesellschaft" in Berlin SW 11, Dessauerstr. 14.

schule studieren und das für ihn persönlich Wichtigste bevorzugen soll, oder schließlich, ob er nach 4 Semestern das Studium mit der Prüfung für praktische Landwirte und dem Grade „akademisch geprüfter Landwirt“ (Berechtigungen irgendwelcher Art sind mit dem Bestehen dieser Prüfung nicht verbunden) beenden wird, muß in allen Fällen von der persönlichen Zweckmäßigkeit abhängig gemacht werden. An Stelle der letztgenannten Möglichkeit, also 4semestriges Hochschulstudium ohne Diplomexamen, ist es für angehende praktische Landwirte ratsamer, eine der „Höheren Lehranstalten für praktische Landwirte“ (Seminar) zu besuchen, wo sie nach 3 Semestern ausgesprochenen Fachstudiums mit dem Zeugnis als „staatlich geprüfter Landwirt“ abschließen können.

Das Hochschulstudium für die nichtpraktischen Landwirte dauert von der Zeit der Beendigung der 2jährigen praktischen Lehrzeit bis zum Diplomexamen mindestens 6 Semester. Es kann durchgeführt werden an den Landwirtschaftlichen Hochschulen Berlin, Bonn, Hohenheim und Weihenstephan, oder an den 12 Universitäten, die mit landwirtschaftlichen Instituten ausgerüstet sind: Breslau, Danzig, Gießen, Göttingen, Halle, Hamburg, Jena, Kiel, Königsberg, Leipzig, München, Rostock. In den meisten Fällen schließt sich an das 6semestrige Studium bis zum Diplomlandwirt nach der Spezialisierung noch eine Zeit der Sonderausbildung wie beispielsweise Landwirtschaftslehrer oder Saatzuchtinspektor an, die 1 bis 2 Semester Studium und in der Mehrzahl der Fälle mindestens ein weiteres praktisches Jahr umfaßt. Beabsichtigt der Diplomlandwirt noch zu promovieren, so erfordert dies nochmals 1 bis 2 weitere Jahre.

Gewaltig sind die Aufgaben, vor denen zur Zeit die deutsche Landwirtschaft steht, und die von ihr gelöst werden müssen. Der Krieg und die Nachkriegszeit haben dem deutschen Volke bei seiner geographischen Lage die Bedeutung einer gesunden, starken Landwirtschaft mit besonderer Eindringlichkeit und nicht ohne Tragik vor Augen geführt. Mit jedem Tage wächst der Druck der ausländischen Konkurrenz gegen die heimische Produktion. Befreiung von der Abhängigkeit der Nahrungsmitteleinfuhr vom Auslande und Wiederherstellung der Rentabilität der landwirtschaftlichen Betriebe müssen daher die Aufgaben der Zukunft sein. Eine Rettung gibt es nur durch gründliche Umstellung der gesamten deutschen Landwirtschaft auf die Anforderungen der Zeit, wobei qualitative und quantitative Leistungssteigerung, Organisation des

Absatzes, Verbilligung der Produktionskosten durch Verbesserung der Produktionsmethoden und für alles dies die Ertüchtigung des landwirtschaftlichen Nachwuchses die einzelnen Etappen sind.

Der Forstwirt

Der Beruf des Forstwirts (Forstverwaltungsbeamten, Oberförsters) ist dem des akademisch gebildeten Landwirts in mancher Hinsicht verwandt, vor allem in seinen Voraussetzungen. Sinn für die Natur, für ihr Wachsen und Weben, Liebe zu Wald und Wild, deren Pflege und Hege, ein kräftiger Körper, gesunde Organe und scharfe Sinne, vor allem Gesicht und Gehör, sind für den Försterberuf unerläßlich.

Die Aufgaben des Forstwirts sind mannigfacher Art: Durchführung von Anpflanzungen und deren Pflege, Abholzung der reifen Bestände, Anlage von Wegen und Entwässerungen, Schutz des Waldes gegen Gefahren (Brände, Seuchen, Wald- und Wilddiebe), Pflege des Wildes und Verwaltung der Jagd. Der Forstwirt ist nicht nur Betriebstechniker, sondern in hohem Maße auch Verwaltungsbeamter und Kaufmann, so daß sich ein großer Teil seiner Tätigkeit im Bureau abspielt.

Für die Laufbahn des Oberförsters besteht in den meisten Staaten der numerus clausus, d. h. die Zulassung zur Laufbahn bedarf der ministeriellen Genehmigung; in Württemberg erfolgt die Entscheidung über die Zulassung auf Grund des Ergebnisses der ersten Prüfung. Voraussetzung für die Zulassung ist das Reifezeugnis einer anerkannten höheren Schule (in Bayern, Braunschweig, Hessen, Mecklenburg und Württemberg wird nach Absolvierung einer lateinlosen höheren Schule der Nachweis von Lateinkenntnissen verlangt). Gute Kenntnisse in Deutsch, Mathematik und Naturwissenschaften sind Voraussetzung für die Aufnahme in den numerus clausus. Der Hochschulausbildung geht eine praktische Tätigkeit voraus, deren Dauer zwischen drei und zwölf Monaten schwankt. In Preußen beträgt sie zwölf Monate. Die Meldung zur Zulassung zum praktischen Vorbereitungsdienst erfolgt hier beim Oberforstmeister der Regierung, in deren Bezirk der künftige Forstbeflissene die Tätigkeit aufnehmen will; die Erlaubnis zur Aufnahme der praktischen Tätigkeit erteilt der Minister für Landwirtschaft, Domänen und Forsten, der auch die endgültige Zulassung zur Laufbahn auf Grund der Erfolge der praktischen Tätigkeit ausspricht. Die theoretische Ausbildung erhält der Forstbeflissene an den Forstakademien Hannoversch-Münden und Eberswalde; nach dreisemestrigem Studium wird die Vorprüfung in den Grundwissenschaften abgelegt, dann folgt ein zweisemestriges Studium der einschlägigen Gebiete der Rechts- und Staatswissenschaften an einer Universität und ein weiteres dreisemestriges Studium der Forstwissenschaften an einer Forstakademie. Nach mindestens achtsemestrigem Studium kann das Referendarexamen abgelegt werden, dem die Ernennung zum Forstreferendar folgt. Nach einer zweijährigen praktischen Ausbildung auf den verschiedenen Gebieten forstwirtschaftlicher Tätigkeit erfolgt die Meldung zum Assessorexamen; die Prüfung findet in Berlin statt. Von den größeren Staaten weichen von der preußischen Ausbildungsordnung ab: Bayern (sechs Monate praktische Tätigkeit und drei Jahre Referendarzeit), Sachsen (drei Monate praktische Tätigkeit und drei Jahre Referendarzeit), Württemberg (drei Monate praktische Tätigkeit, davon die Hälfte während des Studiums), Hessen (vier Monate praktische Tätigkeit).

Durch den numerus clausus wird der Zugang dem Bedarf an staatlichen höheren Forstbeamten angepaßt. Die Kommunen und größtenteils auch die Landwirtschaftskammern fordern für die Einstellung den Nachweis der für den Staatsdienst erforderlichen Ausbildung. In den großen Privatforstverwaltungen sind nur verhältnismäßig wenige Forstwirte mit der Vorbildung für den höheren Staatsdienst tätig, so daß hier die Aussichten nicht als günstig bezeichnet werden können.

Studium und Beruf des Architekten[1]

Von Dr. Richard Döcker, Architekt

Kein Beruf verlangt so viele Voraussetzungen, verspricht so viele Möglichkeiten und bringt so viele Enttäuschungen, wie der der Architekten.

Die Voraussetzungen

Üblicherweise wird geglaubt, daß allein schon zeichnerische Begabung zu dem Beruf des Architekten geeignet mache, da es sich um zeichnerische Betätigung handelt. Nichts ist falscher als diese Annahme. Ausschlaggebend für die Wahl des Architektenberufes ist die schöpferische Veranlagung, d. h. das Talent, irgendwelche Ideen, seien dieselben phantastischer, erfinderischer oder technischer Art, zu haben, — Ideen, die sich vielleicht und zunächst rein literarisch, also als Beschreibung irgendeiner Gestaltung des Milieus eines Lebensvorgangs ausdrücken, oder aber Ideen und ein Vorstellungsvermögen, die sich eines anderen Ausdruckmittels, eben des Zeichnerischen und Formbildenden, bedienen und auch Ideen, die für die Abwicklung gewisser Lebensvorgänge und Zeitverhältnisse als richtunggebend und zweckentsprechend eine Lösung bedeuten können.

Ein guter Zeichner kann vielleicht ein guter Architekt sein, wahrscheinlich aber wird ihm das gute Zeichnen, eben die Geschicklichkeit, eher eine Hemmung, ein Hindernis zu diesem Weg sein.

Das Zeichnenkönnen ist keine Voraussetzung des Architektenberufs, jedoch unerläßliche Vorbedingung ist ein Vorstellungsvermögen und eine praktische Einstellung den Dingen gegenüber.

Die Schulung im Denken, die gedankliche Arbeit und Auseinandersetzung mit allen Dingen unserer Umgebung hinsichtlich Form, Zweckerfüllung, Wirtschaftlichkeit ist unerläßliche Vorarbeit für alles. Unser Zeitalter der Technik setzt uns zum erstenmal in den Stand, die Welt so zu gestalten, wie sie unseren Bedürfnissen und Wünschen, auch unserem Herzen entspricht. Wirkliche Kultur zu schaffen, wird erst die Zukunft der Menschheit bringen. Die Auseinandersetzung mit all diesen Problemen, das Bekenntnis und die Erkenntnis einer Weltanschauung sind Aus-

[1]) Die Bezeichnung „Architekt“ ist in diesem Aufsatz so weit gefaßt, daß sie den Bautechniker, Bauingenieur und eigentlichen Architekten beinhaltet.

gangspunkt der lebensfähigen, richtigen und zeitgemäßen Gestaltung wie der zukunftweisenden Schöpfung.

Die Entscheidung für den Beruf des Architekten ist daher ein ungeheures Risiko, das nur ganz Wenigen zum Glück ausschlägt, da der Erfolg eigentlich neben dem schöpferischen Vermögen nicht vom Erlernbaren, vom Technischen, vom allgemeinen Wissen abhängt, sondern von der Einstellung zum Gesamten, von der Stellung zu der Gegenwart und Zukunft mit ihren Problemen und von der Entscheidung hierzu.

Diese Feststellung soll natürlich nicht ein endliches Mittel der Abschreckung vor der Wahl zu diesem Beruf sein, da diese Feststellung gesagt ist im Hinblick auf eine Höchstleistung und Höchstverpflichtung dieses Berufs.

Die Möglichkeiten

Wenn zu Anfang Möglichkeiten des Berufs angedeutet waren, so soll zunächst hier einmal festgestellt werden, was der Beruf des Architekten eigentlich ist, bzw. verlangt.

Ein Architekt ist kein Mann, der beispielsweise Häuser baut wie ein Maurer- oder Zimmermeister oder wie der Bauunternehmer, der sich mit der praktischen Ausführung von Bauten oder dem Einkauf von Steinen, Holz, Zement, Sand, Gips, Eisen, Glas usw. befaßt und hierfür eine kaufmännische Rechnung aufmacht aus Material, Lohn, Unkostensatz und Verdienst. Der Architekt ist derjenige, der die Idee, d. h. den Plan oder Entwurf, den Baugedanken zu einem Bauvorhaben oder allgemein gefaßt, die Idee zur praktischen Durchführung irgendeines Objekts, das geschaffen werden soll, haben sollte. Er ist also der geistige Urheber, der Verfasser, der geistig Verantwortliche für alles, was in Holz, Stein, Eisen oder in irgendeinem Material und in irgendeiner Art und Form zur Durchführung, zur Verwirklichung gelangt. Damit ist der Beruf des Architekten von einem solch umfassenden Bereich, daß diese Berufstätigkeit und Berufsart zu begrenzen und zu fassen fast unmöglich erscheint.

Es genügt aber nicht, die Vorstellungsgabe für Pläne, für Ideen allein zu haben; das könnte ausreichen bei einem Literaten, bei einem Theoretiker, Utopisten oder Historiker. Es ist erforderlich, daß der Planverfasser, der Ideeninhaber gewissermaßen in der Lage ist, sich im voraus vorstellen und ausdenken zu können, wie er diese Ideen in die Wirklichkeit umsetzen kann, d. h. es ist nötig, daß neben der Idee gleichzeitig auch die Vorstellung über den Weg und die Art der praktischen, technischen und wirtschaftlichen Durchführung derselben vorhanden ist. Der Architekt wird daher zum Praktiker und auf diese Weise heute zum Führer und Dirigenten des Handwerkers, des Unternehmers und vieler industrieller Betriebe.

Um aber zum Dritten der Einleitung, der Enttäuschung, zu kommen, darf hier gesagt werden, daß eben, da der Aufgabenkreis des Architekten ein solch ungeheurer ist, wahrscheinlich viele der diesen Beruf Wählenden diesen umfassenden Aufgaben nicht nachkommen können. Erste Bedingung ist hier, daß jeder das Maß seiner Leistung, das Maß seines Könnens nicht überschätzt, sondern erkennt und je nach Neigung sich dem einen oder anderen Spezialgebiet oder der einen oder anderen Seite dieses Berufs zuwendet.

Wenn wir die vielen unglücklichen, ja oft unmöglichen Erzeugnisse des Architektenberufs in Stadt und Land betrachten, so mag es Beweis genug sein, zu welchen Entgleisungen und damit natürlich auch Enttäuschungen das nicht ausreichende Können führt.

Nicht in allen Fällen wohl mag die Schuld und Verantwortung den Architekten treffen. Der Auftraggeber versucht oft, seine Meinung durchzudrücken; dem guten, fähigen Architekten wird es aber ein leichtes sein, entweder die richtige Idee des Auftraggebers oder Bauherrn in seinem Projekt zu verwerten oder aber eine falsche und unmögliche durch überzeugende Klarlegung des Falles auszuscheiden. Viel schlimmer und größer ist der Teil der Schuld, die die Ausbildungsanstalten, Bauschulen wie Hochschule, hieran zu tragen haben. Schulen und Lehrer der Architekten übernehmen für Gegenwart, vor allem aber für die nächste Zukunft, fast die ganze Verantwortung für das, was und wie geschaffen wird. Wohl kann die Stärke einer Persönlichkeit, schon weniger aber ihre private Einstellung zu den Dingen der Zeit vieles retten, aber prinzipiell Entscheidendes in der Einstellung zur Zeit wird heute kaum vermittelt, und für den Jungen bleibt ein großes Tasten und Suchen, sobald er sich von dem Weg des Erlernten und Gelernten auf Grund eigener Erkenntnis verantwortungsbewußt abtrennt.

Die Ausbildung des Architekten kann auf die verschiedenste Weise erfolgen. Sogar ohne eigentliche Ausbildung soll es ganz hervorragende Architekten geben und gegeben haben. Das Baugesetz trägt dem auch Rechnung insofern, als jedermann berechtigt ist, einen Bauplan der zu genehmigenden Behörde einzureichen, derselbe wird genehmigt, wenn er den normalen baupolizeilichen

Vorschriften hinsichtlich der Mauerstärke, der Fenstergröße, der Geschoßhöhe usw. entspricht.

Die Erziehung zum Architektenberuf läßt verschiedene Arten zu. Man spricht so u. a. von dem Bautechniker, von dem Bauingenieur, von dem Kunstgewerbler und Graphiker und von dem eigentlichen Architekten, der alle die vorhergehenden Arten eigentlich in sich schließt und zusammenfaßt. Der Staat schreibt gewisse Bedingungen für den Besuch der Erziehungs- und Ausbildungsinstitute der Bautechniker, Bauingenieure und Architekten vor.

Zur Ausbildung des eigentlichen Bautechnikers mit dem Titel eines Baumeisters nach bestandenem Abschlußexamen sind die verschiedenen Baugewerks- und höheren Bauschulen der Länder da. Es ist möglich, je nach der Note des Baumeisterexamens und je nach Befähigung, die weitere Ausbildung an der Architekturabteilung einer technischen Hochschule fortzusetzen.

Die Architekturabteilungen der technischen Hochschulen verlangen für den ordentlichen Studierenden das Reifezeugnis der höheren Lehranstalten. Die Programme, Lehrpläne und die Dauer des Studiums sind an den verschiedenen technischen Hochschulen nicht immer gleich. Die Lehrpläne gipfeln aber darin, dem ordentlichen Studierenden sein Studium nach der Abschlußprüfung durch Verleihung des Titels eines Diplomingenieurs zu bescheinigen, obwohl gerade für den Architekten dieser Titel der Masse gegenüber in keiner Weise verstanden wird oder sich eingebürgert hat. Bauschulen wie Hochschulen verlangen vor ihrem Besuch oder während desselben den Nachweis praktischer Tätigkeit auf einer Baustelle oder in einem Baubüro. Neben diesen beiden Ausbildungsinstituten, den Bau- und Hochschulen, gibt es natürlich noch die Akademien mit Architekturklassen und Kunstgewerbeschulen.

Der Diplomingenieur wird vielfach nach einer weiteren 2—3jährigen Praxis sich eines weiteren Staatsexamens unterziehen können und müssen, falls er die Laufbahn des Beamten einschlägt. Der Staat hat zu seiner besonderen Deckung ein Staatsexamen eingeführt, dessen Bestehen mit dem Titel Regierungsbaumeister belohnt. Die Technischen Hochschulen haben außerdem für Diplomingenieure die Möglichkeit geschaffen, den Titel des Dr. Ing. sich zu erwerben auf Grund einer besonderen fachwissenschaftlichen Arbeit und eines anschließenden mündlichen Doktorexamens. Ein Nebenzweig des Berufs des Architekten, der heute viel gewählt wird, ist der Beruf des Gewerbelehrers. Der Diplomingenieur des Architekturfaches unterzieht sich besonderen Kursen für Gewerbelehrer und wird in diesem Schuldienst nach bestandenem Examen verwendet.

Das eigentliche Studium des Architekten besteht während des Besuchs der Bauschule oder der technischen Hochschule aus etwa folgenden Lehrfächern: Neben den Elementarfächern, wie Mineralogie, Geologie, Physik, Chemie, Freihandzeichnen, Aquarellieren, Aktzeichnen, Modellieren, und allgemein bildenden Fächern, vor allem aus den Spezialfächern, wie: Allgemeine Hochbaukunde und Baustofflehre.

Diese befassen sich mit der Vermittlung der Kenntnisse der Baustoffe, Stein, Holz, Eisen, Glas, Metall usw., ihrem Verhalten und ihren besonderen Eigenschaften, sowie mit der Vermittlung derjenigen Kenntnisse der elektrotechnischen, sanitären Einrichtungen, der Unterrichtung über Heizung, Lüftung, der Mitteilung der verschiedenen Möglichkeiten der Wandausbildung und ihrer Behandlung, der Bodenbelage, der Fundierungen, Dachdeckung usw., also allgemeinen bautechnischen Wissens.

Des weiteren aus dem Fach für Baukonstruktionslehre, die sich mit der Konstruktion von Betonmauern, gemauertem Mauerwerk, Holzkonstruktionen, Eisenbetonkonstruktionen, Eisenkonstruktionen, Türen, Fensterkonstruktionen usw. samt ihrer Kalkulation und Beschrieben befaßt. Neben der Wissenschaft für Statik und technische Mechanik und Spezialfächern, wie Heizung und Lüftung, Straßenbau usw., werden vor allem gehört: Allgemeine Kunstgeschichte und im besonderen Baugeschichte, die sich mit der Vermittlung der Stilprinzipien aller Zeitepochen befaßt und so rückblickend den historischen Werdegang vergangener Kulturepochen vermittelt und bis zur Jetztzeit die Gestaltungsprinzipien auf Grund der Möglichkeiten der konstruktiven, technischen Durchbildung und der allgemeinen Weltauffassung und Zeiteinstellung aufzudecken versucht.

Neben diesen allen ist das eigentliche Studium des Entwerfens und Planens vom Möbel- und Fensterdetail bis zum Großbau und zur größten Bauanlage eines ganzen Stadtgebietes, also die Übung im Entwerfen und das Studium des Städtebaues, das A und O aller Bemühungen und Versuche des werdenden Architekten.

Die Abzweigung zum Bauingenieur befaßt sich mehr mit Straßen-, Wasser- und Bahnbauten neben allgemeinen Ingenieurbauten und ihren statischen Berechnungen im Gegensatz zum reinen Architekten, der in der Hauptsache sich im Hochbau, also Häuserbau mit seinen Nebenarbeiten des Ausbaues in der allgemeinen technischen wie kunstgewerblichen Ausstattung, beschäftigt.

Umfassend umwälzend sind die technischen Veränderungen und die bauwissenschaftlichen Erkenntnisse von heute, noch ganz anders die von morgen gegenüber dem Bisherigen auf diesem Gebiet.

Der heutige und zukünftige Architekt muß daher im Gegensatz zum früheren, dessen Typ vielleicht mit dem Wort „Kunst-Architekt" bezeichnet werden darf, eigentlich der Ingenieur-Architekt sein.

Architektur-Baukunst, wohl die Mutter aller Künste, ist keine reine Kunst, wie Malerei, Plastik, Musik usw. Sie ist mehr Zweckkunst geworden, sie ist gebunden durch Tausende von Forderungen grundrißlicher, technischer und wirtschaftlicher Art, und gerade die glückliche und organische Gestaltung all dieser Bindungen bringt erst die schöpferische Leistung.

So ergibt das große Fachgebiet des Architekten, Bautechnikers und Bauingenieurs mit all dem Unzähligen, was damit zusammenhängt, unendlich viele Abarten und Spezialfälle, die dieser Berufsstand im praktischen Leben ausfüllen kann.

Zunächst der beamtete Architekt: Gewöhnlich kann nach bestandenem Examen als Baumeister, Diplomingenieur oder Regierungsbaumeister die Anstellung bei einer städtischen, staatlichen oder Reichsbehörde auf Grund eines Privatdienstvertrags erfolgen, wenn nicht zufälligerweise sofort eine etatmäßige Stelle direkt zu besetzen ist.

Der freie Architekt betätigt sich zunächst wohl in der Praxis auf einem Privatbüro eines Architekten oder in dem Betrieb eines Unternehmers mit der Möglichkeit der Ausübung all der Berufsarten wie der oben angeführte beamtete Architekt, also als Bauführer, Kalkulator, Techniker, Architekt, Betriebsleiter, Einkäufer, Statiker usw.

Je nach der Lage der Beziehungen und Verhältnisse, oder, was ebenso wichtig ist, nach dem Grad des Könnens und der Befähigung, wird der junge angestellte Architekt den Wunsch haben, selbständig unter eigener Verantwortung tätig sein zu können. Neben der Gelegenheit, sich an öffentlichen Wettbewerben für Plakate, Möbel, Bauaufgaben usw. zu beteiligen, um auf diese Weise sein Können zu zeigen, besteht die Möglichkeit, auf irgendeine Weise auch den ersten, vielleicht noch kleinen Auftrag zu bekommen. Aller Anfang ist schwer, und die Erfahrung, die der ältere Architekt eben infolge seines Alters und seiner jahrelangen Praxis besitzt, fehlen dem Jungen. Es ist meist mit Schwierigkeiten verbunden, einen Auftraggeber, Besteller oder Bauherrn zu bestimmen, daß er dem jungen Architekten mehr oder weniger kleine und große Beträge zur Ausführung des Bauvorhabens anvertraut. Den ersten Auftrag gut, zweckmäßig, wirtschaftlich, natürlich auch architektonisch gut durchzuführen, ist wichtig, um auf Grund dieses Auftrags weitere Arbeiten erhalten zu können.

Der freie Architekt, dessen große Organisation in Deutschland der Bund Deutscher Architekten ist, übernimmt selbstverständlich die Verantwortung in technischer und baulicher Hinsicht für das von ihm Geplante. Er ist der Treuhänder für den Bauherrn oder Auftraggeber gegenüber dem Unternehmer oder Handwerker.

Alle Zwischenstufen des freien Architekten, die das Geschäftsleben zuläßt, Übernahme von schlüsselfertigen Bauten, Kauf und Verkauf von Häusern und Grundstücken, Vertretungen usw. sollen hier nicht gestreift werden, da sie Sonderfälle darstellen und aus den jeweiligen Verhältnissen und Situationen entstehen. Der frei schaffende Architekt wird aber zweifellos gegenüber seinen Kollegen in Beamtungen und großen Industriebetrieben, eben weil er der Unabhängigere und der im Wettlauf des Lebens Stehende ist, meist die zukunftweisenden und die die Entwicklung der Baukunst wie des allgemeinen Lebens mitbestimmenden Ideen bringen. Die Architekten der Welt der Gegenwart und Zukunft werden so die verantwortungsvolle Aufgabe haben, das Gesicht einer neuen Welt helfen mit zu gestalten.

*

Der Maschineningenieur

(Voraussetzungen — Studium — Berufskreis)

Von Prof. Dr.-Ing. Hermann Bonin

Die Technik tritt heute an allen Orten früh und eindrucksvoll in das Bewußtsein des jungen Menschen. Noch vor einem Menschenalter kamen dagegen fast nur die Bewohner der Industriezentren und der Großstädte mit der Technik, ihren Erzeugnissen und ihren Jüngern, den Ingenieuren, in Berührung. In vielen kleinen Landstädten, auf dem flachen Lande selbst, wo der Gymnasiast wohl den Geistlichen, den Lehrer, den Arzt und den Juristen kennenlernte, war der Ingenieur, namentlich der akademisch ausgebildete, eine seltene oder ganz unbekannte Erscheinung, und nur ein geringer Teil der Abiturienten wurde auf das Studium der Technik hingelenkt.

Heute, wo elektrisches Licht, Kraftwagen, Rundfunk in die einsamsten Ortschaften gedrungen sind, wo ausgezeichnetes mechanisches Spielzeug schon früh dem Jungen in die Hand gedrückt wird, wo Radiobastelei eine selbstverständliche Beschäftigung der älteren Schuljugend geworden ist, ist auch der Anreiz, den Maschinenbau als Beruf zu wählen, und damit der Andrang zu den Technischen Hochschulen viel stärker geworden, zum Teil auch deshalb, weil die Eltern, die in ihrer Jugend außer etwa einem Handwerkskasten oder einem Steinbaukasten kein mechanisches Spielzeug kennengelernt haben, in der Radiobastelei ihres Sprößlings oder den Kunstwerken, die er mit einem Meccano-Baukasten zusammenbringt, den Beweis einer besonderen technischen Begabung erblicken.

Um es zur Warnung vorweg zu sagen, diese technischen Spielereien geben durchaus keine Gewähr für eine solche Begabung, wenn auch vielleicht ein geübter Psychotechniker aus der Art, wie sie angefaßt und ausgeführt worden sind, Schlüsse auf die Eignung des jungen Mannes zum Maschineningenieur ziehen könnte.

Wenn nun angegeben werden soll, welche auf der Schule gezeigten Begabungen und Neigungen etwa eine günstige Voraussage für späteren Erfolg und Befriedigung im Maschinenbau gestatten, so muß zuerst darauf hingewiesen werden, daß eine Maschine ein eigenartiges Ergebnis dreier zusammenwirkender Faktoren ist; das sind: naturwissenschaftliche Kenntnisse, schöpferisches Können und wirtschaftliches Denken. Der Maschineningenieur muß von allen drei Teilen dieser Mischung etwas in sich tragen, wobei das Mischungsverhältnis ihm seinen Platz in einem der verschiedenen Betätigungsgebiete des Maschinenbaues anweisen wird, sei es im Konstruktionsbureau, in der Werkstatt, auf dem Prüfstand, in der Verwaltung und Organisation staatlicher oder privater Betriebe oder auch im Vertrieb.

Unter den Wissenschaften, die die Grundlagen des Maschinenbaues bilden, sind zuerst die Physik und die Chemie zu nennen. Schon auf der Schule muß sich hierfür Neigung und Verständnis zeigen. Wem die Hebelgesetze, die der Anziehung der Massen, das Gesetz von der Erhaltung der Energie, die stöchiometrischen Gleichungen der Chemie durchaus nicht eingehen wollen, wer höchstens durch Fleiß und Auswendiglernen das Mindestmaß der verlangten Aufgaben bewältigen kann, bleibt dem Maschinenbau besser fern.

Es folgt die Mathematik, diese wertvolle Wissenschaft, die uns gestattet, die Gesetze der Physik und der Chemie in kurzen Gleichungen auszudrücken und die es uns ermöglicht, die Maße unserer Maschinen aus den gestellten Bedingungen zu berechnen. In den Anfangszeiten des Maschinenbaues konnten diese Berechnungen vielfach durch ein mehr gefühlsmäßiges Bemessen nach den Erfahrungen an schon ausgeführten Maschinen ersetzt werden. Dieses Gefühl der sog. alten Praktiker war vielfach der mathematischen Schulung gleichwertig. Mit dem Fortschreiten der Technik werden aber die gefühlsmäßig zu lösenden Aufgaben immer seltener, die Anforderungen an das mathematische Rüstzeug des Ingenieurs immer größer, so daß es heute — nicht nur mit Rücksicht auf die mathematischen Prüfungsfächer bei der Diplomprüfung — sehr gewagt ist, ohne ausdrückliche mathematische Begabung das Studium des Maschinenbaues zu ergreifen.

Noch eine dritte, scheinbar dem Maschinenbau fernliegende Begabung sollte vorhanden sein: Sinn und leichte Aufnahmefähigkeit für die lebenden fremden Sprachen. Der Ingenieur muß sich auf dem laufenden darüber halten können, was die anderen machen, und zwar seine ausländischen ebenso wie seine inländischen Wettbewerber. Für den besonders, der den Ehrgeiz hat, die Erzeugnisse der deutschen Industrie in alle Welt hinauszutragen, genügt es nicht, wenn er die Fremdsprachen etwas radebrechen kann, er muß auch aus der Kenntnis des fremden Schrifttums die Auffassung der anderen von Lebenshaltung und Lebensführung kennengelernt haben, um mit Erfolg und ohne anzuecken den Erzeugnissen der deutschen Industrie draußen zum Siege zu verhelfen. Welche der fremden Sprachen auf der Schule gepflegt wurde, ist gleich, da bei Sprachbegabung auch eine andere später leicht erfaßt werden wird.

Die zweite große Komponente, aus der das technische Werk entsteht, ist die Fähigkeit, einem schöpferischen Gedanken Gestalt zu geben, das, was man die Kunst des Maschinenbaues nennen kann. Es wird schwer sein, diese Gabe, die sich erst im Laufe des Studiums entwickeln soll, schon vorher zu erkennen. Sie wird in dem schlummern, der aus wirklich innerem Drang, aus dem heißen Wunsch, an der Entwicklung der Technik mitzuarbeiten, sich dem Studium des Maschinenbaues widmen will; sie ist kaum zu erwarten bei dem, der aus Verlegenheit, weil doch irgendein akademischer Beruf ergriffen werden soll, oder aus der Annahme heraus, daß die wachsende Technik immerhin noch die größte Unterkunftsmöglichkeit bietet, den Maschinenbau zu seinem Beruf erwählt.

Vielleicht zeigt sich diese Gabe schon an einem gewissen Raumvorstellungs- und Raumdarstellungsvermögen im Zeichenunterricht. Gemeint ist hier allerdings nicht eine impressionistische Darstellung im Sinne mehr oder minder moderner Kunst, sondern die Fähigkeit, einen Körper in seinem Aufbau in klaren Strichen und richtigen Maßverhältnissen darzustellen. Eine gewisse Liebe zur zeichnerischen Darstellung, zum Arbeiten mit Zirkel und Lineal muß vorhanden sein. Die Zeichnung ist die spätere Berufssprache des Ingenieurs. In ihr vermittelt der Konstrukteur das von ihm Gewollte an die Werkstatt. Die Zeichnung muß daher klar, bestimmt und eindeutig sein. Damit die Zeichnung den Willen des Konstrukteurs vermitteln kann, muß sowohl er selbst, während er sie entstehen läßt, als auch später der Werkstattingenieur, wenn er sie lesen will, über der ebenen Zeichnung im Geist den räumlichen Körper stehen sehen. Diese Gabe des räumlichen Sehens und Denkens ist eine der Hauptbedingungen für den Beruf des Maschineningenieurs.

Wer sich dem Maschinenbau widmen will, muß ferner wissen, daß es nicht genügt, irgendeine Lösung einer Aufgabe zu finden und aufs Papier zu bringen. Es gilt die beste zu suchen, und das gelingt nur in zähem Ringen; jede gefundene Lösung muß den Anreiz bieten, noch etwas Besseres zu finden. Dabei ist zu bedenken, daß für den Entwurf einer Maschine, einer Werkstatteinrichtung nicht beliebig lange Zeit zur Verfügung steht. Die Maschinen werden mit gewährleisteter Lieferzeit verkauft, da müssen die Zeichnungen in kurz bemessener Frist heraus. Der zukünftige Maschineningenieur träume auch nicht davon, daß seine in Gedanken so schön arbeitenden Maschinen nun auch, in die Wirklichkeit umgesetzt, sofort anstandslos arbeiten werden; da folgt oft Enttäuschung über Enttäuschung, und nur in zähem Durchhalten, indem ein Fehler nach dem anderen aufgesucht und ausgeschaltet wird, kann schließlich der Erfolg erkämpft werden.

Der Maschineningenieur braucht den sog. praktischen Blick. Er muß in einer heiklen Lage schnell ein Aushilfsmittel finden, wenn auch vielleicht zuerst nur ein unvollkommenes, „er muß sich zu helfen wissen". Er muß die Gabe haben, den gewollten Zweck stets mit möglichst einfachen Mitteln zu erreichen.

Damit kommen wir zu der dritten Grundbedingung für den Erfolg im Maschinenbau, dem wirtschaftlichen Denken. Darunter ist hier aber nicht die Fähigkeit zu verstehen, aus seinen Leistungen den größten geldlichen Erfolg für sich selbst herauszuholen, wenn auch der Maschinenbau dazu da ist, Geld zu verdienen, wie der alte Professor von Reiche es seinen Studierenden gleich in den Anfangsvorlesungen einprägte, sondern Wirtschaft heißt hier: Kraft-, oder besser gesagt, Energiewirtschaft und Menschenwirtschaft. Das ist die besondere Aufgabe der Betriebsingenieure in den Werkstätten und der Betriebsleiter in den großen Kraftzentralen. Der Fertigungsingenieur muß den Blick dafür haben, wie das Material die Werkstatt durchlaufen muß, damit Maschinen und Menschen am wirtschaftlichsten arbeiten können. Namentlich das Wirtschaften mit der Menschenkraft erfordert besondere Gaben. Es heißt hier nicht brutal herausholen, was herauszuholen ist, sondern durch Fernhalten aller Hemmungen, durch sorgfältige Prüfung der Leistungsfähigkeit der einzelnen, durch Anfeuern durch das eigene Vorbild unter Schonung von Körper und Seele des Arbeiters ihn zu den höchsten Leistungen zu bringen. Man hat nicht mit Unrecht die Anforderungen an die Persönlichkeit des Betriebsingenieurs mit denen für den Offizier verglichen. Führereigenschaften werden hier verlangt. Die Anforderungen an die mathematischen Kenntnisse treten zurück. Aber er muß ein guter „Rechner" sein.

Auch der Konstrukteur muß wirtschaftlich denken können; er darf über der Freude am Konstruieren, am Erfinden, nicht vergessen, daß der Maschinenbau nicht Selbstzweck, sondern ein Glied der werteschaffenden Produktion ist. Diese Einstellung kann vielleicht zuerst bei ihm zurücktreten; die Praxis ist ein viel zu rauher Lehrmeister, um einem zu großen Mangel in dieser Hinsicht nicht bald abzuhelfen.

Für das eigentliche Studium des Maschinenbaues seien folgende Winke gegeben:

Neben einem achtsemestrigen Besuch einer Hochschule ist eine zwölfmonatige praktische Tätigkeit in der Werkstätte eines industriellen Unternehmens (nicht eines Handwerksmeisters) notwendig und in den Prüfungsbedingungen vorgeschrieben. Die ersten 6 Monate müssen geschlossen vor dem Beginn des Hochschulstudiums liegen, der Rest kann in kleineren Abschnitten, deren Dauer jedoch mindestens 1 Monat sein muß, erledigt werden, gegebenenfalls in den akademischen Ferien.

Der Zweck der praktischen Tätigkeit ist ein mehrfacher. Einmal muß der Studierende, ehe er Maschinen entwerfen kann, zuerst die wichtigsten Arbeitsverfahren, die Handhabung der Werkzeuge, die Werkzeugmaschinen und die Eigenschaften der verschiedenen Werkstoffe kennenlernen. Er soll weiter daraus lernen, wie die Ausführbahrkeit technischer Gedanken begrenzt ist durch die Leistungsfähigkeit der Werkstatt. Die Geschichte des technischen Fortschrittes zeigt auf der einen Seite ein immer tieferes Eindringen in die wissenschaftlichen Grundlagen, daraus erwachsend immer kühnere konstruktive Gedanken, auf der anderen Seite mit ihm fortschreitend immer sorgfältiger und genauer arbeitende Werkzeugmaschinen, immer hochwertigere Materialien. Diese gegenseitige Bindung zwischen Konstruktionsbureau und Werkstatt kann dem zukünftigen Maschineningenieur nicht eindringlich genug vor Augen geführt werden.

Die praktische Tätigkeit soll den jungen Mann auch in die wirtschaftliche Seite des Maschinenbaues einführen. Er soll in der Organisation des Fertigungsbetriebes das Bestreben erkennen, das Produkt so billig wie möglich zu erstellen; er soll die rein kaufmännische Seite, die Materialverwaltung, die Lohnabrechnung und anderes mehr wenigstens spüren.

Die praktische Tätigkeit soll ihn schließlich auch einmal in innigere Berührung bringen mit den Arbeitern, die ihm bei der gemeinsamen Arbeit viel eher und offener ihre Sorgen und Nöte, ihre sozialen Anschauungen mitteilen werden als dem später mit ihnen als Vorgesetzten verhandelnden Ingenieur. Er soll auch die körperliche Anstrengung selbst fühlen, die mit den einzelnen Arbeiten, z. B. an den heißen Gießöfen, verbunden ist. So wird er zu einem gerechten Vorgesetzten erzogen werden.

Auf keinen Fall darf die praktische Tätigkeit in einem „Volontieren", einem bloßen Hineinriechen in die Werkstätten bestehen. Aus diesem Grunde ist in den Prüfungsordnungen der Technischen Hochschulen vorgeschrieben, daß der Praktikant sich der Fabrikarbeitsordnung ohne Ausnahme unterworfen haben muß, was in den Werkzeugnissen ausdrücklich bescheinigt sein muß.

Damit die Praktikanten ihre Zeit auch wirklich nutzbringend anwenden, um zu prüfen, ob der Praktikant ein geeignetes Werk für seine Ausbildung gewählt hat, um in einzelnen Notfällen helfend einzugreifen, sind eine Reihe von Praktikantenämtern eingerichtet worden, deren Anschriften unten angegeben sind[1]). Bei dem Amt, in dessen Bereich die von dem Praktikanten erwählte Arbeitsstätte liegt, hat der Praktikant sich sofort bei Beginn seiner praktischen Arbeit zu melden. Er erhält von dort die notwendigen Anweisungen für eine vernünftige Ausnutzung seiner Arbeitszeit; ihm muß er später die geführten Arbeitsbücher, angefertigte Skizzen, Beschreibungen beobachteter Arbeitsvorgänge und ähnliches zum Testat einreichen.

Das eigentliche Studium zerfällt in zwei Teile. Der erste Teil bis zur Vorprüfung bringt in 4 Semestern die grundlegenden Wissenschaften und eine Einführung in das Fachstudium. Für das eigentliche Fachstudium sind weitere 4 Semester vorgesehen. In diesen wird den Studierenden eine große Freiheit gewährt, je nach Begabung und Neigung sich Sonderfächern zu widmen.

Der Student des Maschinenbaues darf hier aber nicht dem Irrtum verfallen, als ob er durch Wahl eines etwa besonders aktuellen Sonderfaches nun seine Aussichten für die Zukunft besonders sichert. Gewiß wird bei der außerordentlichen Breite der heutigen Technik im Laufe des späteren Berufes fast jeder Ingenieur ein Spezialist auf irgendeinem Sonderfach. Welches dies aber sein wird, das kann während des Studiums niemand voraussehen. Da es nun unmöglich ist, sich während des kurzen Studiums für die

---

[1]) Die Anschriften der Praktikantenämter sind:

Praktikantenamt Berlin, Techn. Hochsch. Charlottenburg 2;
Praktikantenamt Braunschweig, Techn. Hochschule, Braunschweig;
Praktikantenamt Breslau, Techn. Hochschule, Breslau 16;
Praktikantenamt Danzig, Techn. Hochschule, Danzig-Langfuhr;
Praktikantenamt Darmstadt, Techn. Hochschule, Darmstadt;
Praktikantenamt Dortmund, Dortmund, Brandenburger Str. 1 (für die Bereiche der Techn. Hochschule Aachen und Techn. Hochschule Hannover;
Praktikantenamt Dresden, Techn. Hochschule, Dresden, Helmholzstr. 6;
Abt. für Maschinenwesen und Abt. für Elektrotechnik, Techn. Hochschule Karlsruhe;
Praktikantenvermittlungsamt, Techn. Hochschule München;
Praktikantenauskunftsstelle Stuttgart, Sekretariat der Techn. Hochschule Stuttgart.

Arbeitsmöglichkeiten (Werkstätten) für die praktische Tätigkeit werden von den Praktikantenämtern nur in Notfällen vermittelt. Der zukünftige Ingenieur soll schon hier zeigen, daß er sich selbst zu helfen weiß.

Technik in ihrer ganzen Breite vorzubereiten, so kann nur empfohlen werden, in die Tiefe zu gehen, d. h. die Grundlagen, die die Physik, insbesondere ihre Sonderzweige der Mechanik und Wärmelehre dem Ingenieur liefern, gründlichst zu verarbeiten, das mathematische Werkzeug zu pflegen und mindestens einen der konstruktiven Entwürfe mit aller Sorgfalt so auszuarbeiten, daß die volle Verantwortung für die Ausführbarkeit übernommen werden kann. Nur so wird der junge Ingenieur später in der Lage sein, sich in eine ihm gestellte Aufgabe auf irgendeinem Gebiet einzuarbeiten und an dem Fortschritt auf diesem Gebiet mitzuwirken. Solche Ingenieure werden immer ihren geachteten und auch gut bezahlten Platz in der Industrie finden.

Nicht genug kann davor gewarnt werden, sich schon als Studierender als der zukünftige führende Mann zu fühlen, der in Einzelheiten nicht einzudringen braucht.

Nur wer gelernt hat, auch den kleinsten Teil mit vollem Verantwortungsbewußtsein durchzuarbeiten, wird später in der Lage sein, das Ganze zu führen.

Die Ausbildung des Maschineningenieurs ist mit dem Verlassen der Hochschule nicht abgeschlossen. Bei den Ingenieuren, die in den Reichs- und Staatsdienst treten, übernehmen die Behörden die weitere Ausbildung, die drei Jahre dauert und mit einer zweiten erfolgreichen Prüfung, der „Baumeisterprüfung", abgeschlossen sein muß, ehe Anstellung erfolgt. Der in den Privatdienst tretende Ingenieur muß diese Ausbildung selbst übernehmen. Er wird, um seine Kenntnisse zu verbreitern, von Zeit zu Zeit die Fabrik wechseln müssen, auch versuchen, ins Ausland zu gehen, um zu lernen. Da kann er nicht erwarten, gleich zu Anfang hohe Gehälter zu beziehen. Der öftere Wechsel der Berufsstätte, der in den meisten Fällen auch mit einer Änderung des Wohnortes verbunden ist, bringt eine gewisse Unstetigkeit in sein Leben (Prof. Sachsenberg, Dresden, hat hier das treffende Wort „Industrie-Zigeuner" geprägt), und die landschaftlich schönen Orte sind es leider meistens nicht, wo er sein Zelt aufschlagen kann.

Wer dieser eigentlichen Lehrzeit einen schönen Abschluß geben will und das Zeug dazu in sich spürt, versuche zum Dr.-Ing. zu promovieren. Es ist nicht zu empfehlen, dies gleich im Anschluß an das Studium zu tun, sondern erst dann, wenn einem in der Praxis eine besonders interessierende Aufgabe entgegentritt, die noch der wissenschaftlichen Arbeit harrt. Daß diese Dissertationen oft neben der eigentlichen Berufsarbeit geschaffen werden müssen, stellt hohe Anforderungen an Fleiß und Beharrlichkeit.

Man sieht, die Lehrzeit des Maschineningenieurs ist hart, aber nur durch sie kann er es zur Meisterschaft und damit zu einer innerlich und äußerlich befriedigenden Stellung bringen.

Der Berufskreis des Maschineningenieurs ist außerordentlich ausgedehnt[1]). Man kann ihn einmal nach den Betätigungsgebieten, das andere Mal nach den Anstellungsmöglichkeiten beschreiben. Nach der Betätigung unterscheidet man in der Hauptsache folgende Gruppen:

1. Die Konstrukteure, die die Einzelteile, Einzelmaschinen, Apparate, Rohrleitungen usw. berechnen und entwerfen (eine Trennung in Berechnungs- und Konstruktionsingenieur ist im Maschinenbau selten). Zu den Konstrukteuren gehören auch die projektierenden Ingenieure für ganze Anlagen, die vor allem auch die wirtschaftliche Seite der Entwürfe zu prüfen haben.

2. Die Fertigungsingenieure, die die Herstellung der Maschinen in den Werkstätten zu organisieren und zu leiten haben, die unter Umständen neue Fertigungsverfahren ausarbeiten müssen. Ihre Aufgabe ist es, aus den gegebenen Arbeitsmaschinen und den Arbeitern nach Güte und Menge das Beste herauszuwirtschaften. Zu ihnen gehören auch die Kalkulationsingenieure, die für ein Angebot die voraussichtlichen Kosten vorauszuberechnen und nach der Fertigstellung die wirklichen Kosten nachzurechnen haben. Ihnen können auch die Montageingenieure zugerechnet werden, die den Aufbau der ganzen Anlage an Ort und Stelle überwachen und ihre Inbetriebsetzung leiten.

3. Prüffeldingenieure, welche die ausgeführten Maschinen auf Versuchsständen daraufhin untersuchen, ob sie in bezug auf Ruhe des Ganges, Wärmeverbrauch usw. den Erwartungen entsprechen. Ihre Messungen geben den Konstrukteuren dann auch wertvolle Unterlagen für die Weiterentwicklung der Maschinen. Zu ihnen sind auch zu rechnen die Abnahmeingenieure, welche die eingelieferten Materialien und Maschinen untersuchen, ob sie den Einkaufsbedingungen entsprechen.

4. Die Betriebsingenieure, die in den großen Kraftzentralen die Anlagen betreiben und deren Aufgabe es ist, aus dem ver-

---

[1]) Ausführliche Darstellung z. B. in Jost und Köhler, Der Diplom-Ingenieur, Verlag Alfred Lorentz, Leipzig.

brauchten Brennstoff oder der gegebenen Wasserkraft auf billigste Weise ohne Störungen Kraft zu erzeugen. Zu ihnen sind auch zu rechnen die Feuerwehringenieure, die ihre Maschinen zum Schutze gegen Feuersgefahr auf höchster Betriebsbereitschaft zu erhalten haben.

5. Eine Gruppe von Ingenieuren, die die Beziehungen des Maschinenbaues zum öffentlichen Recht bearbeiten; dazu gehören die Gewerbeinspektionsbeamten, die Dampfkessel-Revisionsingenieure, die Patentingenieure, die Versicherungsingenieure für Schädenabschätzung usw.

6. Die Verkaufsingenieure, die die Verbindung der Fabrik mit den Kunden zu pflegen haben.

7. Ein kleiner Teil der Maschineningenieure wird sich auch der rein wissenschaftlichen Seite des Maschinenbaues widmen können, als Lehrer und deren Assistenten an den technischen Lehranstalten. Voraussetzung für erfolgreiche Lehrtätigkeit ist im allgemeinen vorherige praktische Betätigung im Maschinenbau.

Über die Stellungen, die der Maschineningenieur im späteren Leben einnehmen kann, ist folgendes zu sagen:

Im allgemeinen wird er sein Brot suchen müssen als Beamter bei einer Behörde oder als Angestellter eines Privatunternehmens.

Behörden bzw. Stellen, die den Charakter einer Behörde haben, die Maschineningenieure einstellen, sind in der Hauptsache Reichsbahn, Reichspost, Reichspatentamt, Heeresverwaltung und Reichsmarineamt, staatliche Bahn- und Elektrizitätswerke, Berg- und Hüttenverwaltungen, Gewerbeaufsichtsbehörden, Kesselrevisionsvereine, Heizungs- und Maschinenämter, Gas-, Wasser- und Elektrizitätswerke der Landkreise und Gemeinden, technische Hochschulen und Mittelschulen. Die Privatunternehmungen, welche Maschineningenieure einstellen, sind außerordentlich zahlreich. Außer den eigentlichen Maschinen- und Apparatebauanstalten brauchen die Hüttenwerke, Textilfabriken, Zuckerfabriken uws. Maschineningenieure, in der Hauptsache Betriebsingenieure. Auch die Behörden stellen einen Teil ihrer technischen Hilfskräfte auf Privatdienstvertrag an. Während in der Beamtenlaufbahn der Aufstieg in die höheren Stellungen, wenn auch langsam, so doch verhältnismäßig sicher erfolgt, muß der Aufstieg in der Privatindustrie, vom Ingenieur zum Abteilungsleiter, zum Oberingenieur und technischen Direktor in dauerndem Wettkampf erzwungen werden. Die freiere Beweglichkeit, die freiere Entfaltungsmöglichkeit der eigenen Kräfte, die in den leitenden Stellen etwas höheren Einkünfte bieten den dafür geeigneten Persönlichkeiten reichlichen Ersatz.

Ein kleiner Teil der Maschineningenieure wird sich auch im freien Beruf niederlassen können, sei es als Unternehmer, als Patentanwalt, selbständiger Vertreter von Fabriken oder als sog. Zivilingenieur. Der Zivilingenieur berät Unternehmungen bei der Anlage von Kraftzentralen und Fabrikationseinrichtungen. Er liefert Zeichnungen für Maschinen und Apparate, vergibt Lizenzen auf ihm patentierte Erfindungen und anderes mehr.

*

Der Elektroingenieur

(Voraussetzungen — Studium — Berufskreis)

Von Prof. Dr.-Ing. Ernst Hueter

Die Elektrotechnik kann man wohl als den jüngsten großen Zweig der gesamten Technik bezeichnen — vor 60 Jahren befand sie sich noch in den ersten Anfängen. Sie hat sich dann ganz außerordentlich schnell zu einer in des Wortes wahrstem Sinn weltumspannenden Macht entwickelt; von einem Abschluß der Entwicklung oder auch nur von einem Langsamerwerden kann man noch nicht sprechen, wohin die Entwicklung führen wird, noch nicht voraussehen.

Die ersten Anwendungen der Elektrizität dienten der schnellen Übermittlung von Nachrichten, zunächst durch Zeichen; später kam dann der Fernsprecher, der unmittelbar das gesprochene Wort überträgt, hinzu — Ausgangspunkt der ganzen technischen Anwendung war das Gebiet, das wir heute als Fernmeldetechnik bezeichnen.

Werner von Siemens hat selbst noch das Fernmeldewesen als das eigentliche Tätigkeitsgebiet des Elektrotechnikers betrachtet, hat noch auf die Frage, wie es denn mit der elektrischen Kraftübertragung stehe, geantwortet, „die Elektrizität sei doch kein Hausknecht und nicht dazu da, Maschinen zu drehen und Lasten zu schleppen".

Am 14. Juli 1877 schreibt er aber selber an seinen Bruder Karl in London: „Zu unserer eignen Überraschung fanden wir gestern schon, daß unsere dynamoelektrische Maschine ein ganz famoses Kraftübertragungsmittel ist." So begann die Entwicklung eines neuen Zweiges der Elektrotechnik. Die Starkstromtechnik überflügelte bald den älteren Bruder; sie wird heute vielfach, wenn auch nicht ganz zu Recht, als das Hauptarbeitsgebiet der Elektrotechnik angesehen, denn auch die Schwachstromtechnik, wie man die Fernmeldetechnik häufig im Gegensatz zur Starkstromtechnik nicht sehr treffend bezeichnet, hat sich gewaltig weiter entwickelt. In der heutigen deutschen Schwachstromindustrie arbeitet mehr als die Hälfte des in der Starkstromindustrie angelegten Kapitals; eine scharfe Trennung von Stark- und Schwachstromtechnik ist übrigens gar nicht möglich.

Mit vollem Bewußtsein ist die deutsche elektrotechnische Industrie als Beispiel angezogen worden. Denn wir können mit Stolz sagen, daß Nordamerika und Deutschland die beiden führenden Länder auf dem Gebiete der Elektrotechnik sind, und es sei hier betont, daß die so oft zu findende Anschauung, daß die Vereinigten Staaten uns technisch weit überlegen wären, wenigstens für die Elektrotechnik nicht zutrifft. Erfreulicherweise haben sich die deutschen und nordamerikanischen Firmen zu einer recht weitgehenden Zusammenarbeit auf der Grundlage vollständiger Gleichberechtigung beider Seiten gefunden — wir wollen hoffen, daß sie für beide Quelle eines erfolgreichen Fortschrittes wird.

Bisher jedenfalls können wir mit gutem Gewissen trotz aller Kriegsfolgen und trotz der schweren Lasten, die insbesondere uns Deutsche drücken, von einer geradezu erstaunlichen Entwicklung sprechen. Es sei nur ein Beispiel angeführt:

Der Stromverbrauch der Stadt Berlin betrug

1885	37 500	Kilowattstunden	1910	187 215 000	Kilowattstunden
1890	4 069 000	„	1920	375 526 000	„
1900	56 342 000	„	1926	705 127 000	„

— ein deutliches Zeichen für die gewaltige Entwicklung auf allen Anwendungsgebieten und auch dafür, daß sich die Elektrizität ständig neue Anwendungsgebiete erobert.

So könnte man vielleicht auf den Gedanken kommen, daß es ja überhaupt das Gegebene sei, Elektroingenieur zu werden. Aber ganz so einfach liegt die Sache nun leider nicht. Die Elektrotechnik ist nicht mehr das Kapitel „Elektrizität" aus dem Physikbuch, nicht mehr eine Wissenschaft um ihrer selbst willen; sie ist eine Technik geworden, soll ein nützliches, ein treibendes Rad sein im Getriebe der Menschheit, und damit steht sie mitten in der Wirtschaft, im Kampf ums Dasein; und die Elektrotechnik selbst, wie auch jeder ihrer Jünger, muß hart kämpfen um jeden Schritt im Fortkommen. Das Naturgesetz des Lebens merzt das Schwache und Schlechte aus zugunsten des Starken und Guten. So sei hier auf das Nachdrücklichste davor gewarnt, den Beruf des Elektroingenieurs nur deswegen zu ergreifen, weil dort angeblich „gute Aussichten" für das Weiterkommen bestehen.

Die wesentlichste Vorbedingung für den Elektroingenieur ist die persönliche Eignung für seinen Beruf, die technische Veranlagung. Ihr Fehlen kann keine noch so gute Ausbildung auch nur annähernd ausgleichen. Die Elektrotechnik erfordert weitgehendstes Verständnis, verlangt sicheres Gefühl, die Fähigkeit, sich hineindenken zu können in die physikalischen Vorgänge, Bedingungen, die unerläßlich sind, da ja der Elektrotechniker nichts sehen kann von dem Arbeiten seines Transformators — keinem unserer fünf Sinne ist die Elektrizität zugänglich. Das erschwert ihr Studium sehr. Dieses Einfühlungsvermögen ist Veranlagungssache. Wohl kann die Ausbildung schlummernde Anlagen wecken; fehlen sie, dann bleibt auch der beste Lehrer machtlos, und selbst der fleißigste Schüler wird es nur zu einem äußerlich angelernten Wissen bringen. Ein außerordentlich wichtiges Werkzeug für den Ingenieur ist die Mathematik, deren Formeln ihm die Möglichkeit geben, die durch die Naturgesetze gegebenen Zusammenhänge in einer Art Stenographie festzulegen, und die ihm dann weiter ermöglicht, zahlenmäßig zu bestimmen, wie groß er seine Maschine bauen muß und was sie leisten wird. So ist neben der technischen auch ein Teil mathematischer Veranlagung für den eigentlichen Ingenieur nötig. Leider besteht eine Schwierigkeit, nämlich die, die Veranlagung des jungen Menschen richtig zu beurteilen. Vielfach geht ja Veranlagung und N e i g u n g Hand in Hand — dann ist die Frage leicht entschieden. Wer wirklich eine ganz ausgesprochene Neigung hat, ergreife ruhig den entsprechenden Beruf, er wird in den meisten Fällen etwas leisten können und sich wohlfühlen. Man hüte sich aber davor, eine spielerische Liebhaberei mit ausgesprochener Neigung zu verwechseln. Die Freude am Bau von Rundfunkempfängern und Klingelanlagen, die nach einhelligem Urteil des Verwandten begeisternd gut „funktionieren", ist wohl manches Mal, aber nicht immer ein Beweis für Neigung und Veranlagung!

Das Studium des Elektrotechnikers, das wohl ausnahmslos an einer Technischen Hochschule erfolgt, sei nur ganz kurz gestreift. Voraussetzung ist das Reifezeugnis; vor dem eigentlichen Studium ist mindestens eine halbjährige praktische Arbeitszeit abzuleisten, teils in Betrieben des allgemeinen Maschinenbaues, teils in ausgesprochen elektrotechnischen Betrieben. Für die Diplom-Hauptprüfung ist wenigstens ein ganzes Jahr praktischer Arbeit Bedingung, von dem die Hälfte während der Studienjahre erledigt werden kann. Die Hochschulen schreiben eine mindestens vierjährige Dauer des Studiums vor. Diese Frist ist außerordentlich knapp bemessen; wer es irgend ermöglichen kann, verwende mehr Zeit dafür, er wird nur Gewinn davon haben. An sich ist es schließlich möglich, in vier Jahren das Studium zu Ende zu bringen. Es liegt aber eine gewisse Gefahr darin, wenn der Student tagaus tagein an nichts anderes denkt als an die pünktliche Erledigung seines Studiums. Duckmäuser und Stubenhocker kann die Praxis nicht gebrauchen!

Schließlich ist die Praxis ja das Endziel, dem der junge Ingenieur mit wenigen Ausnahmen zustrebt. Dort wartet eine Fülle von Aufgaben auf ihn, Aufgaben der verschiedensten Art, je nach der Stelle, an die er kommt. Hier kann sich der Mann bewähren im jungen Ingenieur, hier heißt es wiederum lernen — so mancher, der stolz mit guten Zeugnissen von der Hochschule kam und meinte, alles schwarz auf weiß bei sich zu tragen, mußte das einsehen. In dieser Fülle der Aufgaben steckt viel ausgleichende Gerechtigkeit, denn nicht nur das Fachwissen entscheidet, sondern alle guten Eigenschaften kann der junge Ingenieur im Kampf um seine Zukunftsgeltung in die Wagschale werfen. Es ist ein Glück, daß das so ist; denn so kommt noch mancher ganze Kerl zu seinem Recht, wenn es vielleicht auch mit dem Schulwissen hier und dort haperte.

Es wird schwer halten, auch nur ein oberflächliches Bild zu geben von all den vielen Möglichkeiten der Betätigung, die draußen in der Praxis auf den jungen Ingenieur warten.

Mehr äußerlich ist der Unterschied zwischen dem Dienst im Staatsbetriebe und dem in der Privatindustrie. Der Staat stellt Diplomingenieure der Elektrotechnik ein, die Verwendung finden im Fernsprech- und Telegraphendienst, im elektrischen Bahnbetriebe, für Heeres- und Marinezwecke und zu einem erheblichen Teil auch in der Verwaltung. Auch die Städte stellen in ihren Betrieben, insbesondere in den vielfach städtischen Elektrizitätswerken und in der Verwaltung Diplomingenieure ein. In der Privatindustrie werden Ingenieure in den verschiedensten Stellungen verwendet, angefangen beim Forschungslaboratorium des Großbetriebes, das weit vorausschauend mehr wissenschaftliche Aufgaben lösen soll, über Entwurf und Berechnung, Herstellung und Fabrikation hinweg bis zum Vertrieb der Erzeugnisse, der sie dem Verbraucher, dem praktischen Betriebe zuführt. Hier schließt sich der Kreis, denn Betrieb und Verbraucher sind ja zum großen Teile wieder Herstellungsfirmen, die die Erzeugnisse einer anderen in ihrer eignen Fabrik brauchen. In der Elektrotechnik ist das nicht immer der Fall, denn Elektrizitätswerke z. B. betreiben nur die vom Erzeuger hergestellten Maschinen, ein vielgestaltiges Bild, das wir nicht im einzelnen ausmalen können.

Noch eine ganze Reihe anderer Betätigungsmöglichkeiten stehen dem Akademiker offen. Ein allerdings nicht sehr großer Teil wird Lehrer, sei es an den Technischen Hochschulen, sei es an den höheren technischen Lehranstalten oder auch an städtischen oder privaten Schulen. Manchem liegt das Patentwesen, er findet Anstellung beim Reichspatentamt, bei den Patentabteilungen der Großfirmen oder er wird selbständiger Patentanwalt. Schließlich gibt es noch Stellen im Groß- und Kleinhandel elektrotechnischer Erzeugnisse, die manchem auch Selbständigkeit bieten können. Gar nicht klein ist die Zahl der Elektrotechniker, die in nicht eigentlich elektrischen Betrieben tätig sind; die chemische Industrie, Hütten- und andere Werke arbeiten in großem Umfang mit Elektrizität und brauchen Fachleute; bis zu einem gewissen Grade trifft das fast auf die gesamte Industrie überhaupt zu.

So kann der Elektrotechniker auf den verschiedensten Gebieten seine Kenntnisse nützlich verwerten, und so sind auch die Anforderungen je nach seiner Tätigkeit ganz außerordentlich verschieden.

Der Entwurf verlangt stille und ruhige Arbeit am Zeichentisch und mit dem Rechenschieber. Vielfach ist recht weitgehendes theoretisches Können erforderlich, aber noch eine ganze Reihe weiterer Forderungen kommt hinzu: gute Kenntnis der Fabrikationseinrichtungen und -möglichkeiten einerseits, Verständnis für die Forderungen der Praxis, des Betriebes und des Verbrauchers an das Erzeugnis andererseits.

Die Herstellung, die Fabrikation, läßt sich nur mit Beherrschung der Fabrikationsverfahren und genauer Kenntnis der Werkzeugmaschinen, aber auch des Materials und seiner Eigenschaften durchführen. Klare Dispositionsfähigkeit muß verbunden sein mit der Fähigkeit, mit Untergebenen sicher, zielbewußt und doch freundlich umzugehen. Gerade die letzte Forderung sollte nicht unterschätzt werden, wie es nur allzuoft geschieht — was hier ein Ungeschickter oder gar Übelwollender verdirbt, können viele andere nicht wieder gutmachen. Und Arbeitsfrieden, nicht nur äußerlich, sondern wirklicher Arbeitsfrieden ist wohl das, was das deutsche Volk am nötigsten braucht!

Viele arbeiten sehr gerne in den Prüffeldern, in denen die Fertigerzeugnisse durchgeprüft und -gemessen werden. Auch hier sind die Aufgaben sehr verschieden: Die Massenprüfungen am Kleinerzeugnis werden vielfach schon auf dem Wandertisch vorgenommen, gehören mehr in die Fabrikation selbst hinein; die Untersuchungen an großen Maschinen und Apparaten dagegen sind häufig ausgesprochen wissenschaftlicher Art und so sehr interessant und vielseitig.

Andere Aufgaben wieder sind dem Vertrieb gestellt, dem Acquisitionsingenieur, wie man oft mit einem weder schönen noch sehr treffenden Ausdruck sagt. Es ist nicht seine Aufgabe, dem Kunden, dem Verbraucher möglichst viel Ware möglichst teuer aufzuhängen. Solches Handeln wird immer nur sehr vorübergehend zum Erfolg führen. Der Vertriebsbeamte ist in weitem Umfang technischer Berater des Kunden, muß auch die Inbetriebsetzung leiten und dem Kunden später im Betriebe und vielleicht bei Störungen raten können — er ist in weitem Ausmaß beratender Ingenieur. Dazu gehört umfassendes Wissen und ein klarer technischer Blick, gehört die Fähigkeit, auch dem Nichtfachmanne das Wesentliche klar erläutern zu können. Dazu gehört aber auch in ganz besonderem Maße die Fähigkeit des Umgangs mit Menschen, sicheres, gutes Auftreten und tadellose Formen.

Der Betrieb schließlich, der Betrieb eines Elektrizitätswerkes etwa, spielt sich wieder ganz anders ab. Klarer Blick für die Vorgänge, die ja durch Meßinstrumente dauernd bis ins letzte verfolgt werden, schnelle Entschlußfähigkeit im Störungsfalle, Dienstbereitschaft bei Tag und Nacht, am Werk- und Feiertage und Verantwortungsfreudigkeit — das sind nur einige der unerläßlichen Forderungen, die man an den verantwortlichen Betriebsmann stellen muß.

Es wäre zwecklos, im einzelnen die verschiedenen Tätigkeiten zu schildern. Nur der, der mitten in einer Tätigkeit steht, wird sie wirklich kennen, und es wird unmöglich sein, dem Außenstehenden ein klares Bild zu geben. Wer irgend kann, wende sich an einen Bekannten, lasse sich von ihm aus seiner Tätigkeit, von diesem oder jenem Erlebnis erzählen.

So sei zum Schluß nur noch dreierlei betont:

Es ist nicht etwa so, als wenn schulmäßiges Wissen den Ingenieur ausmache, von ihm wird mehr verlangt. Die Technik steht mitten in der Wirtschaft, und so nutzt die schönste Konstruktion nichts, wenn sie nicht wirtschaftlich ist. Das wird vielfach übersehen. Jede technische Lösung eines Problems ist letzten Endes ein Kompromiß zwischen widersprechenden Forderungen größtenteils wirtschaftlicher Natur, und jede technische Lösung entsteht durch das Zusammenarbeiten vieler Kräfte. So gehört zum Ingenieur mehr als das Fachwissen, er muß sich auch durchsetzen, muß seine Gedanken Anderen erläutern können — nur so kann er erreichen, daß sie Wirklichkeit werden. Dazu gehört mehr als auswendig Gelerntes, als leere Formeln, dazu gehört tiefes Gefühl und Liebe zur Sache, heute mehr denn je, wo mit dem gewaltigen Wachstum der Elektrotechnik der Einzelne weniger und weniger jedes Teilgebiet kennen kann.

In engem Zusammenhang damit steht die leider zu wenig bekannte Tatsache, daß in der Praxis ganz außerordentlicher Wert gelegt wird auf gute Formen, auf wohlerzogene Leute und vor allem auf tadellose Charaktere. Eigentlich ist das ja nur zu natürlich. Wenn einmal ein bekannter Elektrotechniker vom Transformator gesagt hat, daß er nicht nur entworfen und gebaut werde, sondern daß er auch herauskomme in den Betrieb, daß er dort im Leben stehe und zu kämpfen habe, so trifft das sicherlich erst recht auf den Ingenieur zu. Das ganze menschliche Leben ist schließlich ein Kampf, der keinem erspart werden wird, der überhaupt lebt, aber ein Kampf, der ritterlich geführt werden muß.

Und schließlich: Überall muß sich der Ingenieur der Verantwortung bewußt sein, die auf ihm ruht. Große wirtschaftliche Werte sind in seine Hand gegeben, große soziale Werte, und nicht zuletzt sind auch die Gefahren in der Technik oft riesengroß! Wie viele Unfälle kommen nicht allein durch Fahrlässigkeit zustande! Deswegen kann die Technik nur unbedingt zuverlässige Naturen gebrauchen.

So kann man abschließend wohl sagen, daß man niemandem zu- oder abraten kann, Elektroingenieur zu werden, wenn man ihn, seine Anlagen, Gaben und Neigungen nicht persönlich genau kennt. Die Frage nach den Aussichten sollte bei der Berufswahl eigentlich ausscheiden. Einmal ist sie ziemlich zwecklos, denn die Konjunktur kann sich grundlegend ändern in der Zeit von der Berufswahl bis zur Beendigung des Studiums. Dann aber kann man wohl sagen, daß der wirklich Tüchtige, der die natürlichen Anlagen mitbringt, es schließlich immer zu etwas bringen wird. Allerdings: Für bequeme Naturen, die mit wenig Arbeit sich ein angenehmes Dasein schaffen wollen, ist in der Elektrotechnik kaum Platz. Ein wirklich Tüchtiger aber wird immer mit offenen Armen aufgenommen werden.

Verschiedene Berufsmöglichkeiten mit naturwissenschaftlich-technischer Vorbildung

Von Dr. Anton Baak,
Leiter der Berufsberatungsstelle des Arbeitsamtes Münster i. W.

Unter dieser Sammelüberschrift soll eine Anzahl Berufe behandelt werden, die in den übrigen Aufsätzen über die Hauptstudiengebiete, denen der größte Teil der Studierenden sich zuwendet, nicht berücksichtigt wurden. Mit Rücksicht auf Mangel an Raum müssen wir uns mit einer kurzen Skizzierung des Tätigkeitsgebietes, der Berufsanforderungen und der Ausbildungswege begnügen. Wer den einen oder den anderen dieser Berufe ergreifen will, möge nähere Auskunft bei einem akademischen Berufsamt oder einer öffentlichen Berufsberatungsstelle einholen[1]).

Der Apotheker

Hauptaufgabengebiet des Apothekers ist die Lieferung von Arzneimitteln auf Grund ärztlicher Verordnung. Diese Arzneimittel sind nicht immer fertig vorrätig, sondern erst vom Apotheker durch vorschriftsmäßige Mischung und Verarbeitung von Fall zu Fall herzustellen. Der Apotheker trägt für die richtige Zusammensetzung und Zubereitung der Arzneien die volle Verantwortung. Die Apotheken unterstehen fortlaufender staatlicher Kontrolle. Neben die Zubereitung der Arzneimittel tritt der Verkauf fertiger Artikel der pharmazeutischen und chemischen Industrie, die entweder auf ärztliche Anordnung oder im freien Verkauf ausgegeben werden. Der Apotheker ist also auch in weitgehendem Maße Kaufmann, sei es im Verkehr mit dem kaufenden Publikum hinter dem Ladentisch, sei es in der Verwaltung der Bestände, der Buchführung, der Abrechnung mit Krankenkassen usw. Wer den Beruf des Apothekers wählt, muß sich bewußt sein, daß wissenschaftliches Interesse, Freude am Experimentieren und am Arbeiten im Laboratorium allein nicht genügt, sondern daß er auch kauf-

[1]) Siehe S. 173.

männische Fähigkeiten mitzubringen bzw. sich anzueignen hat. Gesundheit und körperliche Widerstandsfähigkeit (langes Stehen, Nachtdienst), Handgeschicklichkeit, Zuverlässigkeit und hohes Verantwortlichkeitsgefühl (Verwaltung von Giften) sind unerläßliche Eigenschaften des Apothekers. Zur Apothekerlaufbahn zugelassen werden Abiturienten eines Gymnasiums, Realgymnasiums, Oberrealschule, Aufbauschule, Studienanstalt oder einer als gleichwertig anerkannten höheren Schule. Abiturienten einer lateinlosen höheren Schule haben den Nachweis der Reife für Obersekunda in Latein zu erbringen, entweder durch Prüfungszeugnis eines Gymnasiums oder Realgymnasiums oder durch den Nachweis genügender Kenntnisse in Latein als Wahlfach im Reifezeugnis. Die Ausbildung beginnt mit einer zweijährigen praktischen Tätigkeit in einer Apotheke und anschließender Vorprüfung; danach 1 Jahr Tätigkeit als Assistent; das Studium dauert 4 Semester und kann an sämtlichen Universitäten außer Köln sowie an den Technischen Hochschulen Braunschweig, Darmstadt, Stuttgart durchgeführt werden. Nach mindestens 6 Semestern ist Promotion möglich. Für die Erteilung der Approbation als Apotheker ist der Nachweis einer zweijährigen Tätigkeit als Kandidat (nach bestandener Hauptprüfung) zu erbringen.

Die Aussichten des Apothekers im Angestelltenverhältnis sind nicht ungünstig. Die Besoldung des Assistenten, des Kandidaten und des angestellten Apothekers erfolgt nach Tarif. Aussicht auf Selbständigkeit ist erst im vorgeschrittenen Alter zu erwarten, da Niederlassungsfreiheit für Apotheker nicht besteht und der Erwerb einer Realkonzession (freiverkäuflich) ungewöhnlich kostspielig ist. Hinzu kommt, daß für die Einrichtung einer Apotheke ein beträchtliches Kapital erforderlich ist. Das Studium selbst ist in wirtschaftlicher Hinsicht deshalb vorteilhaft, weil der Praktikant Kost und Wohnung verdient, der Assistent bei bescheidener Lebenshaltung Ersparnisse für sein Studium machen kann und der Student häufig Gelegenheit findet, in den Ferien gut bezahlte Vertreterstellen anzunehmen. Der Andrang zum Studium ist zur Zeit nicht größer als vor dem Kriege.

Der Chemiker

Das Studium der Chemie erfreut sich, entsprechend der Bedeutung der chemischen Industrie Deutschlands, eines lebhaften Zuspruchs. Dabei war in den letzten Jahren eine starke Überfüllung des Berufes festzustellen, die auch gegenwärtig noch andauert. Es steht jedoch, wie von berufenen Fachleuten der chemischen Wissenschaft und Industrie festgestellt wird, zu erwarten, daß in den nächsten Jahren bei einer befriedigenden Wirtschaftslage Deutschlands eine Besserung eintritt, so daß der Abiturient mit ausgesprochener Befähigung und Neigung für das chemische Studium von der Wahl dieses Studiums sich nicht abhalten zu lassen braucht. Er muß sich allerdings bewußt sein, daß er nur dann Aussicht auf ein späteres Fortkommen im Berufe hat, wenn er sich auf der Hochschule eine gründliche und umfassende wissenschaftliche Ausbildung aneignet. Junge Chemiker, die nach der Promotion noch längere Zeit als wissenschaftliche Assistenten an chemischen Instituten der Hochschulen tätig gewesen sind, werden von der Industrie bei der Einstellung gern bevorzugt.

Das Studium kann sowohl auf der Universität wie auf der Technischen Hochschule durchgeführt werden. Es dauert bis zur Ablegung des Verbandsexamens etwa 6—8 Semester; für die Promotion kommen noch 3—4 Semester in Frage, so daß insgesamt mit 9—11 Semestern gerechnet werden muß. Die Ausbildung des Chemikers, die wegen des langen Studiums an sich schon kostspielig ist, wird durch Sonderausgaben für Materialien noch verteuert. Die Bezahlung des Chemikers in Anfangsstellungen ist nicht hoch; die weitere Entwicklung im Beruf hängt ganz und gar von der Tüchtigkeit des einzelnen ab.

Besondere Erwähnung verdient der

Nahrungsmittelchemiker

Seine Tätigkeit erstreckt sich vorwiegend auf die Kontrolle und die Untersuchung von Lebensmitteln hinsichtlich ihrer Zusammensetzung, ihrer Echtheit und ihrer den gesetzlichen Bestimmungen entsprechenden Beschaffenheit. Hinzu kommt die Feststellung von Urkunden- und Schriftfälschungen auf chemischem Wege, Blutuntersuchungen zu Identifizierung von Verbrechern u. ä. Der Beruf setzt neben dem speziellen fachlichen und wissenschaftlichen Können umfangreiche produktionstechnische, kaufmännische und einschlägige Rechtskenntnisse voraus. Gutachtertätigkeit für Gerichte und andere Behörden spielt im Beruf eine erhebliche Rolle.

Außer in öffentlichen Lebensmittel-Untersuchungsanstalten finden Nahrungsmittelchemiker auch Beschäftigung als Laboratoriumsleiter in der Nahrungsmittelindustrie.

Die Zulassung zur Vorprüfung als Nahrungsmittelchemiker setzt das Reifezeugnis einer höheren Lehranstalt und ein sechssemestriges naturwissenschaftliches Studium mit mindestens fünfsemestriger Tätigkeit im chemischen Laboratorium einer Universität oder Technischen Hochschule voraus; nach der Vorprüfung folgt eine mindestens eineinhalbjährige praktische Tätigkeit in einer staatlichen Lebensmitteluntersuchungsanstalt. Apotheker mit „sehr gutem" Hauptprüfungsergebnis brauchen die Vorprüfung nicht abzulegen. Die Hauptprüfung umfaßt einen technischen und einen wissenschaftlichen Teil.

Der technische Physiker

findet sein Arbeitsfeld in den verschiedensten Industriezweigen: der Kohlen- und Eisenindustrie, der chemischen Industrie, der Glas- und Porzellanindustrie, der optischen Industrie, vornehmlich aber in der elektrotechnischen Industrie. Daneben kommt Beschäftigung in öffentlichen Ämtern, wie Reichspatentamt, Materialprüfungsamt, telegraphentechnisches Reichsamt in Betracht.

Die Ausbildung erfolgt sowohl auf Technischen Hochschulen wie auf Universitäten; sie schließt ab auf den Technischen Hochschulen mit der Diplomhauptprüfung und evtl. Promotion zum Dr.-Ing., auf den Universitäten mit der Doktorprüfung (Dr. rer. nat. oder Dr. phil.). An den technischen Physiker werden große Anforderungen gestellt, so daß nur der Aussicht auf Anstellung hat, der sich eine gründliche wissenschaftliche Ausbildung angeeignet hat. Tätigkeit an wissenschaftlichen Fachinstituten als Assistent nach Abschluß des Studiums erhöht die Aussicht auf Anstellung in einem Betriebs- oder Forschungslaboratorium. Abiturienten, die ausgesprochene Begabung für das naturwissenschaftliche, insbesondere physikwissenschaftliche Studium und starke Neigung zum selbständigen wissenschaftlichen Arbeiten mit Zähigkeit und Ausdauer verbinden, dürfte der Beruf des technischen Physikers gute Aussichten bieten.

Vermessungsingenieur

Die Tätigkeit des Vermessungsingenieurs (Landmessers) erstreckt sich auf Vermessung von Grund und Boden (Erdoberfläche) zur Festsetzung von Eigentumsgrenzen, auf Ausarbeitung von Plänen für Straßen- und Platzanlagen, von städtischen Bebauungsplänen, von Entwürfen für Eisenbahn- und Kanalbauten, für Drainageanlagen, Bodenmeliorationen und ähnliche Arbeiten. Die Tätigkeit spielt sich also zum Teil im Bureau und zum Teil draußen in der Natur ab. Gesundheit und körperliche Widerstandsfähigkeit gegen Strapazen sowie gute mathematische und zeichnerische Begabung sind Voraussetzung für den Beruf.

Die Ausbildung in den einzelnen Ländern ist verschieden. Voraussetzung ist überall das Reifezeugnis. Die Dauer der verlangten praktischen Tätigkeit schwankt zwischen 5 Monaten und 1 Jahr, in Preußen wird eine 6monatige Tätigkeit bei einem preußischen Vermessungsingenieur vor Beginn des Studiums verlangt. Während dieser Tätigkeit sind schriftliche Arbeiten anzufertigen, die bei der Anmeldung zum Studium vorzulegen sind und geprüft werden. Das Studium kann in Preußen an der Technischen Hochschule Berlin-Charlottenburg, und an der Landwirtschaftlichen Hochschule Bonn-Poppelsdorf absolviert werden, außerhalb Preußens an den Technischen Hochschulen Darmstadt, Dresden, Karlsruhe, München und Stuttgart. Wer das Studium ergreifen will, wendet sich am besten vorher wegen Auskunft an die in Frage kommende Hochschule. Die Studiendauer beträgt in Preußen und Württemberg 6, in Hessen und Baden 7, in Bayern und Sachsen 8 Semester. Das Studium der einschlägigen Fächer an anderen als den genannten Technischen Hochschulen Deutschlands kann in Preußen bis zu 2 Semestern angerechnet werden. Nach Ablegung der ersten Staatsprüfung folgt eine 2- bis 3jährige (in Preußen 3jährige) praktische Tätigkeit bei verschiedenen Behörden; anschließend die zweite Staatsprüfung. Von den Vermessungsingenieuren ist nur der geringere Teil selbständig oder in Privatunternehmungen tätig, die Mehrzahl ist bei Behörden (Reichsamt für Landesaufnahme, Reichsbahn, Katasterbehörden, Kulturbaubehörden, landwirtschaftliche Verwaltung, Kommunen) beschäftigt.

Der Zugang zum Studium der Geodäsie ist zur Zeit größer, als dem voraussichtlichen Bedarf entspricht.

In das Gebiet des Bergbaus und der Hüttenindustrie fällt die Tätigkeit des Bergingenieurs, des Markscheiders und des Hütteningenieurs.

Der Bergingenieur

hat die technische Leitung bei der Suche nach Mineralien, bei deren Erschließung, Gewinnung und Aufbereitung. Ihm fällt auch die

Verantwortung für die Durchführung der bergpolizeilichen Bestimmungen und den Schutz und die Sicherheit der Bergleute zu. Neben den rein fachlichen werden von ihm umfangreiche volkswirtschaftliche und privatwirtschaftliche Kenntnisse verlangt. Gesundheit, körperliche Robustheit, persönlicher Mut und Entschlossenheit sind Eigenschaften, die dem künftigen Bergingenieur eigen sein müssen.

Für die Ausbildung werden 12 Monate praktische Tätigkeit verlangt, davon wenigstens 6 vor Aufnahme des Studiums. Das Studium kann in Preußen an den Technischen Hochschulen Aachen, Charlottenburg und Breslau sowie an der Bergakademie Clausthal, in Sachsen an der Bergakademie Freiberg durchgeführt werden; Dauer 8 Semester, Studienabschluß mit Diplomhauptprüfung. Wer in den Staatsdienst eintreten will, hat einen dreijährigen Vorbereitungsdienst durchzumachen, anschließend erfolgt Bergassessorprüfung vor einem der preußischen Oberbergämter in Bonn, Breslau, Clausthal, Dortmund und Halle, in Sachsen vor dem Oberbergamt Freiberg.

Die Aussichten im Staatsdienst wie im Privatdienst sind nicht günstig. Wer den Beruf wählen will, erkundige sich vorher bei einer der genannten Hochschulen, Oberbergämter oder beim Verein Deutscher Eisenhüttenleute Düsseldorf, Breitestraße 57, der auch Praktikantenstellen vermittelt.

Der Markscheider

ist der Vermessungsingenieur des Bergbaues. Er führt alle Vermessungen und Berechnungen über und unter Tage durch, die mit dem Bergbau zusammenhängen. Die Ausübung des Markscheiderberufes im Bergbau bedarf der staatlichen Konzession. Die Ausbildung erfolgt in Preußen an den Technischen Hochschulen Aachen und Charlottenburg sowie an der Bergakademie Clausthal, in Sachsen an der Bergakademie Freiberg. Vor Aufnahme des Studiums ist eine, in Preußen 1jährige, praktische Tätigkeit abzuleisten. Das Studium dauert mindestens 6 Semester, dem wieder eine 1jährige Tätigkeit als Markscheider zu folgen hat, bis die Prüfung vor einem Oberbergamt erfolgen kann. Im Interesse des späteren Fortkommens ist es empfehlenswert, das Studium auf 8 Semester auszudehnen und mit der Diplomhauptprüfung (Hauptfach Markscheidewesen) abzuschließen.

Der Markscheider ist entweder Staatsbeamter, Privatangestellter oder selbständig. Die Aussichten sind ungünstig, zumal die Zahl der berufstätigen Markscheider überhaupt sehr gering ist, so daß mit einer mehr oder weniger schnellen Änderung der Lage nicht gerechnet werden kann. Vor der endgültigen Berufswahl wendet man sich am besten wegen Auskunft an eine der ausbildenden Hochschulen.

Der Beruf des

Hütteningenieurs

ist dem des Bergingenieurs verwandt; obliegt diesem die Entdeckung, die Erschließung und der Abbau der Mineralien, so jenem die Gewinnung und Verarbeitung von Metallen, insbesondere Eisen, die Verwertung und Ausnutzung der Nebenprodukte, die Beaufsichtigung der Hochofen-, Gießerei- und Walzwerkbetriebe und deren Verwaltung sowie die Durchführung von Untersuchungen im Laboratorium. Die vom Bergingenieur verlangten körperlichen und charakterlichen Eigenschaften müssen im vollen Umfange auch dem Hütteningenieur eigen sein.

Für die Ausbildung sind die gleichen Hochschulen zuständig wie für den Bergingenieur. Die Ausbildungsvorschriften fordern eine 1jährige praktische Tätigkeit, davon tunlichst 6 Monate vor Studienbeginn, ein 8semestriges Studium mit der Diplomhauptprüfung als Abschluß. Wer in den Staatsdienst eintreten will, hat in Preußen einen 3jährigen Vorbereitungsdienst abzuleisten unter Aufsicht eines Oberbergamtes, anschließend Prüfung als Hüttenassessor.

Die Zahl der Staatsstellen ist gering, die meisten Hütteningenieure sind in der Privatindustrie tätig. Die Aussichten sind für Durchschnittsbegabte mit Durchschnittsleistungen nur gering. Auskunft erteilen die zuständigen Hochschulen sowie der Verband Deutscher Eisenhüttenleute, Düsseldorf, Breitestr. 57, der auch Praktikantenstellen vermittelt.

Akademische Frauenberufe[1]

Nationalökonomin, Juristin, Apothekerin, Chemikerin, Physikerin, Ingenieurin, Architektin, Landwirtin, Theologin, Journalistin

Von Dr. Käthe Gaebel, Oberreg.-Rat in der Reichsanstalt für Arbeitsvermittlung und Arbeitslosenversicherung

Es ist keine Übertreibung, wenn man feststellt, daß die Akademikerin nur in den Berufen der Lehrerin, Ärztin, Zahnärztin und Apothekerin Heimatsrecht und, abgesehen von einigen Schönheitsfehlern, gleiche Arbeitsmöglichkeiten erworben hat. Wenn eine Frau in einen der anderen akademischen Berufe eintreten will, muß sie von vornherein damit rechnen, daß sie es unvergleichlich viel schwerer als der Mann hat, sich ihren Platz im Arbeitsleben zu erringen und daß sie neben guten fachlichen Leistungen ein sehr hohes Maß an Energie, Zähigkeit und Lebenstüchtigkeit aufbringen muß, um sich zu behaupten und nicht in Stellen abzusinken, die eigentlich keine akademische Vorbildung erfordern. Gute Verbindungen können die Wege ebnen und Ein- und Aufstieg bis zu einem gewissen Grade erleichtern, der blinde Glückszufall der einen oder anderen zu Hilfe kommen — die große Masse der jungen Akademikerinnen wird einen harten Kampf um angemessene Berufsverhältnisse zu führen haben, einen Kampf, der um so schwieriger wird, als die allgemeine Berufslage sich verschlechtert.

Dies gilt besonders für die

Nationalökonominnen

Das Studium der Staats- und Wirtschaftswissenschaften bietet Aussicht auf gutes Unterkommen im Berufsleben, auf Erfolg und Aufstieg nur solchen Studentinnen, deren Persönlichkeit die Gewähr dafür gibt, daß in ihr die Befähigung zur Pionierarbeit liegt. Mit überdurchschnittlichen Fähigkeiten wissenschaftlicher und charakterlicher Natur ausgestattet, mit Zielbewußtsein, Zähigkeit und

[1]) Über den Beruf der Philologin und Medizinerin siehe die besonderen Beiträge S. 74 u. 90.

Energie begabt, Eigenschaften, denen sich zugleich ein hohes Maß von Anpassungsfähigkeit und Geschmeidigkeit zugesellen muß, werden auch Staats- und Wirtschaftswissenschafterinnen ihr Berufsschicksal erfolgreich gestalten können. Zu oft wird aber übersehen, daß fast alle Berufsstellungen der Nationalökonomin praktischen Sinn, gesunden Menschenverstand, Fähigkeit mit Menschen umzugehen und ein gewisses Organisationstalent verlangen. Wer eine ruhige wissenschaftliche Arbeit in ausgefahrenem Geleise mit fest geregelten Arbeitsverhältnissen erstrebt, wird sich fast immer enttäuscht sehen. Die Stellen, für welche Akademikerinnen verlangt werden, führen fast durchweg in ein stark bewegtes Leben hinein, in dem es heißt, sich kräftig zu behaupten, mit sehr vielen und verschiedenartigen Menschen unter oft recht schwierigen Verhältnissen fertig zu werden. Wenn heute eine Behörde, ein Verband eine Nationalökonomin an einen Platz stellt, der wirklich ihrer Ausbildung entspricht, so werden fast immer Sonderleistungen verlangt, und zwar Leistungen, die nur selten auf speziell wissenschaftlichem Gebiet liegen, wenn sie auch die Weite und Gründlichkeit akademischer Bildung erfordern. Wer diese Sonderleistungen nicht aufbringt, bleibt sein Leben lang in unselbständigen Stellungen. So wie die Dinge heute liegen, kommt das Studium der Nationalökonomin sicherlich nicht für diejenigen in Frage, die ein geruhsames Leben in Gruppe XI mit möglichst frühzeitiger Pensionsberechtigung führen wollen. Auch ist der Beruf nicht geeignet für sehr sensible Menschen, die die Berührung mit dem harten Leben scheuen. Wer aber Freude an der Eroberung neuer Arbeitsgebiete hat, Sinn für praktische Erfordernisse, für den können sich immerhin manch reizvolle Berufsmöglichkeiten ergeben.

Über die Lage in den Berufen, in denen sich die Nationalökonomin überwiegend betätigen kann, gibt eine Rundfrage der Vereinigung der Nationalökonominnen aus dem Jahre 1926 wertvolle Aufschlüsse, trotzdem sie nicht sehr umfassend beantwortet wurde. Gegenüber einer früheren Umfrage von 1921 haben sich die Verhältnisse nicht wesentlich geändert. Bei der Beurteilung der Berufslage der Frauen muß die im ganzen ungünstige Berufslage der männlichen Kollegen mitberücksichtigt werden. Es fällt heute nicht schwer, vollausgebildete jüngere, mitunter auch ältere Nationalökonomen für Stellungen zu finden, die nach den mittleren Gehaltsgruppen besoldet werden. Diese Verhältnisse drücken natürlich auch auf die Berufslage der Frauen. Leider gehen außerordentlich viele Frauen und auch wohl Männer in das volkswirtschaftliche Studium in der Hoffnung, daß es ihnen die Wege zu „allen Stellungen“ öffne, eine Vorstellung, die ebenso verbreitet wie irrig ist. Für Nationalökonominnen kommen etwa folgende Tätigkeitsgebiete in Frage:

soziale Arbeit bei Behörden und privaten Organisationen,
Tätigkeit in wirtschaftlichen Unternehmungen und Verbänden und öffentlichen Berufsvertretungen,
Lehrtätigkeit,
redaktionelle und journalistische Tätigkeit,
wissenschaftliche Arbeit.

Von den durch die Umfrage der Vereinigung der Nationalökonominnen erfaßten Frauen verteilten sich die Befragten auf diese Gebiete in folgender Weise:

55	Nationalökonominnen	arbeiteten auf sozialem Gebiet,
21	„	in wirtschaftlichen Unternehmungen, Verbänden usw.,
12	„	übten eine Lehrtätigkeit aus,
8	„	waren Journalistinnen,
9	„	arbeiteten wissenschaftlich.

Stellenlos waren 11, doch war der Prozentsatz der Stellenlosen wahrscheinlich höher als er hier in Erscheinung trat. Eine Reihe von Nationalökonominnen hat infolge der Aussichtslosigkeit, eine angemessene Stellung zu finden, den Beruf gewechselt; sie sind als Gewerbe- und Handelslehrerinnen, als wissenschaftliche Hilfsarbeiterinnen auf nichtnationalökonomischen Gebieten tätig; andere sind Erzieherinnen, Bibliothekarinnen geworden.

Der größte Bruchteil der Nationalökonominnen wendet sich sozialen Berufen zu, doch sind die meisten nur in Posten, die auch von Absolventinnen der sozialen Frauenschulen besetzt werden, in Eingruppierung ausgedrückt, etwa in Gruppe VII und VIII, vereinzelt V und IX. Wahrscheinlich ist für sehr viele von ihnen diese Tätigkeit nicht nur ein Durchgangsstadium. Die volkswirtschaftlich gebildeten Wohlfahrtspflegerinnen erklärten durchweg, daß die wissenschaftliche Ausbildung für ihre Tätigkeit keineswegs erforderlich sei, wenn sie auch den Blick weite; notwendig seien dagegen pädagogische Begabung, psychologische, juristische, verwaltungstechnische und hygienische Kenntnisse. Mehrfach wird betont, daß das Aufrücken aus den mittleren Stellen unmöglich sei und daß Aufstiegsmöglichkeiten nur durch Berufung an eine andere Behörde beständen. In einigen Städten, so z. B. in München, wird auch bei den akademisch gebildeten Kräften die staatliche Anerkennung als Wohlfahrtspflegerin gefordert. Von den 32 Frauen, die in behördlicher Stellung waren, bekleideten nur 11 einen Posten, der ihrer akademischen Ausbildung entsprach. In bezug auf den Inhalt der Tätigkeit scheint die Arbeit in privaten gemeinnützigen Vereinen und Berufsverbänden günstig zu sein. Kennzeichnend hierfür ist, daß die überwiegende Mehrzahl der in privaten Stellungen arbeitenden Nationalökonominnen eine wissenschaftliche Ausbildung für notwendig oder mindestens wünschenswert erklärt. Auch ist ihre soziale Stellung befriedigend. Der Inhalt der Arbeit ist vielseitig, man spürt die größere Beweglichkeit des privaten Betriebes, dagegen sind die wirtschaftlichen Verhältnisse sehr ungünstig; die Stellungen leiden unter dauernder Unsicherheit, die Bezahlung ist schlecht und die Altersversorgung noch kaum geregelt. — Eine weitere Gruppe von Nationalökonominnen ist in wirtschaftlichen Unternehmungen und Organisationen tätig, doch berichtet nur eine Frau über eine selbständige Tätigkeit. — Sie ist Prokuristin und leitet die Verkaufsabteilung eines industriellen Betriebes; die übrigen stehen auf Posten, die zwischen dem einer wissenschaftlichen Hilfsarbeiterin und einer kaufmännischen Fachkraft liegen. Namentlich hat sich die Frau in der Statistik, in der Führung von Archiven, in Auskunftserteilung eine gewisse Position errungen. Die Stellungen sind meist recht unsicher und in der Regel sehr schlecht bezahlt. Ähnlich, wenn auch vielleicht etwas günstiger, ist die Stellung der Frauen in öffentlichen Berufsvertretungen, doch sind nur vereinzelt Frauen in leitende Posten aufgerückt; in der Regel finden sie sich an solchen Stellen, die zwar auch von männlichen Akademikern besetzt werden, aber für diese doch nur Sprungbrett sind. Die Besoldung bewegt sich um 250 M. im Monat. Recht schwierig ist es für die Frauen überhaupt, den ersten Einstieg zu finden und die erforderlichen Verbindungen anzuknüpfen.

Eine kleine Anzahl von Nationalökonominnen ist als Leiterin oder Lehrerin an Wohlfahrtsschulen tätig, zu denen sich auch noch einige Gewerbe- und Fachschuldirektorinnen gesellen. Für die Leitung von sozialen Frauenschulen wird es neben pädagogischer Veranlagung besonders wichtig sein, daß gründliche praktische Kenntnisse erworben werden könnten.

Drei Frauen waren als Hochschuldozentinnen, allerdings wohl nur mit Lehrauftrag, tätig, weitere befanden sich in wissenschaftlichen Redaktionen und schriftstellerischer Tätigkeit. Absolut ungünstig ist die Lage derjenigen, die in freier journalistischer Tätigkeit leben. Die Arbeit ist zu unsicher und zu schlecht bezahlt, um mehr als einen Nebenerwerb zu bieten.

Juristin

Ähnliche Voraussetzungen gelten auch für die Frauen, die sich dem Studium der Rechtswissenschaft zuwenden wollen. Durch das Reichsgesetz vom 11. Juli 1922 sind die Juristinnen zwar zu dem Beruf und den Ämtern der Rechtspflege zugelassen, und damit ist vor allem die Zulassung zum Vorbereitungsdienst gegeben, der für die spätere Tätigkeit von außerordentlicher Wichtigkeit ist und von keiner Juristin versäumt werden sollte. Aber es muß immerhin als zweifelhaft erscheinen, ob entsprechende Einstiegsmöglichkeiten in die Verwaltungen vorhanden sind. Gerade bei der derzeitigen Zurückhaltung der Behörden mit der Einstellung von neuen Anwärtern sind die Aussichten für Frauen gering; ebenso unsicher sind die Möglichkeiten für die Laufbahn des Richters und Staatsanwalts. Die Justizministerien der Länder verhalten sich den Frauen gegenüber sehr verschieden. Eine Anzahl von Assessorinnen hat sich als Rechtsanwältin niedergelassen, einige davon sind Associés ihres Mannes. Augenscheinlich haben sie es nicht besonders schwer, sich ihre Klientel zu schaffen, nur die Vertretung großer Firmen ist schwer zu erlangen, vielleicht aus Mangel an persönlichen Verbindungen. Von der Umgestaltung, in der sich der Anwaltsberuf zur Zeit befindet, werden natürlich auch die eintretenden Frauen stark berührt. Einige Juristinnen haben Beschäftigung in Arbeitgeber- und Arbeitnehmerverbänden gefunden, zum Teil allerdings in Stellungen, die wenig befriedigend sowohl nach Inhalt als nach Besoldung sind. Es ist jedenfalls nicht ganz leicht für Frauen, angemessene Stellungen in der Industrie zu erlangen.

Apothekerin

Für die Apothekerinnen liegen die Verhältnisse relativ günstig. Die Arbeitgeberschaft ist im allgemeinen geneigt, Frauen einzustellen, wenn auch in vereinzelten Apotheken grundsätzlich nur Männer beschäftigt werden. Solange die Zahl der Studierenden der Pharmazie nicht wesentlich steigt, dürfte das Verhältnis von Nachfrage und Angebot normal bleiben; einen großen Masseneinbruch wird der Beruf freilich bei der an sich nicht sehr erheblichen Zahl von selbständigen und angestellten Apothekern nicht ertragen. Auch muß berücksichtigt werden, daß in steigendem Maße fertige Präparate bezogen werden, so daß die Bedeutung der Einzelrezeptur sinkt und das reine Verkaufsgeschäft, bei dem vielfach die nicht akademisch vorgebildete Apothekengehilfin bevorzugt wird, in den Apotheken immer breiteren Raum einnimmt.

Der Grund für den verhältnismäßig geringen Andrang zum Studium der Pharmazie sind die ziemlich bescheidenen Tarifgehälter, vor allem aber die geringe Möglichkeit des Aufstiegs zur Selbständigkeit. Wenn auch für die Frauen in dieser Beziehung an sich keine größeren Schwierigkeiten als für Männer bestehen, so sind nach den Feststellungen von Dr. Jende-Radomski (Akademische Frauenberufe, Dünnhaupt, Dessau) doch nur fünf Frauen Besitzerinnen privilegierter Apotheken; noch keine Frau konnte infolge der langen Wartezeit bisher eine Personalkonzession erlangen. Dagegen ist eine größere Zahl als Verwalterinnen von Apotheken tätig.

Mitunter wird darauf hingewiesen, daß der Beruf für Frauen zu anstrengend sei. Es ist zuzugeben, daß bei dem vielen Stehen unter allen Umständen bei Neigung zu Senkfuß vor Beginn der Berufsausbildung der Arzt befragt werden sollte. Im übrigen erfordert der Beruf sicherlich nicht mehr Körper- und Nervenkräfte als z. B. der der Krankenpflegerin, Sozialbeamtin, den niemand der Frau streitig machen wird. Der Nacht- und Sonntagsdienst ist in den Apotheken heute wesentlich besser geregelt als früher, nur in den kleinen Landapotheken ist der Inhaber nach wie vor außerordentlich gebunden.

Ein Teil der Apothekerinnen geht in pharmazeutische Fabriken und Laboratorien über; auch besteht die Möglichkeit, noch die Prüfung als Nahrungsmittelchemiker abzulegen (s. unten).

Die Chemikerin

hat insofern ein viel engeres Tätigkeitsgebiet als der männliche Kollege, als sie in der chemischen Industrie fast nur im Laboratorium, nicht aber als Betriebschemikerin beschäftigt wird. Die letztere Tätigkeit, die vorwiegend in der Überwachung des eigentlichen Herstellungsvorganges im Betrieb besteht, erfordert den nicht immer ganz einfachen Umgang mit Meistern und fast durchweg ungelernten Arbeitern, vollzieht sich auch zum Teil in recht ungesunden Räumen, so daß wohl mit Recht für diese Posten Männerarbeit vorgezogen wird. Günstiger liegen die Aussichten der Frauen für die Laboratoriumstätigkeit. Ein weiteres Gebiet der Frau ist die Archivarbeit, damit gelegentlich verbunden eine Tätigkeit als Privatsekretärin. Diese Posten, oft sehr interessant und angenehm — eine Privatsekretärin kann sich dem Leiter eines großen Werkes geradezu unentbehrlich machen —, erfordern außer gründlichen Fachkenntnissen literarische Befähigung, vielseitige Sprachkenntnisse über englisch und französisch hinaus, um die ausländische Fachliteratur verfolgen zu können. Assistentenstellungen an wissenschaftlichen Instituten sind gesucht, aber selten, in der Regel kurzfristig und schlecht bezahlt. Noch geringer an Zahl dürften die Stellungen an Fachzeitschriften und Fachvereinen sein. Schließlich sei noch die Möglichkeit von Anstellungen an landwirtschaftlichen Versuchsstationen, Nahrungsmitteluntersuchungsanstalten u. a. m. erwähnt. Wie gering noch der Anteil der Frau in der Großindustrie ist, geht daraus hervor, daß z. B. in den Leunawerken und in der badischen Anilin- und Sodafabrik Ludwigshafen-Oppau nur ein Prozent der Akademiker weiblich ist.

Bei dem starken Überangebot an Chemikern arbeiten zahlreiche akademisch gebildete Kräfte — Männer wie Frauen — in Stellungen, die ebensogut von Chemotechnikern mit mittlerer Fachschulbildung ausgefüllt werden können. Die Aufstiegsmöglichkeiten sind wohl im allgemeinen für Frauen noch ungünstiger als für Männer; in manchen Industrien werden den Frauen auch bei gleicher Tätigkeit Abzüge von 10% gemacht. Der romantische Traum, durch große Erfindungen berühmt zu werden und Geld zu verdienen, wird sich heute, wo Erfindungen selten das Werk eines einzelnen, in der Regel das Ergebnis systematischer anonymer Werksuntersuchungen sind, kaum je erfüllen. Ohne persönliche Beziehungen ist bei der besonders starken Überfüllung des Arbeitsmarktes der Einstieg in den Beruf sehr schwierig.

Um die übrigen „praktischen" Berufe vorwegzunehmen: mit geringen Abwandlungen gilt für den weiblichen D i p l o m - I n g e n i e u r, die P h y s i k e r i n, die A r c h i t e k t i n und L a n d w i r t i n das gleiche wie für die Chemikerin, nämlich die Schwierigkeit, als Betriebsbeamtin unterzukommen. Die Aufsicht über ein fast ausschließlich männliches Personal wird ungern einer Frau übertragen, trotzdem fachlich tüchtige, taktvolle Frauen, denen eine ruhige, sichere Energie eigen ist, sich, wie die Erfahrung zeigt, nach einigen Anfangsschwierigkeiten gut durchsetzen können. Die ganz überwiegende Zahl der Frauen arbeitet im Konstruktionsbureau, im Laboratorium, in der landwirtschaftlichen Versuchsanstalt.

Über das Fortkommen der

Ingenieurin und Architektin

läßt sich bei der großen Vereinzelung und geringen Zahl der berufstätigen Frauen nur wenig Sicheres sagen. Jedes Berufsschicksal ist hier noch fast ein Unikum; persönliche Beziehungen halfen der einen oder anderen zu einer Beschäftigung in einem Industriebetrieb oder bei einer Baufirma, andere gaben den Kampf auf, sattelten um oder verschwanden in untergeordneten Stellungen. Etwas günstiger als für die Ingenieurin liegen die Bedingungen für die Architektin, obgleich auch hier manche in recht untergeordneter Stellung arbeiten oder zur Innenarchitektur, die auch der nicht akademisch vorgebildeten Kunstgewerblerin offensteht, abwandern. Einige Frauen haben allerdings recht günstige Betätigungsmöglichkeiten gefunden.

Die akademisch gebildete Landwirtin

wird aus den schon oben angedeuteten Gründen im Außendienst, der in der eigentlichen Landwirtschaft im Gegensatz zum Industriegebiet fast ausschließlich vorherrscht, kaum Stellung finden können, sofern sie nicht in die elterliche Gutswirtschaft eintreten kann. Auch die Möglichkeiten, im landwirtschaftlichen Verbands- und Genossenschaftswesen, in Saatzuchtvereinen und Forschungsinstituten unterzukommen, sind gering. Vereinzelt sind akademisch gebildete Landwirtinnen als Referentinnen in Landwirtschaftskammern tätig. Zwar sind, wenigstens in Preußen, in allen Landwirtschaftskammern Frauenreferate geschaffen, die besonders das landwirtschaftliche Fachschul- und Lehrlingswesen und die landwirtschaftlichen Hausfrauenvereine bearbeiten, jedoch stammen die meisten Referentinnen aus den Kreisen der ländlich-hauswirtschaftlichen Lehrerinnen. In Preußen sind zur Zeit nur zwei akademisch gebildete Referentinnen an Landwirtschaftskammern tätig. Eine gründliche Kenntnis der ländlichen Hauswirtschaft ist für diese Stellungen unentbehrlich und wichtiger als die Beherrschung der Außenwirtschaft.

Die Berufslage der weiblichen

Diplomkaufleute

ist ganz unübersichtlich; vereinzelt begegnet man ihnen in gehobenen kaufmännischen Stellungen, im ganzen schließt Dr. Jende-Radomski (a. a. O.) wohl mit Recht aus der Tatsache, daß ziemlich viel weibliche Diplomkaufleute nachträglich die Handelslehrerinnenprüfung abgelegt haben, darauf, daß die Fortkommensmöglichkeiten gering sind. Eine gründliche und nicht zu kurze kaufmännische Praxis dürfte für Mann und Frau eine unentbehrliche Voraussetzung sein.

Das Studium und die Berufsverhältnisse der evangelischen

Theologin

im Kirchendienst sind neuerdings in Preußen, Hamburg und Thüringen amtlich geregelt. In Preußen kann als Vikarin jede evangelische Frau angestellt werden, die die erforderliche Befähigung durch eine theologisch-wissenschaftliche und praktische Prüfung nachweisen kann. Die theologisch-wissenschaftliche Prüfung ist die gleiche, wie bei den männlichen Studenten. Dagegen sind für die praktische Vorbildung der Kandidatin abweichende Vorschriften getroffen. Zunächst wird sie einem geeigneten Gemeindepfarrer zur Einführung in die Gemeindetätigkeit überwiesen, dann hat sie sich an einer Anstalt christlicher Liebestätigkeit, an einer pädagogischen Anstalt, in der Wohlfahrtspflege und auf ähnlichen Arbeitsgebieten theoretisch weiterzubilden und praktisch zu betätigen.

Die Kandidatin des Vikariats ist befugt:

1. zur Wortverkündigung im Kindergottesdienst, ferner vor allem für Frauen und Mädchen in Bibelstunden, Bibelsprechstunden, Andachten,

2. zur Lehrtätigkeit (kirchlicher Unterricht, Unterricht an Berufsschulen),

3. zur Seelsorge in der Gemeinde, insbesondere an der weiblichen Jugend, in Mädchenheimen, in den Frauenabteilungen der Krankenhäuser und Gefangenenanstalten und in Altersheimen.

Sie ist nicht befugt zur pfarramtlichen Tätigkeit im Gemeindegottesdienst, zur Verwaltung der Sakramente sowie zur Vornahme der anderen herkömmlich vom Pfarrer zu vollziehenden Amtshandlungen.

In Thüringen können Frauen als „Pfarrhelferin" nach Ablegung der theologischen Prüfung und der sog. Anstellungsprüfung angestellt werden. Der Dienst der Pfarrhelferin soll umfassen: kirchliche Wortverkündigung in Andachts- und Bibelstunden sowie in Kindergottesdienst, kirchliche Lehrtätigkeit, nach Vereinbarung mit dem zuständigen Pfarramt seelsorgerische Tätigkeit in der Gemeinde, in der Frauenstation der Krankenhäuser und Gefangenenanstalten, sowie die Pflege und Fürsorge für die Frauen und weibliche Jugend.

In Baden sind Frauen zum zweiten Examen zugelassen, doch hat die Zulassung noch keinerlei rechtliche Folgen. In Hamburg sind Theologinnen ebenfalls zu Amtshandlungen zugelassen.

In Württemberg sind die weiblichen Theologie-Studierenden nur zur ersten Dienstprüfung zugelassen. Der Schwerpunkt der Tätigkeit soll in der Erteilung des Religionsunterrichts und in der weiblichen Jugendpflege liegen.

Bei dem Mangel an Pfarrern dürften die Berufsaussichten der Frauen nicht gerade ungünstig sein. Zur Zeit stehen allerdings nur vereinzelte Frauen im eigentlichen Kirchendienst, doch kann hier wohl mit rascher Zunahme gerechnet werden. Eine Reihe von Theologinnen ist in der kirchlichen Vereinsarbeit tätig.

Journalistin

Gewisse Berufsmöglichkeiten gibt die Journalistik nur den spezifisch Begabten. Bei der Unsicherheit der Aussichten muß dringend davor gewarnt werden, das Studium lediglich auf eine spätere journalistische Tätigkeit abzustellen unter Verzicht auf ein staatliches Abschlußexamen oder in Beschränkung auf Fächer, die anderweitig kaum verwertbar sind (z. B. Philosophie und Kunstgeschichte). Die Zahl der in wissenschaftlichen Zeitschriften eingestellten Frauen ist gering, die Bezahlung häufig sehr dürftig. Etwas besser pflegen die großen Tageszeitungen zu zahlen. Die Mehrzahl der weiblichen Journalisten dürfte nur nebenberuflich tätig sein. Die freie Journalistin wird, wenn sie nicht irgendeinen Rückhalt an einem anderen Beruf hat, auf die Dauer nicht von ihren Einnahmen leben können. Die Gefahr, in ein flaches Vielschreiben hineinzukommen oder sich auszuschreiben, ist sehr groß. Im höheren Sinne kann nur derjenige auf die Dauer produktiv sein, dem sich beruflich immer neuer Stoff, neue Einsichten aufdrängen oder der als Wissenschafter die Frucht längerer Arbeit, nicht gedrängt von dem Zwang, möglichst viel zu schreiben, veröffentlichen kann.

Diese Angaben über verschiedene akademische Berufsmöglichkeiten für Abiturientinnen sollen nicht aufgefaßt werden als eine der Warnungen vor dem Studium, die an sich schon viel zu oft erfolgen; was aber die junge Berufsanwärterin wissen muß, ist, daß ihr Weg in den geschilderten akademischen Berufen nicht mit Rosen besetzt ist und oft durch recht tiefe Hohlwege und weite Sandstrecken führt. Die junge Studentin muß sich daher ganz klar darüber sein, was ihrer später im Berufsleben wartet und was von ihr erwartet wird. Ein solcher Hinweis ist gegenwärtig besonders deswegen geboten, weil die Neigung zu den akademischen Berufen in allen Schichten der Bevölkerung außerordentlich gestiegen ist, seitdem die Möglichkeit, auf die Universität oder Hochschule zu gehen, durch die Schaffung zahlreicher Studienanstalten auch für die Mädchen wesentlich verbreitet ist. Ja, in manchen Kreisen ist die Vorstellung anzutreffen, als ob mit Hilfe der mannigfachen Studienerleichterungen der Besuch der Hochschule die billigste Ausbildungsmöglichkeit sei. Wohl stehen die Hochschulen in dieser Beziehung günstiger als die mittleren Fachschulen. Aber als Veranlassung zum Studium darf diese Tatsache nicht angesehen werden. Das Studium der genannten Fächer kann von Frauen eben nur dann gewählt werden, wenn sie wirklich innere Beziehungen zu einer wissenschaftlichen Arbeit haben, wenn sie von sich mit Zuversicht sagen können, daß sie den erwähnten Anforderungen des Berufslebens gewachsen sind und einen starken Drang zu einer der angeführten Betätigungsmöglichkeiten in sich verspüren.

Akademische Auskunftsstellen und Berufsämter

Diese Schrift gibt einen Überblick über alle wesentlichen akademischen und nichtakademischen Berufsmöglichkeiten für Abiturienten und Abiturientinnen. Die einzelnen Beiträge können aber nicht über jede Einzelheit des Berufs und des Studiums Aufschluß geben. Wer näher darüber unterrichtet werden will, wende sich an die akademischen Auskunftsstellen und Berufsämter.

Berlin: Akademisches Auskunftsamt, Universität, Kaiser-Franz-Josef-Platz.

Köln: Akademische Studien- und Berufsberatung,

1. Amtliche Auskunftsstelle der Universität, Claudiusstr. 1.

2. Abteilung: „Akademische Berufe" beim Berufsamt, Mauritiussteinweg 82.

Leipzig: Sächsisches Akademisches Auskunftsamt für Studien- und Berufsfragen, Schillerstr. 7.

Marburg: Akademische Auskunftsstelle für Studien- und Berufsfragen des Studentenheims e. V., Reitgasse 11.

München: Akademische Berufs- und Studienberatung im Studentenhaus, Luisenstr. 67.

Münster: Akademisches Berufsamt der Studentenhilfe im Institut für Wirtschafts- und Sozialwissenschaften, Johannesstr. 9.

Tübingen: Akademisches Berufsamt an der Universität. Neue Aula, Zimmer IV.

Würzburg: Akademische Berufsberatung im Psychologischen Institut, Domerschulstr. 16.

Ferner erteilen Auskunft:

Die Abteilungen „Berufsberatung" der Landesarbeitsämter und die Arbeitsämter in größeren Städten, soweit sie schon für die Berufsberatung der Abiturienten Einrichtungen getroffen haben.

Druck von C. G. Röder G. m. b. H., Leipzig

FSC
www.fsc.org
MIX
Papier | Fördert gute Waldnutzung
FSC® C083411

Kolibri 360 GmbH
Ferdinand-Jühlke-Straße 7
99095 Erfurt, Deutschland
produktsicherheit@kolibri360.de